U0463948

2010年国家社科基金一般项目（课题号：10BTY005）

中国区域体育发展战略选择

邹师 等◎著

中国社会科学出版社

图书在版编目（CIP）数据

中国区域体育发展战略选择／邹师等著．—北京：中国社会科学
出版社，2015.7

ISBN 978 - 7 - 5161 - 6080 - 0

Ⅰ.①中…　Ⅱ.①邹…　Ⅲ.①体育事业—发展战略—
研究—中国　Ⅳ.①G812.7

中国版本图书馆 CIP 数据核字（2015）第 094922 号

出 版 人	赵剑英	
选题策划	刘　艳	
责任编辑	刘　艳	
责任校对	陈　晨	
责任印制	戴　宽	

出　　版	中国社会科学出版社	
社　　址	北京鼓楼西大街甲 158 号	
邮　　编	100720	
网　　址	http://www.csspw.cn	
发 行 部	010 - 84083685	
门 市 部	010 - 84029450	
经　　销	新华书店及其他书店	

印刷装订	三河市君旺印务有限公司	
版　　次	2015 年 7 月第 1 版	
印　　次	2015 年 7 月第 1 次印刷	

开　　本	710×1000　1/16	
印　　张	21	
插　　页	2	
字　　数	379 千字	
定　　价	78.00 元	

凡购买中国社会科学出版社图书，如有质量问题请与本社营销中心联系调换
电话：010 - 84083683

版权所有　侵权必究

目　录

前　言

　　体育强国目标是对我国体育事业发展提出的更高的要求，是国家发展战略重要的组成部分。2008 年胡锦涛在北京奥运会、残奥会总结表彰大会讲话中明确提出了"推动我国由体育大国向体育强国迈进"的奋斗目标。2014 年习近平在南京青奥会再次强调，"'三大球'要搞上去，这是一个体育强国的标志"。这个目标是我国全面建成小康社会，实现"中国梦"的重要组成部分，也是在 21 世纪中叶实现社会主义现代化强国总体构想下对体育发展的战略设计，需要我们从国家发展战略的高度进行体育发展战略性的思考。党的十八大提出，到 2020 年全面建成小康社会，全面推进社会主义现代化建设。要实现这一宏伟的目标，我国体育事业发展需要具有高层次的战略思考，需要有全局和长远的谋划。

　　区域体育发展战略，是指以我国省份（含自治区、直辖市，下同）为主体的区域体育研究，依据区域体育发展的优势和条件、进一步的发展要求和目标所做的高层次、全局性的宏观谋划。区域体育发展战略研究，不仅为体育事业发展提供了重要的理论借鉴，同时也为我国体育事业的发展作出了重大贡献。体育强国目标的实现，离不开区域体育发展战略的支持。它们既相互依存，又相互独立；既相互协调，又相互支撑。因此，研究区域体育发展战略，既是实现体育强国目标的基础，又是寻求实现体育强国目标的创新研究。

　　课题紧紧把握我国经济社会发展总体目标，依托我国四大区域经济社会发展的背景，对体育强国目标下区域体育发展战略展开研究。课题研究借鉴区域经济学理论，以区域经济社会发展为背景，审视区域体育发展战略模式；以区域体育发展潜力为依托，筹划区域体育发展战略设计；以区域经济发展理论为依据，指导区域体育发展战略理论构建；以区域体育发展差异为视角，探索区域体育的发展规律；以区域体育特色为突破口，打造区域体育优势，积极探索和建立区域体育发展的理论模式。

　　研究体育强国目标下我国区域体育发展战略，首先应诠释体育强国的内涵及实现体育强国目标的战略途径。其次应从区域经济、社会和文化等多个维度考量体育事业的发展，选取区域体育发展的影响要素，探索区域体育发展的优势与潜力。再次应借鉴区域经济发展的均衡与非均衡、梯度与反梯度、增长极、协调发展、点轴渐进、城市圈等理论，为我国区域体育发展战略的制定提供理论借鉴。最后应研究区域体育发展要素间的资源整合、效益联动、协调发展的问题，从区域特色的多维度层面上构建我国区域体育发展战略的新模型。

　　课题结合体育系统内部和体育系统外部影响区域体育发展的要素，从自然禀赋、区位条件、经济投入、人力资源、社会环境五个方面出发，选取了 19 个指标，经因子分析，将 19 个指标确定为 4 个公因子，即政府对体育事业的支持力、群众体育发展能力、竞技体育发展实力和竞技体育持续发展能力。为对我国四大区域体育事业发展进行综合研究，我们还适当地选取了部分体育产业的指标，以求展现我国区域体育发展的全貌。

　　课题紧密围绕东部先行、西部开发、东北振兴、中部崛起区域经济发展战略背景，以区域体育发展的大量文献和统计数据为支撑，分析我国区域体育事业发展的优势与潜力。我国四大区域在体育事业发展上各具特色，简言之，东部区域整体发展最强，在各个方面都有值得其他区域借鉴的经验；中部地区自身发展平平，承接东西的使命还需在自身发展强大的基础上逐步完成；西部地区资源丰富，适合体育产业的开展，群众体育也颇受重视；东北地区竞技体育发展的优势是值得各区域借鉴的，但其群众体育、体育产业的不足应引起重视。

　　课题结合我国区域体育发展的现状和特点，充分运用区域经济学理论，深入论证了我国区域体育发展战略形成的理论基础并进行理论创新，包括区域体育发展战略制定依据的原则、战略主体、战略目标、战略措施等。首次以区域经济学资源优化配置的理论方法来规划区域体育发展战略，对不平衡理论在资源有限情况下区域体育强国建设中的作用给予充分肯定，并将其作为初级阶段的主导发展思想，将平衡理论作为高级阶段的区域发展战略的主导思想，比较系统地结合区域自然资源禀赋和经济发展阶段提出区域经济发展多种模式的具体应用。

　　课题研究分三个层次构建体育强国目标下我国区域体育发展战略。第一层次是根据区域自然禀赋和社会经济发展总体条件，从战略主体、战略目标和战略途径出发，构建我国区域体育发展战略。第二层次是分别以我国东部、西部、东北和中部四大区域为研究对象，根据区域体育发展的优势和潜力，从战略思想、战略依据、战略目标、战略措施四个方面构建我国四大区域体育发展战略。第三层次是通过区域体育发展的案例分析，对区域经济学中的点轴开发理论和增长极理论进行深入的研究，利用"点轴圈"发展模式，对沈阳城市体育生活圈进行规划，运用增长极理论对辽宁中部竞技体育优势项目进行拓展性研究。

　　课题研究的突出特色在于将体育强国战略与区域发展战略的理论相结合，对区域体育发展战略进行整体的规划设计。既包含基于区域之间的区别和内部的共性，确定我国区域体育发展战略的整体框架和分阶段战略措施，又包含结合区域经济发展战略和区域体育优势与潜力的体育发展战略规划，为各省制定实现小康社会的体育发展规划提供了可供借鉴的宏观依据。课题研究把握区域体育事业发展与经济社会发展相协调，坚持竞技体育与群众体育以及体育产业相协调，坚持走"举国体制"中国体育特色道路，遵循区域体育发展基本规律，指导区域体育发展战略研究，提出了具有实际操作意义的区域体育发展模式。

　　总课题于 2010 年 6 月开题，共分为 3 个理论撰写组、4 个区域调研组、1 个材料组及 1 个统稿组，共 9 个研究小组。2010 年 8 月，理论组完成了《体育强国目标的诠释》部分的撰写，2010 年 12 月，理论组完成了《我国区域体育发展战略的历史演进》部分的撰写。2011 年 3 月，理论组完成了《区域经济发展理论应用现状综述》的撰写，2011 年 8 月，调研组完成了《区域体育发展现状的文献综述》的撰写。2012 年 6 月，调研组完成了《区域体育发展的优势与潜力研究》的撰写，并于 2012 年 7 月前往四大区域代表省份进行深入调研，以校正课题研究结论。2012 年 9 月，课题组召开各区域调研情况汇报会，2012 年 10 月，课题进入结题总结汇总阶段，2012 年 11 月课题参与国家社科基金中期检查，2012 年 12 月课题进入结题统稿阶段。

　　课题研究取得的阶段性成果，先后在成都体育学院学报、体育文化导刊、天津体育学院学报、沈阳体育学院学报、体育与科学、武汉体育学院学报发表论文 10 多篇，完成《我国区域体育发展战略比较研究》书稿 1 部，完成《中国区域体育发展战略选择》书稿 1 部，完成研究报告 1 个，部分研究成果还参加了全国各级各类体育学术会议。课题相关研究成果在参加全国调研过程中得到了许多省份体育局负责人和专家学者的肯定与好评，许多意见和建议对课题研究和把握起到了重要的指导作用，同时也为课题结题提供了充分的理论依据。

　　课题研究设计、课题思路、体育强国目标的诠释、我国区域体育发展战略研究的历史沿革与内容构建部分由邹师完成；我国区域体育发展战略形成的理论基础与理论创新部分由王志文完成；我国四大板块省域体育发展差异研究、课题成果总结论部分由李安娜完成；西部体育发展战略部分由石云龙完成；东部体育发展战略部分由丛冬梅完成；中部体育发展战略部分由张永刚完成；东北体育发展战略部分由赵彬彬、钱建容完成；伊长虹、钱建容、商智飞参加案例分析及部分成果的撰写和校对工作。最终课题由邹师、李安娜、王志文统稿审定完成。

　　鉴于课题研究从体育事业宏观发展战略视角出发，涉及的内容和区域比较宽泛，只能进行部分省份的调研，所以调查研究的范围略显不足；对各区域体育发展战略的设计与构想，更多的还是从区域体育发展战略走向上进行原则性的描述。课题研究成果也仅限于对加大区域体育事业的指导，而对省（自治区、直辖市）域体育还只是依托大区域背景的研究，主要表现在宏观指导层面上。课题研究在构建战略思想上注意了客观性的分析，包括收集和运用大量的数据和资料以佐证，从而更多地强调了可行性论证。受时间所限，在信息反馈上，目前还仅仅得到部分省级体育政府部门和单位的意见回馈，有待于我们做进一步对比分析和实践验证。

"体育强国目标下的我国区域体育发展战略研究"课题组

2014 年 5 月

绪　论

一　问题的提出

20 世纪 80 年代，随着我国发展战略研究的兴起，体育发展战略研究逐步成为各级政府以及体育部门制定发展规划的重要工作内容，成为推动我国体育事业发展的"智囊团"和"思想库"。改革开放 30 多年我国体育事业发展的基本经验证明，体育事业发展必须与经济社会发展相协调，体育事业发展必须坚持竞技体育与群众体育相协调，体育事业发展必须坚持走"举国体制"的中国特色社会主义道路。事实证明，我国体育事业"优先发展战略"、"协调发展战略"和"可持续发展战略"，是体育发展战略的科学选择。

20 世纪 80 年代以来，具有区域体育特征的战略研究异军突起，形成繁荣的局面。区域体育发展战略研究，不仅为体育事业发展提供了重要的理论借鉴，同时也为我国体育事业的发展作出了重大贡献。体育强国目标的实现，离不开区域体育发展战略的支持。它们既相互依存，又相互独立；既相互协调，又相互支撑。因此，研究区域体育发展战略，既是实现体育强国目标的基础，又是寻求实现体育强国目标的创新研究。

本课题通过对体育强国目标内涵及区域体育战略相关指标的分析，运用区域经济学理论，拓展区域体育发展战略研究的深度，解析我国各区域体育发展战略的现状与优势，并以此为基础，探索体育强国目标下我国区域体育发展的战略模式。

二　研究视角与研究意义

（一）研究视角

课题组紧紧把握我国经济社会发展总体目标，依托我国东部先行、西部开发、东北振兴、中部崛起四大区域经济发展战略，对体育强国目标下区域体育发展战略展开研究。本研究选取东部、西部、东北和中部地区四大区域为代表，选取其中的典型省份，构成研究的基本信息采集源，加以定量和定性分析，探索区域体育发展规律，寻求适合区域体育发挥优势的战略模式。区域体育发展战略，要坚持区域体育事业发展与经济社会发展相协调，坚持竞技体育与群众体育以及体育产业相协调，坚持走"举国体制"的中国体育特色道路；课题研究借鉴区域经济学理论，探讨区域体育发展新的研究视角，旨在探索和建立区域体育发展的理论模式。

1. 以区域经济社会发展为背景，审视区域体育发展战略模式

自体育产生以来，体育与经济社会发展就有着割舍不断的联系。经济是体育发展的基础，社会是体育发展的环境，离开区域经济社会发展的背景，区域体育研究将成为无源之水、无本之木。另外，体育发展对经济社会发展的依赖，还表现在体育是整个社会的子系统，它与政治、经济、社会、文化、教育、科技等，有着千丝万缕的依存关系。因此，研究区域体育发展战略，必须以区域经济社会发展为背景，紧紧把握区域经济社会发展的基本走向，准确分析区域经济社会发展的背景，审视区域体育发展战略模式。

2. 以区域体育发展潜力为依托，筹划区域体育发展战略设计

对区域体育发展战略的研究，必须建立在对区域自然禀赋、区位条件、经济投入、人力资本、制度与人文环境基本要素的全面分析上，同时也要对区域体育发展战略研究进行综述，在此基础上，调查与分析区域体育发展的现状，把握区域体育发展的优势和潜力。为此，我们在设计的一、二、三、四级指标体系的基础上，对四级指标进行了相关、因子、聚类等统计处理，找出它们存在的相互关系，从而明晰区域体育发展的优势、劣势和潜力，并以此筹划区域体育发展战略的设计，进而为制定区域体育发展战略提供充足的依据。

3. 以区域经济发展理论为依据，指导区域体育发展战略理论构建

在区域体育发展战略研究中，将经济学的区域经济发展理论移植并建构区域体育发展战略理论，是许多体育工作者的设想。多年以来，大量区域体育应用研究表明，这种设想完全可以变为现实。在现有的研究成果中，非均衡发展、梯度推进、协调发展、点轴渐进和城市圈发展等理论，

虽然得到了重视和尝试性应用，但还存在流于表面，甚至出现移植的误区的现象。因此，正确移植区域经济学理论，科学创新建构区域体育战略理论，成为课题研究的创新点。

4. 以区域体育发展的本质差异为视角，探索区域体育的发展规律

地区经济发展水平决定了该区域群众对体育的需求程度，影响着群众对体育运动的认同感。因此，对经济发达程度不同区域之间的体育发展战略进行对比，是很多研究中都采用的视角。以区域经济为背景，通过对不同区域体育发展本质的对比，探索出区域体育发展的规律，旨在为我国区域体育可持续发展提供理论前提，构建区域体育发展战略的总体构想，为体育事业发展提供宏观指导。

5. 以区域体育特色为突破口，打造区域体育优势

特色，是指人或事物所具有的独特的地方。在我国区域体育发展战略研究中，优势与特色紧密相连，只有具有优势，才能称得上特色；也只有是特色的地方，才能称得上是优势。在经济发达地区，体育产业发展具有领先优势；在体育文化环境优越的地区，体育文化品牌效应就占有优势；中心城市和沿海城市，由于处于对外开放的有利地位，所以体育城市化发展就具有优势；而地理人文环境优越的地区，体育人才则占有优势……这些优势，成为我国区域体育发展研究的特色，也将成为制定区域体育发展战略的突破口。

（二）研究意义

区域体育发展，是实现体育强国目标的重要组成部分；区域体育发展战略，以实现体育强国为最终目标；体育强国战略的实施，离不开区域体育战略作为子系统的支持。本课题的研究意义在于：第一，以区域经济学理论为基础，构建区域体育发展战略的框架，为我国体育发展战略的研究提供新的研究视角；第二，以区域体育为研究主体，探索实现区域内部和区域之间体育的社会效益、经济效益和环境效益的最优化，使体育研究从单一的专项研究向综合的复合研究转化，从而在更加宽广的视野内体现体育研究的社会价值；第三，以区域为模块，完成区域体育发展战略的框架构建，为实现体育强国目标奠定基础。

三 研究现状述评

(一) 体育强国战略研究现状

在胡锦涛提出"推动我国由体育大国向体育强国迈进"的奋斗目标之后，围绕建设体育强国目标，国家体育总局先后在福建晋江和浙江绍兴召开全国体育战略研讨会，对全面、深刻地理解胡锦涛提出的体育强国的基本内涵和基本特征，认清建设体育强国的任务、目标和要求，以及建设体育强国的战略思路和措施进行了广泛探讨。

国内学者对体育强国的研究尚属起步阶段。当前，体育强国研究主要集中在三个方面，即体育强国内涵、对体育强国指标体系的辨析以及实现体育强国目标面临的挑战和发展方略。其中，对体育强国指标体系的辨析最受学者重视。体育强国指标体系是对一个国家体育发展总体实力的评价体系，目前为止尚未形成公认的指标体系。体育强国研究中的另一个重点是明确体育强国的基本内涵。大多数学者认为它是一个相对的概念、比较的概念，是在与其他国家的比较中做出的判断，是对一个国家体育发展规模的评价。此外，还有不少学者涉及实现体育强国目标面临的挑战和发展方略方面的研究，也就是在体育强国目标下，对竞技体育、群众体育、体育产业、青少年体质、体育文化、体育运行机制等方面存在的不足进行探讨并提出初步的发展方略。

文献显示，国外学者对体育强国的研究也略显不足，研究内容大都围绕体育强国的概念以及对体育强国发展之路的探索。从研究结果来看，各国也并未提出体育强国的概念，仅是提出了相对性的概念。目前，美国、俄罗斯、瑞士、德国、日本、澳大利亚等一些国家被诸多专家称为体育强国，并对这些国家的体育强国发展之路进行了探究。美国体育的发展是以培养全面发展的人才为目标；德国的崛起靠的是全民教育和全民体育；瑞士在资源有限的条件下，在完善本国竞技体育和群众体育最优化发展的基础上，为世界呈现了丰富而精彩的赛事。

从国内外研究现状来看，目前专家对体育强国的研究处于初级阶段，还存在很多不成熟的地方。对体育强国的认识有很多分歧，没有建立一个完善的指标体系，未对建设体育强国的子系统做一个系统的定位，所提出的一些建设体育强国的措施也仅限于从总体层面上进行阐述。

（二）区域体育发展战略研究现状

20 世纪 80 年代，随着我国发展战略研究的兴起，在奥运争光计划、全民健身计划等全国性体育战略目标下，先后出现了以行政区域为主的体育发展战略研究，如广东、浙江、上海、宁波、辽宁、吉林等省市体育发展战略研究，以及跨省份区域体育发展战略研究，如珠江三角洲、长江三角洲、西部大开发和东北老工业振兴体育发展战略的研究。

我国召开的体育战略研讨会、体育工作会议，以及大量相关文献表明，目前我国体育发展战略的研究，主要集中在区域竞技体育发展战略、群众体育发展战略和体育产业领域发展战略三大方面。例如，董良田、刘江南、杨迺军分别从广东省竞技体育的跨世纪发展、"十一五" 改革规划和群众体育发展方面进行研究；陈培德、姚颂平、吴亚能则分别从长江三角洲地区的三个不同省市——浙江、上海、宁波的体育发展现状、对策和战略方面进行研究；罗良友的 2010 年重庆市竞技体育发展战略研究。又如，陈培德等从长江三角洲地区竞技体育目前发展现状、整体战略发展方向等视角出发，实施 "金牌工程"，带动竞技体育发展的战略措施研究；杨迺军等从群众体育指导思想和总体目标方面对我国珠江三角洲群众体育意识、群众体育组织、群众体育设施等提出了发展战略研究；鲍明晓、马继龙等学者则针对 "珠三角"、"长三角" 城市圈的体育产业发展的目标、途径和措施进行了研究，为区域体育产业的发展提出了相应建议。一些学者在区域体育发展战略研究中侧重于理论探讨，缺少实践依据，区域战略研究成果与实践结合得不够紧密，区域体育发展战略理论研究仍有待于完善。

（三）小结

体育强国是我国新时期提出的体育工作奋斗目标，区域体育的发展是实现体育强国目标的重要组成部分和基础，两者之间存在着相互依存、相互协调的关系。应当引起关注的是，众多学者从不同视角分别对体育强国、区域体育发展战略进行了理论研究，但目前还没有学者从体育强国的角度来研究区域体育发展战略的谋划问题。因此，我们有必要在认真分析和深入理解体育强国目标的基础上，总结我国区域体育发展战略的研究现状与存在的不足，探索体育强国目标下区域体育发展战略。

四　研究内容的逻辑关系

　　体育强国目标是我国体育事业发展的更新更高的目标。鉴于我国区域发展的不平衡性，体育强国目标的实现必须在区域体育发展的基础上，从社会、经济、文化的制约与优势中寻求具有区域特色的战略模式。区域经济学部分理论与模式可以为区域体育战略的制定提供理论支撑。这种多维

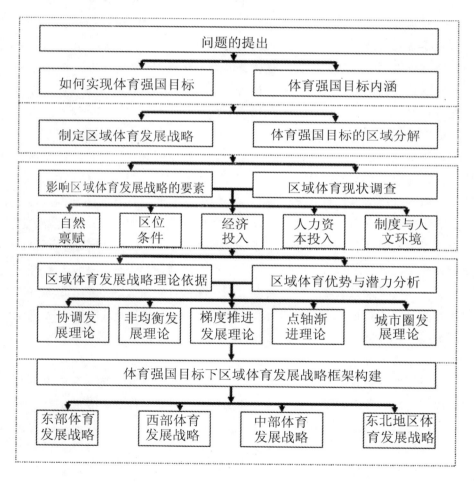

图1—1　研究的理论框架

度的复合研究具有广泛的社会价值和意义，从而将推进我国由体育大国向体育强国目标迈进的时代进程。研究体育强国目标下我国区域体育发展战略，首先，应诠释体育强国的内涵及实现体育强国目标的战略途径，明确区域体育发展战略的制定是实现体育强国目标的必然途径；其次，应从区域经济、社会和文化等多个维度考量体育事业的发展，选取区域体育发展的影响要素，并以此为基础，探索区域体育发展的优势与潜力；再次，应借鉴区域经济发展理论的均衡与非均衡、梯度与反梯度、增长极、协调发展、点轴渐进、城市圈等理论，为我国区域体育发展战略的制定提供理论借鉴；最后，研究区域体育发展要素间的资源整合、效益联动、协调发展的问题，从区域特色的多维度层面上构建我国区域体育发展战略的新模型。

因此，"体育强国目标下我国区域体育发展战略研究"包含以下几个研究组成部分：体育强国目标的基本内容、体育强国目标与区域体育发展战略的关系、体育强国目标下区域体育发展战略的形成、我国四大板块区域体育发展战略的优势和潜力、我国区域体育发展战略的理论与模式、体育强国目标下区域体育发展战略框架构建等。

五　研究过程和研究方法

本课题研究，主要是在诠释体育强国目标的基础上，考察我国四大区域体育发展战略的现状及影响因素，从而运用相关区域经济学理论，构建我国区域体育发展战略。课题研究分为理论研究和实证研究。理论研究，主要关注体育强国目标的内涵、区域体育发展战略的演进脉络，以及区域经济发展理论在课题研究中的作用等；实证研究，主要考察我国区域体育发展的优势与潜力，验证课题研究制定的区域体育发展战略在现实中的可行性等。

（一）研究过程

总课题于2010年6月开题，课题组主要成员和相关人员参加了开题。课题组组长就课题的研究背景与研究意义、研究内容与研究方法、研究分工与日程安排等问题做了详尽的说明。总课题共分为3个理论撰写组、4个区域调研组、1个材料组及1个统稿组，共9个研究小组。

2010 年 8 月，理论组通过召开战略研讨会，阅读相关文件、课题、论文、著作等文献，完成了《体育强国目标的诠释》部分的撰写。2010年 12 月，理论组完成了《我国区域体育发展战略的历史演进》部分的撰写。2011 年 3 月，理论组完成了《区域经济发展理论应用现状综述》，包括协调发展理论与模式、非均衡发展理论与模式、梯度推进发展理论与模式、点轴渐进理论与模式、城市圈发展理论与模式等部分的撰写。2011年 4 月，理论组走访国家体育总局政法司及有关体育社科专家学者，进一步细化了课题研究指标。

2011 年 8 月，调研组完成了《区域体育发展现状的文献综述》，包括国家区域开发战略背景、区域体育发展战略研究现状、区域基本情况（自然禀赋、区位条件、经济状况、制度人文环境）等方面的撰写。2012年 6 月，调研组完成了《区域体育发展的优势与潜力研究》的撰写，并于 2012 年 7 月前往四大区域代表省份进行深入调研，以校正课题研究结论，并为下一步区域体育发展战略的制定提供现实依据。2012 年 6 月中旬，东北区域调研组进行了实证研究，先后访谈了辽宁省体育局法规处、辽宁省第十二届全运会筹备办公室、吉林省体育局、黑龙江省体育局法规处，对东北区域优势和潜力以及所制定的发展战略进行咨询。访谈对象列举了东北区域体育在夏季奥运会、冬季奥运会对我国竞技体育发展的贡献率，描述了东北区域人口体育特征和对体育的认同性，阐述了打造冰雪运动和挖掘体育文化的重大战略意义，以及体育事业发展对东北老工业基地振兴的推动作用。2012 年 7 月，东部区域调研组对江苏省、浙江省、广东省体育局进行了走访调研，主要对 3 省的体育发展环境、竞技体育、群众体育、体育产业的发展优势进行了访谈，并结合课题研究需要，对东部地区的体育发展战略，特别是针对"长三角"体育大联合、3 小时体育圈等区域发展问题进行了探讨。2012 年 7 月，中部调研组对湖北省、湖南省、安徽省体育局进行了走访调研，主要对中部区域省域间体育事业战略协调发展问题、各省"十二五"体育事业发展规划以及中部省份竞技体育的特色等进行了访谈。2012 年 7 月，西部区域调研组对陕西、四川、内蒙古体育局进行了走访调研。

2012 年 9 月，课题组召开各区域调研情况汇报会，在汇报情况的基础上，对课题主体部分的撰写提出了进一步要求；2012 年 10 月，课题进入结题总结汇总阶段，课题重点对区域发展的优势与潜力、区域经济学理论在区域体育发展中的应用、区域体育发展战略合成、课题主要研究成果与结论，以及体育强国目标进一步进行了梳理和归纳，课题总体结题在计划时间内完成。

（二）研究方法

1. 文献资料法。通过国家体育总局政法司、各省市体育局和中国期刊网，收集我国体育强国战略、区域体育发展战略、专题战略研讨成果，查阅相关的学术著作及政府规划和文件，进行文献综述。

2. 专家访谈法。访谈国家体育总局、各省市体育局、高等体育院校，参与决策的官员、专家学者和不同时期的老领导和知情人。

3. 实地调查法。走访调查我国东部、西部、中部和东北四个区域部分省份，寻找区域体育联合发展的案例，以此总结我国区域体育发展的经验和存在的不足，为课题的研究提供实证分析。

4. 比较分析法。对收集的文献及部分省份的发展规划和研究报告等进行归纳梳理，以区域体育为主体进行多角度、多层面、多项内容的比较分析。

5. 趋势预测法。对体育强国目标下我国区域体育发展战略研究趋势和走向进行预测，对我国区域体育发展前景进行预测。

6. 非均衡分析法。依据区域发展自然环境、人文环境、区位条件、经济投入、人力资本等要素，提出区域体育发展的优势和潜力。

第一章 体育强国目标的诠释

第一节 体育强国目标提出的时代背景

2008 年北京奥运会、残奥会的成功举办，实现了中华民族百年来的奥运梦想，国际社会和全国人民都给予了极高的评价。胡锦涛在北京奥运会、残奥会总结表彰大会上的讲话，充分肯定了奥运健儿取得的优异成绩，同时也明确地提出了"推动我国由体育大国向体育强国迈进"的奋斗目标。① 这一目标作为新时期国家体育的发展战略，具有鲜明的时代特征，成为我们全面认识、科学规划体育事业发展的基础，也可以说是对我国体育面向未来实现新跨越的科学定位，为新时期体育工作指明了前进的方向。

一 体育强国目标是我国建设世界强国总体目标下的子战略

体育强国目标是 21 世纪对我国体育事业发展提出的新的更高的目标，这个目标的提出，是在我国全面建设小康社会，在 21 世纪中叶实现社会主义现代化强国总体构想下的发展战略设计。因此，体育强国目标成为我国建设世界强国总体目标下的子战略，它服从和服务于国家总体强国战略。从大国向强国迈进，其中一个关键是重视经济发展的质量，提高人民生活的质量。党的十六大提出了全面建设小康社会的奋斗目标，第一次以党的全国代表大会决议形式，将"明显提高全民族健康素质、形成比较完善的全民健身体系"确定为全党全国的奋斗目标。党的十七大报告将全面建设小康社会进一步明确为党和国家到 2020 年的奋斗目标，并强调

---

① 胡锦涛：《在北京奥运会、残奥会总结表彰大会上的讲话》，http://news. xinhuanet. com/newscenter/2008 - 09/29/content_ 10133226. htm。

必须在经济发展的基础上，更加注重社会建设，着力保障和改善民生的要求。体育是提高国民身体素质、优化国民社会生活、促进人的全面发展、促进社会主义精神文明建设、建设和谐社会的重要组成部分，在全面建设小康社会、实现国家现代化的历史进程中，具有重要的作用。因此，全面建设小康社会，到 21 世纪中叶实现全面现代化的宏伟目标，体育事业发展必须与其相适应。到 2020 年实现小康社会的体育是什么样的？到 2050 年全面实现现代化的体育强国具有哪些特征？这些问题都需要我们认真研究和设计，特别是从国家发展战略的高度进行战略性的思考。

二 体育强国目标是我国经济社会发展的必然要求

体育强国，"强"将"体育"和"国"相连，不由得使我们思考，体育何以强国？在何种程度上强国？在 20 世纪 80 年代，"体育强国"做出的回答，是以竞技体育在奥运会上所取得的成绩为国争光。时至今日，体育的内涵不断丰富变化，所承载的社会使命日益深重，竞技体育、群众体育、体育产业、体育文化、体育科技、体育教育、体育法制等诸多领域，无一不与政治、经济、文化和整个社会的发展水平紧密相关。凡是一国体育发展能融入并全面促进本国的政治、经济、社会、文化和人的发展，即体育发展外部溢出效应大而强的国家就是体育强国。① 因此，今天的体育强国应立足于与社会各系统相融合的视角，加强与经济、教育、文化、卫生等领域的联系和沟通，从人民群众的体育需求对体育资源的要求、经济转型对竞技体育职业化的要求、公共服务均等化对体育公共服务职能的要求、国家经济社会发展对提升体育产业的要求、人的全面发展对体育教育的要求、以和平和发展为主题的国际交流对体育文化的要求等方面，将体育作为社会总系统的子系统，深入研究其与其他系统的相互关系，建设惠及全社会公民的体育强国。

2008 年 8 月 8 日至 24 日，第 29 届奥运会在北京举行，中国以 51 枚金牌、100 枚奖牌位列奥运金牌榜第一、奖牌榜第二，取得了中国奥运历史上的最好成绩，成就了中国竞技体育的辉煌。这也是中国第一次作为东

---

① 鲍明晓：《体育大国向体育强国迈进的战略研究》，载《南京体育学院学报》2009 年第 6 期。

道主举办奥运会，在"绿色奥运"、"科技奥运"、"人文奥运"三大理念的指引下，中国以完善的比赛场馆设施、出色的组织服务举办了一届特色鲜明、水平很高的奥运会，赢得了奥林匹克大家庭和国际社会的广泛好评。2008年北京奥运会的成功举办，实现了我国体育事业的历史性突破，同时，也开启了我国体育事业发展的新篇章，成为我国体育事业进一步深化发展的关键转折点。站在新的历史起点上，我们应当充分认识到，人民群众日益增长的体育需求与社会所能提供的体育资源相对不足的矛盾，仍是我国体育发展过程中的主要矛盾。为此，我们要在科学发展观的指导下，以人为本，统筹兼顾，更加有效地为人民群众提供体育公共服务，并以此作为体育强国战略的基本要求。

实现体育强国战略，应具体包括以下几个转变：在群众体育领域，以全体社会成员"健康、快乐"为理想，从追求群众参与体育活动的数量向追求群众参与体育活动的质量转变，促进群众体育活动的市场化、社会化、个性化，为体育强国的实现奠定群众基础；在竞技体育领域，从以国为本向以运动员为本转变，拓宽运动员的职业发展路径，继续保持我国竞技体育的领先优势，引领我国体育事业的发展，为体育强国的实现注入精神动力；在体育产业领域，配合我国产业转型，从资本密集型向技术密集型转变，提高体育产业市场化运作的效率，扩大总量，改善结构，为体育强国的实现提供经济支撑。

第二节　体育强国目标的内涵

一　体育强国的概念

强国，即"强大的国家"之意，这是一个没有明确边界的定义。因此，体育强国同样是一个相对的概念，没有固定、量化的指标评价体系，它是在与其他国家的体育发展总体实力比较中得出的定性化的评价。[①] 对于这个标准的理解，本研究认为：应以竞技体育的国际竞争实力、群众体育的发展水平以及体育产业的发展程度作为评判体育强国的三项基本标准。体育教育、体育科研、体育法制、体育传媒等构成体育强国的支持系

[①]　田雨普：《努力实现由体育大国向体育强国的迈进》，载《体育科学》2009年第3期。

统，体育观念、体育精神、国际体育影响力等是体育强国软实力的体现。

在判断体育强国时，我们不能追求评价体系的面面俱到，也不能要求竞技体育各个方面都要领先于世界上其他国家，群众体育的各个领域在世界上都名列前茅，更不能要求体育产业的各个环节完全达到国际市场化的标准。事实上，这样所谓的"完美强国"也是不可能存在的。我们现在能做到的是，在体育内部各项目均衡发展的基础上，将主要项目和总体层面进行综合的评定，达到世界公认的较高水平。

二　体育大国与体育强国

大国与强国有着本质的差异。大，指的是数量多，规模庞大。而强，指的是水平高，质量硬，综合实力雄厚。二者是对不同发展程度和发展层次的国家概念的表述。而体育大国主要是指体育发展的数量和规模宏大，在国际上居于举足轻重地位的国家。体育强国则是指该国体育发展的综合实力超群，总体水平明显领先于其他国家。[1]

中国体育伴随着新中国的艰苦创业、繁荣昌盛而发展进步。中国体育发展壮大的过程，见证了中华民族自强不息的历程，从积贫积弱、一穷二白，到屹立于世界民族之林；见证了中国从在国际体坛屡遭排挤、成绩榜上乏善可陈的"东亚病夫"，发展成为奥运金牌第一、成绩辉煌的体育大国。可以说，我国体育大国的定位，反映了中国经济社会发展的阶段性历史特征。今天，在很多方面，我国已经是一个名副其实的大国，但同时也要认识到，我国毕竟也还仅仅是一个大国，称不上强国。改革开放后，我国 GDP 的快速增长使我国成为世界经济大国，但人均 GDP 仍排在世界100 名之后。我国经济社会发展的这一特征，也折射出我国体育事业发展的现状。

然而，并不是说大国就不能变为强国。大国可以成为强国的基础，大国是一个量的积累过程，没有足够的数量也就不能有真正意义上质的提高，由于大国资源丰富，发展空间广泛，从而为成为强国提供了有利条件，奠定了坚实的基础，而且大多数世界强国同样是世界大国的事实也证

---

① 邹师、章思琪、孙丽雯：《体育强国目标下我国区域体育发展战略研究结构与特色》，载《体育与科学》2010 年第 1 期。

明了这一点。所以中国体育事业的发展，需要利用大国的优势，全面认识体育在社会发展中的价值和综合作用，推进我国由体育大国向体育强国迈进。

三　体育强国目标的内涵

竞技体育成就了我国体育事业的辉煌。因此，体育强国目标的实现，竞技体育仍然是主体部分，也可以说是标志性部分，但体育强国目标又不仅仅局限于竞技体育领域。竞技体育、群众体育、体育产业、体育文化各领域协调均衡发展，才是提高国家体育整体水平的关键。

（一）竞技体育的国际竞争力

改革开放以后，中国体育审时度势，确立了举国体制和奥运战略，竞技体育在较短时间内实现了提高和超越，形成了自身的优势项目群。借助奥运会这一举世瞩目、影响巨大的平台，我们的优势项目发挥出一种集合效应，迅速提高了我国体育的影响力和地位，成为奥运会上的金牌大国。但我们还应看到，奥运项目中最具基础性地位的田径、游泳项目，我们仍然十分落后；风靡世界、全球民众最喜爱的集体球类项目，我们总体上也很落后；另外，对于给体育产业的发展带来巨大效应的职业体育项目，比如电视经常转播的足球世界杯、NBA、网球四大满贯、F1赛车等，我们也非常落后。田径号称"体育运动之母"，但我们的成绩却令人汗颜，我们引以为荣的第29届奥运会主体育场——鸟巢的比赛中，我们没能看到中国选手夺取一枚金牌，没能看到十万观众齐唱国歌的壮观场面，这不能不说是一种遗憾。所以，要实现体育强国的目标就需要对竞技体育的价值有一个评判标准。正如胡锦涛在讲话中所说的，要在保持我国竞技体育特点和优势的基础上，不断挖掘潜力，优化结构，推动竞技体育内部各门类均衡发展，增强中国体育的综合实力和国际竞争力。

（二）群众体育的发展水平

群众体育是体育事业的基础和重要组成部分，其发展水平是体育发展水平的重要标志。改革开放以来，我国体育人口的数量不断增长：全国达到《国家体育锻炼标准》及格标准的人数占全国总人口的比例，1978年为0.44%，1983年为2.46%，1991年为7.09%。我国经常参加体育锻炼的人数占相应年龄段总人口的比例，1996年为31.4%，2000年上升至

33.9%，2004 年，我国 7—70 岁人群中经常参加体育锻炼的人数，占该年龄段总人口的 37.1%，预计在 2012 年将达到 40%。2008 年国家体育总局发布了群众体育领域内迄今为止规模最大，也是最重要的一项社会调查《2007 年中国城乡居民参加体育锻炼现状调查公报》，调查结果显示，全国"经常参加体育锻炼"的人数比例为 28.2%（含在校学生）。中国是人口大国，体育人口就其数量上来说也足够庞大，但对比 2005 年美国体育人口 49%、2000 年加拿大体育人口 48%、2005 年芬兰体育人口 39%、2004 年日本体育人口 55.4%，我们还有很大的差距。而且各国对体育人口的界定也不同，如果比照美国实行"积极体育锻炼"的统计标准，即每周 5 天进行体育锻炼，每次 30 分钟以上，强度在中等以上，我国的体育人口就更显得缺乏可比性。体育人口仅仅是数量和比例的粗略比较，我国群众体育锻炼的质量更令人担忧。在体育锻炼中，有 62% 的居民主要锻炼项目是健身走和跑步，公共体育场地设施的缺乏、科学有效健身指导的缺乏、民间体育俱乐部的缺乏仍然是影响我国群众体育开展水平的主要问题。青少年是国家的未来和希望，在我国青少年 2006 年与 2000 年指标对比中，6—22 岁的学生在速度、爆发力、力量、耐力素质等指标上明显下降，近视率、肥胖率大幅度上升；2005 年 17 岁中日青少年对比，50 米跑、握力、体重、身高等指标我国均低于日本。我国群众体育的发展水平与体育强国标准差距巨大，群众体育是体育强国的基础，更是全民族身体素质的根本，只有以民为本，让全社会相当多的成员都热爱体育、关注体育、积极参与体育，体育强国目标才能根本实现。

（三）体育产业的发展程度

体育产业既是体育事业发展的经济支柱，衡量体育强国的主要指标，也是拉动经济增长，促进社会就业的新兴产业。改革开放以来，我国的体育产业经历了从无到有的过程，在不断的探索和实践中发挥着越来越显著的作用，成为我国国民经济新的增长点。据 2006 年国家体育总局体育经济司"体育产业统计课题组"数据，2004 年我国体育产业增加值为 590 亿元，占当年全国 GDP 的比重为 0.5%。据最新数据，2008 年我国体育产业占当年全国 GDP 的比重达到了 0.68%，较 2004 年有了较大增长。就世界而言，2009 年美国体育产业占全国 GDP 的比重为 2.86%，2007 年日本体育产业占全国 GDP 的比重为 2.24%，2008 年德国体育产业占全国

GDP 的比重为 1.99％，2008 年法国体育产业占全国 GDP 的比重为 2.85％，与这些国家相比，我国的体育产业还很不成熟。但同时我们也应看到，我国的 GDP 增长速度以 9％ 居于世界首位，同时金融危机后，我国经济的迅速回升和总体向好，为我国体育产业的发展带来了良好的机遇，提供了广阔的空间。伴随着我国经济领域内产业结构的调整和升级，体育产业也面临着从劳动密集型向技术密集型的转变，能否打造门类齐全，结构合理，具有中国特色和国际竞争力的体育产业，将成为体育强国目标实现的关键经济要素。

（四）体育文化的影响力

由体育大国迈向体育强国，必然伴随着体育文化的繁荣昌盛。综观世界体育强国，大多是西方主流体育文化的代表。源自于古希腊奥林匹克精神，伴随文艺复兴和工业革命不断演进的极富竞争性的西方体育文化，已成为当今全球体育文化的主流。我国体育文化源远流长，特点鲜明，是东方体育文化的突出代表，但由于传统农业生产自给自足的封闭环境、特定历史时期较为封闭的政治经济体制以及受传统的儒家思想影响等因素，导致我国的体育文化开发保护措施欠缺，对外宣传力度不够，在全球体育文化中处于相对弱势的地位。而一国体育文化越具独特性，对世界体育文化越应作出更大的贡献，我国体育文化长期形成的以 "天人合一" 为基本思想的养生文化蕴含了中华民族哲学思想的精华，理应以其历史性和独特性得到更为广泛的传播，在世界体育文化的舞台上展现更大的价值。

第三节　体育强国与区域体育发展战略的关系

一　对区域体育发展战略的理解

区域发展战略就是根据区域现实发展条件，及进一步的发展要求和发展目标所做的高层次、全局性的宏观谋划。[①] 从 "战略"、"发展战略" 到 "区域发展战略"，我们从这个演进的过程考察，可以依据以上阐述来界定体育发展战略的概念，即区域体育发展战略是指根据区域体育发展的优势和条件，以及进一步的发展要求和目标所做的高层次、全局性的宏观

---

① 　方创琳：《区域发展战略论》，科学出版社 2002 年版，第 24 页。

谋划。

二 体育强国与区域体育发展战略的辩证关系

体育强国作为国家体育事业发展战略，具有深远意义和丰富内涵，是我们全面认识、科学规划体育事业发展的基础。作为区域体育发展战略，对于促进地方体育事业的发展同样起到不可替代的作用。因此，明确作为总战略的体育强国战略与作为子战略的区域体育发展战略之间的关系，成为两者协调、共同发展的关键。

（一）体育强国与区域体育发展战略相互依存

体育强国战略要以区域或地区战略作为基础，离开了区域或地区体育发展战略的研究，体育强国战略也就不可能是切实可行的战略。也就是说，没有区域体育发展战略研究的体育强国战略是抽象的，也是很难实现的。同时，区域体育的发展战略也不能离开体育强国战略，它需要体育强国目标作为指引，否则区域体育发展就不能与体育强国目标相协调。因此，体育强国和区域体育发展战略之间是相互依存的。体育强国需要区域体育的发展来不断充实，区域体育的战略同样需要体育强国目标作指导。各区域或地区体育作为国家体育事业整体的组成单元，其在发展区域体育过程中存在与国家利益相冲突问题时，区域或地区利益必须服从国家利益，从而形成国家体育强国战略与区域体育发展战略相互支撑的完整的战略体系。

（二）体育强国与区域体育发展战略相对独立

由于体育强国战略和区域体育发展战略看问题的角度不同，宏观和微观层面上的侧重点不同，层次不同，所以它们的战略目标、战略重点、指导方针等一系列内容都不同。其表现在虽然体育强国战略与区域体育发展战略相互依存，区域发展战略受到体育强国目标的影响，但它们具有不同的内涵。任何区域都可以根据本区域实际情况选择体育发展方向和发展道路，制定自己的体育事业发展目标，采取自己的体育战略措施，进行自己的战略部署。同时，区域体育发展战略只是体育强国战略的基础，不能将其替代。体育强国战略也不能代替区域的体育战略，因为后者更加具体。

（三）体育强国与区域体育发展战略相互协调

体育强国战略与区域体育发展战略虽然存在着差异，但同时在内容和目标上又相互协调，并存在以下几点要求：一是它们之间必须保持衔接性和一致性，也就是区域体育发展战略在指导方针、战略目标等方面必须与体育强国战略保持衔接、一致。二是它们之间必须具有互补性，即区域体育发展战略是体育强国战略的充实和完善，国家宏观指导，区域具体规划，共同完成区域体育发展战略。三是它们之间具有从属性，局部应该服从全局。区域体育发展战略应与体育强国战略要求相符合，不能背离。同时，国家在制定体育强国战略时也要考虑到不同区域在制定体育发展战略时所面临的问题，协调好各区域之间的关系。因此，两者之间能否协调是关系到体育强国战略目标能否实现的关键。

第二章 我国区域体育发展战略研究的历史沿革与内容构建

第一节 我国区域体育发展战略的历史演进

体育发展战略是指根据体育发展的优势和条件，以及进一步的发展要求和目标所做的高层次、全局性的宏观谋划。依据发展战略形成理论，"发展战略目标一般要经过从传统单一型到现代综合型的转变过程，即经历传统发展阶段也称赶超发展阶段，变通发展阶段也称满足基本需求阶段，综合发展阶段，可持续发展阶段"。我国体育发展战略也基本遵循这样特定的规律，走过一个从"优先发展战略"、"协调发展战略"到"可持续发展战略"的演进过程。

1984 年以后，我国先后在青海西宁、北京密云、河南洛阳、湖南长沙、北京怀柔、广东广州、江苏苏州、上海、广东东莞、北京大学、福建晋江等地区召开全国体育战略研讨会，体育发展战略目标先后经历了优先发展战略（也称体育强国战略）、群众体育与竞技体育协调发展战略、三个协调发展战略、奥运争光计划纲要、全民健身计划纲要、体育产业发展纲要、2001—2010 体育改革与发展纲要、体育可持续发展战略、小康社会体育发展战略、从体育大国向体育强国迈进发展战略的历史演进过程，这些发展战略目标的确定，体现了我国体育事业发展的基本思路。

我国的区域体育发展战略研究以省域研究为重点，众多学者从不同角度探索建设体育强省的规律，较少有人关注跨省域的区域体育发展战略研究，仅有的也是着重对"长三角"、"珠三角"等经济发达区域的体育发展战略进行研究，目前尚缺乏从我国区域全局发展战略的角度来研究区域体育发展战略的谋划问题。因此，本课题将我国区域体育发展战略的历史演进定位于省域的范畴，在获得充裕研究素材的基础上，探索我国区域体育发展战略演进的历史脉络。

改革开放以来，我国先后颁布实施了东部先行、西部大开发、振兴东北老工业基地、中部崛起四大发展战略，这四大战略的实施对推动我国省域的快速发展起到了至关重要的作用。随着四大战略实施的不断深入，全国各省的经济、社会等各项事业都得到了较快的发展，同时也推动着全国各省体育事业的快速发展。我国各省以四大发展战略为契机，紧紧抓住这个有利的时机，大力发展本省的体育事业，在这些发展战略的影响下，全国各省的体育事业取得了卓越的成效。目前，我国正由体育大国向体育强国迈进，省域体育作为我国体育事业的基本组成部分，承担着为国家输送体育人才等重要任务，国家对省域体育的发展提出了更高的要求。因此，加快对省域体育发展战略的研究，已成为我国体育发展战略研究的基础，这为我国早日实现体育强国目标打下了坚实基础。

省域体育发展战略研究是对我国省域所制定的体育发展战略进行深入的、全局性的分析研究，包括省域竞技体育、群众体育、体育产业、体育文化等多方面发展战略的研究。本研究从历史的角度出发，查阅了1978年以来大量的有关省域体育发展战略的文献资料，在研究这些文献资料的过程中，发现了省域体育发展战略制定过程中的规律变化，从而掌握了省域体育发展战略的演进过程。

一　我国区域体育发展战略研究的历史阶段

（一）1978—1991年，我国省域体育发展战略研究的恢复重建阶段

1979年，党的十一届三中全会之后，我国进入了改革开放的新时期，我国政治稳定，经济发展迅速，工农业主要产品产量增加，为我国体育事业的恢复和发展提供了丰富的物质基础。1979年2月的全国体育工作会议，正式提出将工作的重点转移到体育业务工作上来，并确定了"在普及和提高相结合的前提下，侧重抓提高"的大政方针。此时各省体育工作的开展都以此方针为指导，解放思想、实事求是，按照体育运动的规律和特点办体育，在集中整顿中前进，加强训练工作，努力提高体育运动水平，初步形成了奥运战略；各省体育事业得到了恢复和发展，并且各项工作都取得了优异成绩。

体育战略研究是一项动态的、复杂的社会系统工程，在社会中与政治、经济、文化、科技、教育各个领域都有着密切关联。改革开放后，随

着各省各项工作日渐恢复正常，在全面改革的大背景下，各省针对本省的实际情况也开始对本省体育发展战略进行研究，旨在为本省体育事业的发展提供理论指导，并取得了一些成就。

在改革开放初期，我国重返奥运会，此时竞技体育的重要性凸显，竞技体育成为对外宣传的重要工具和有力手段。在"优先发展竞技体育"的主导思想下，我国各省加快了对竞技体育发展战略的研究，从而为提高国家整体竞技体育水平作出贡献。此阶段围绕着省域竞技体育发展战略的研究文献资料比较充裕，如黄圣方、余邵森等的《浙江省竞技体育发展战略研究总报告》论述了影响浙江省竞技体育发展的因素以及未来发展的可能性，浙江省按照国家体委提出的"以革命化为灵魂，以社会化、科学化为两翼实现体育腾飞"的指导思想，提出以"突出奥运，发挥优势，狠抓后备，注重效益"作为本省竞技体育发展战略的总体方针，为当时浙江省竞技体育的发展指明了方向。又如周百之、饶远在《云南竞技体育发展战略的若干思考》中提到根据云南省竞技体育发展过程中的历史经验，探索云南省体育发展的社会优势与自然优势及其合乎逻辑的客观规律，进一步调整战略重点和项目布局，确保着重发展云南省的田径、游泳、自行车、射击等优势体育项目，全力以赴地实施完成国家奥运战略建设项目，使云南省的体育事业得到快速的发展。此外，姚鑫的《从贵州省竞技体育现状看体育体制改革的当务之急》、钱澄的《浅议湖北竞技体育》等研究课题，也都为本省竞技体育的发展发挥了重要作用。这些文献反映出当时各省竞技体育的发展战略以及奥运战略，都以奥运会为最高目的，以获得优异的竞技体育成绩为最高目标。

在竞技体育优先发展的前提下，全国各省对体育发展战略的研究，不仅仅局限于竞技体育发展的战略研究，而是从多方面对体育事业的发展做出规划。对省域竞技体育发展战略、群众体育发展战略、体育产业发展战略、体育文化的研究也有所体现，反映出各省体育事业的全面发展。

梁晓刚在《浅谈西藏体育发展战略》中认为，现阶段西藏体育发展战略指导思想，应以青少年为重点的全民健身战略为主体，只有当这一战略达到一定目标时，西藏才能和"以全运会、奥运会为最高层次的竞技体育战略"相协调，也只有这样，西藏的竞技体育才能出现一个真正的起步。此外，在加强登山运动优势项目的同时，努力抓好高山体育科学研究，将成为西藏体育向高层次发展的突破口，也将是西藏体育的一大特色，搞好登山旅游探险服务也是西藏体育商业化的有效手段。又如吕朝璋的《试论振兴安徽体育的指导思想》、樊明刚的《制订西南地区体育发展战略应注意的几个问题》等，这些文章都制定了本省的体育发展战略，以此来指导体育事业的发展。这些文献主要是从整体的战略角度对省份的体育发展做出研究，整体战略的研究使体育事业能够全面、平衡地发展，但是从文献中还是能够看到竞技体育优先发展的思想。

熊励行在《湖北群众体育现阶段发展特征及其面临的问题》中，提出了湖北省群众体育地区发展的不平衡性，并提出了由"虚"到"实"、由"软"到"硬"、由"点"到"面"、由"量"到"质"、由"单一"到"多元"、由"被动"到"主动"的转变，采用这些群众体育的发展方式，为湖北省的群众体育发展指明了新的发展方向；翟国俊在《关于西北地区群众体育发展战略研究的构思与设想》中描述到，1987 年，在西宁举行的体育发展战略研讨会上，提出了运动技术水平是体育强国最鲜明的主要标志和西北地区在体育发展战略上应做必要的调整，调整的中心就是把以竞技体育为主的战略思想调整为既抓竞技体育又抓以青少年为重点的全民健身体育；还有像《硕果累累——辽宁省群众体育活动综述》，林可、丛湖平等的《浙江省群众体育发展战略"外环境"研究报告》等也都是强调发展群众体育运动的。

我国体育产业在 20 世纪 80 年代开始起步，1985 年国务院颁布的《国民生产总值计算方案》中，第一次将体育（部门）也称为"体育产业"。由于我国体育产业的发展尚处在起步阶段，对体育产业发展战略的研究还比较少，只有在少量的文献中提及体育产业的发展，这些文献只是从整体上论述了体育产业的发展，例如，张尚权的《体育事业的属性及体育产业的发展》、钱文军的《体育产业的发展道路初探》等，并没有查阅到关于每个省份的体育产业发展战略研究的文献。

综上所述，此阶段关于省域体育发展战略的研究还不是很充分，可供参考查阅的文献资料还不是很多。从所查阅的文献资料中看，在当时"侧重抓提高"的社会大背景下，我国优先发展竞技体育，对省域竞技体育发展战略的研究多于群众体育发展战略的研究，对东部省域体育发展战略的研究多于中部、东北、西部，尤其是以浙江省的体育发展战略研究最为全面；此外，体育产业的发展处在起步阶段，关于我国省域体育产业发展战略的研究几乎没有。

（二）1992—1996年，体育事业全面发展，省域体育发展战略研究进入快速发展阶段

伴随着改革开放的进程和经济的发展，在邓小平南方谈话指导下，中国体育事业的发展取得了辉煌的成就，在1992年巴塞罗那、1996年亚特兰大奥运会上都取得了优异的成绩，实现了竞技体育连续两届保持世界前四名位置的目标。1995年3月5日，李鹏总理在全国八届人大《政府工作报告》中指出，"体育工作要坚持群众体育与竞技体育协调发展的方针，把发展群众体育、推行全民健身计划、普遍增强国民体质作为重点"，明确了党和国家的体育发展战略。1995年3月专门探讨了有关发展体育经济，推进体育产业进程大计。

在此期间，我国体育法规建设得到了快速的发展，先后有五部体育法规出台：1995年6月《全民健身计划》、《体育产业发展纲要》，7月《奥运争光计划》，8月《中华人民共和国体育法》；1996年7月《国家体委关于贯彻科教兴国战略，加速体育科技进步的意见》。这些法规成为我国体育法规建设重要的里程碑，同时也为我国各省体育发展战略的制定提供了理论指导，各省围绕着国家出台的这五部体育法规来制定本省竞技体育、群众体育、体育产业的发展战略。

《全民健身计划》的实施有力地推动了群众体育的发展，据此，我国许多省份围绕着《全民健身计划》，制定了适合当地的群众体育发展战略，取得了重大的研究成果，可谓是硕果累累。易仲文在《同心协力，在我省启动"全民健身计划"》中强调了贵州省启动全民健身计划就是为了大力推动群众体育的发展，提高身体素质，建立科学文明的生活方式，建设社会主义物质文明和精神文明等。程云峰、盖国富、王岩在《黑龙江省行业系统群众体育现状及实施全民健身计划的思考》中，通过黑龙江省行业系统及有关单位的调查、分析，对经费与设施、人员结构等进行分析研究，得出黑龙江省行业系统群众体育的现状，这对落实"全民健身计划"起到了非常重要的作用。此外，关于"全民健身计划"的文献资料还有很多，如于红霞、陈慧敏的《珠江三角洲经济区实施全民健身计划的现状与对策》、沈伟的《上海市实施全民健身计划的现状与对策》

等。通过阅读这些文献了解到，随着经济的繁荣和社会的发展，越来越多的人参与到体育活动中来，体育人口迅速增加，体育活动开展活跃、内容丰富，体育设备、场馆建设日趋完善。由此可见，全民健身计划的实施，有力地推动了群众体育的发展。

随着社会主义市场经济的确立，发展体育产业已成为适应社会主义市场经济体制的需要，是推进体育改革、增强自我发展能力的一项重大战略举措；加快体育产业的发展有利于深化体育改革、转换机制，同时也拓展了体育事业发展的经费渠道。我国许多省份围绕着《体育产业发展纲要》，制定了体育产业的发展战略。王君侠在《发挥地区优势加速走向市场——西北地区体育产业发展对策》中提出了西北地区体育产业的发展对策，充分发挥地域优势，合理利用自然条件和古文化条件，发展本地区特色的体育产业。又如钟天朗、徐本力、刘建中在《上海浦东新区体育产业的发展战略》中强调了发展浦东新区体育产业的重要性和迫切性，论述了浦东新区体育产业发展战略要与该区第三产业的发展战略相协调，注重体育产业的功能开发，重点发展体育劳务、体育服务市场。还有谢延民、王健民的《时代的呼唤——辽宁发展体育产业面面观》等。通过阅读相关文献发现，此时体育产业的发展已经开始和 GDP、GNP 等经济指标联系在一起，把它们作为一个整体进行研究，并且从中找出它们之间的关系以及经济对体育产业发展的影响，这种研究方法对体育产业的发展可以说是一个重大的突破。另外，通过研究还发现，虽然对体育产业发展战略的文献研究很充裕，但这些文献所涉及的大都是对国家体育产业发展战略的研究，而涉及省域体育产业发展战略的研究依然比较少。

除了对群众体育、体育产业的研究之外，本阶段关于省域竞技体育、体育文化等体育事业发展战略的研究也比较丰富，如舒有漠的《实现西北地区竞技体育效益发展的途径》，杨学军、徐本力的《上海浦东新区90年代竞技体育发展战略与对策》等。在众多研究中，其中有两篇最具有代表意义，它们是：李力研的《再论"竞技体育"与"群众体育"的协调发展》，此文从哲学的角度再次论述了体育中的"普及"与"提高"的问题，这其实就是"协调发展"问题的一个变种，"普及"与"提高"是协调体育发展的最好理论武器，这一理论是解决竞技运动与群众体育如何协调的最有针对性的一种"知识体系"，从辩证的角度看待普及与提高这种相辅相成的关系；另一篇是周龙慧的《从我国体育不平衡发展谈我省体育发展战略》，此文提出了由于受社会生产力、经济、政治文化发展的综合制约，目前我国省域体育发展存在着不平衡的现象，强调了在体育发展战略布局上要充分发挥省域优势，要反映出"不平衡"的特点等发展战略。这两篇文章分别强调了，竞技体育与群众体育的协调发展和充分利用省域优势来发展体育事业，这两种发展方式为省域体育发展指明了方向，这样就能够很好地解决省域竞技体育与群众体育发展不协调的问题。

总之，此阶段我国各省在围绕着《全民健身计划》、《体育产业发展纲要》制定体育发展战略的同时，更加注重竞技体育、群众体育、体育产业的全面协调发展。然而由于省域间经济上的差异，导致了体育事业发展的不平衡，这种不平衡的体育现象，在一些文献中有所体现，这为省域体育发展战略的研究提供了新的研究思路，那就是每个省份可以结合自己的优势来发展本省的体育事业。

（三）1997—2007 年，省域体育发展战略研究进入突破、创新阶段

这十年，是我国国民经济建设快速发展的十年，也是我国体育事业腾飞的十年。十年间，党把全面建设小康社会作为最高目标，把办好 2008 年奥运会和残奥会作为重要内容。在这十年间，我国竞技体育快速发展，总体实力处在国际体坛的前列，在悉尼奥运会和雅典奥运会都取得了优异的成绩，跻身"第一集团"。群众体育广泛开展，国民体质普遍增强，体育设施显著改善，部分场馆达到国际标准。体育产业发展逐步加快，体育市场快速发展。体育国际交往日益频繁，我国在国际体育事务中的作用不断提升。体育体制和运行机制在改革中渐显活力，体育发展势头渐趋强劲。

在改革开放方针政策的推动下，东部省份发展迅速，"长三角"、"珠三角"、"京津唐"地区的经济快速增长，对外贸易飞速发展，产业结构不断优化。继东部先行战略实施以来，国家又于 2000 年 10 月实施了西部大开发战略，2003 年 10 月实施了振兴东北老工业基地战略，2004 年 3 月实施了"中部崛起"的重大战略，另外国家还制定了东进西出、省域联动等发展战略。此时，我国省域体育发展战略研究，开始借助于四大发展战略所提供的优势，抓住历史机遇，大力发展体育事业。在四大发展战略的背景下，我国省域体育发展战略的研究也取得了卓越的成果。

东部先行战略实施以来，"长三角"、"珠三角"、"京津唐"地区的省市区得到了快速的发展，这些省市将对体育事业发展的研究放眼于整个区域，将这些省份系统地联系在一起，加强省份之间的互相合作。如丛湖平、唐小波在《"长三角"地区体育产业一体化发展研究》中认为，体育产业资源一体化，可使长三角地区资源的结构性调整，产生结构优化效应，扩大资源规模，以提升"长三角"体育产业的竞争力和国际影响力；长三角地区体育产业资源一体化发展将获得难以料想的增量收益。另外，孙杰、陈玉霞的《西部大开发与甘肃体育产业的思考》，论述了甘肃借助西部大开发这一千载难逢的历史机遇，不仅大力发展甘肃经济，还大力发展体育产业，并重新开拓了甘肃体育产业的发展思路。有关四大发展战略背景下的文献研究还有很多，如李永清、徐晓音、谭冬平的《珠三角体育健身娱乐业发展现状的调查研究》，谢仁桃、唐宇钧、颜献忠的《"中部崛起"战略背景下湖南体育产业发展对策研究》等。虽然文献资料中关于这方面的研究很丰富，但是这些研究大都是关于体育产业方面的，而只有少部分涉及体育其他方面的研究。本研究认为，在四大发展战略的推动下，省域的经济有了快速的发展，省域之间的交流合作越来越频繁，正是因为经济的快速发展，才有可能推动对体育产业的深入研究。

随着社会、经济的发展，体育事业也在不断地向前发展，单一的体育学理论已经不能满足体育发展的需求了。此时，经济学、地理学等学科理论开始被大量引入体育发展战略研究中来，我国许多体育学者也开始借鉴这些理论，应用于省域体育发展战略研究，为体育事业提供了理论支持并开辟了新的研究途径，其他学科理论在体育事业中的应用在许多文献中都有体现。如俞琳在《我国三大都市圈区域体育产业发展环境论——以上海市为个案分析体育产业发展环境影响因素》中认为，在科学发展观的指导下，采用非均衡—协调发展方式是体育产业开发的有效战略之一，依托京津地区、"长三角"与"珠三角"地区的区位优势、环境条件与产业资源，逐渐形成体育产业发展的"集化区"，继而产生"扩散效应"。这篇文章认为，将非均衡—协调发展理论应用到三大都市圈的体育产业发展过程中，最终实现三大都市圈体育产业的均衡发展。丛湖平、张爱华、朱建清在《论我国东部省份体育产业区域发展模式的构建》中提到了"均衡发展"、"梯度推进"、"增长极"和"点—轴开发"等理论，将这些理论运用到东部省份体育产业的发展中，来发展东部省份的体育产业。杨锋在《湖南省体育产业发展现状与对策研究》中，提出了湖南省要主动承接"珠三角"、"长三角"经济的梯度转移，实现"互补效应"和"规模效应"；东部省份体育事业的发展比西部省份要好，东、西部省份之间存在差异和梯度，在梯度转移过程中，中部省份要充分利用这个梯度，来发展本省的体育事业。关于经济学、战略学理论，在一些省份体育中的应用也比较常见，尤其是在一些城市圈、体育旅游圈中的应用更为广泛，这些理论在体育发展战略研究中的应用是一个创新，具有广泛的借鉴和应用价值。

此阶段，我国省域体育发展战略的研究，不但在理论研究上有所创新，而且在研究领域上也有所拓宽，省域体育文化的研究已经成为重要的研究视角。文化作为一种软实力，是一种不可忽视的伟大力量，"提高国家文化软实力"是我国文化建设的战略重点。作为文化的一部分，体育文化又有着它自己的特色。通过查阅文献资料了解到，本阶段关于省域体育文化战略的研究是比较丰富的。其中，比较有代表意义的一篇是于得江、逯克胜的《环青海湖民族体育圈传统体育文化研究》，作者对少数民族体育文化的特点进行分析，以环青海湖国际自行车赛为龙头，充分发挥青海省高原民族体育文化旅游资源，如赛马、赛牦牛、骑射等，再结合体育圈理论，挖掘出适合青海省旅游业发展的民族体育项目。又如张云刚、沈阳等在《西部大开发与体育文化建设——试论体育在云南民族文化大省建设中的地位与发展思路》中认为，云南省应利用西部大开发这个战略契机，大力加强云南省的体育文化建设，充分发展少数民族体育文化，推进云南社会的两个文明建设，为云南民族文化建设谱写新篇章。除此之外，类似于卢兵的《论湘、鄂西土家族、苗族传统体育文化的包容性及其特点》等关于省域体育文化发展战略的研究文献还有很多。当然，这些文献都只是对本省少数民族体育文化的简单描述，与体育学、经济学、战略学理论的结合并不多见，对此还有待于进一步的研究。

总之，在这十年间，伴随着我国体育事业的发展，我国省域体育发展战略的研究有了质的飞跃。在四大发展战略的背景下，我国省域体育发展战略研究开始借鉴经济学、发展战略学、地理学等理论，结合省域体育的特点，将这些理论与体育理论科学地结合在一起，将这些理论综合地、合理地应用于体育事业的发展过程中，在体育理论研究上取得了突破和创新，这种新的省域体育发展方式，对体育事业的发展、繁荣起到了强大的推动作用。

（四）2008 年至今，我国省域体育发展战略研究呈现出绿色、人文的特点

2008 年，是中国体育发展史上具有划时代意义的一年，我国成功地举办了北京奥运会、残奥会，中国代表团在北京奥运会上名列金牌榜第一、奖牌榜第二，创造了中国参加历届奥运会的最好成绩。北京奥运会、残奥会的成功举办，极大地推动了我国体育事业发展。2008 年以后，我国提出了由体育大国向体育强国迈进的宏伟目标，我国体育事业的发展在科学发展观的引领下，坚持以人为本，更加注重竞技体育和群众体育协调发展，注重省域间体育事业的协调发展以及体育事业的可持续发展。

新时期新经济体制下，当代社会更加注重可持续发展，强调以人为中心的发展观。发展战略的制定都是着眼于今后的较长时期，是面向未来的发展，而不是只顾眼前的短期行为。同样，体育事业的发展也不例外，也是更加注重协调、均衡、可持续的发展。随着对省域体育发展战略研究的不断深入，我国对省域体育发展战略有了更深层次的认识，在从体育大国向体育强国转变的过程中，始终坚持体育强国这个目标为最高宗旨，不是只顾眼前的利益，只注重竞技体育的发展，而是从全局性、长远性、可操作性来制定体育事业的发展战略，以人民的整体利益为主，让人民群众能够从本质上真正地理解体育。

改革开放 30 多年来，我国的社会、经济虽然有了很大的进步，但是省域间经济的差异依然存在，我国从体育大国向体育强国转变的过程中，省域体育发展的不平衡现象是不可回避的问题。因此，我国有很多学者都在对省域体育发展战略进行研究，他们致力于缩小省域间的差距，使省域体育事业能够协调均衡地发展。在当代，我国更加强调社会的全面协调发展和可持续发展，我国省域体育的发展也要以协调发展和可持续发展为指导思想，制定省域体育可持续发展战略。如刘颖、肖洪俊、马策在《辽宁省竞技体育优势项目、潜优势项目可持续发展的态势研究》中，分析了辽宁省竞技体育优势项目、潜优势项目的现状，探究影响和制约其可持续发展的主要因素，针对辽宁省竞技体育优势项目、潜优势项目可持续发

展的态势，提出创新高水平运动员的激励机制，完善高水平后备人才的培养模式，构建辽宁省竞技体育优势项目、潜优势项目的可持续发展。还有冯晓丽、肖志峰的《山西省竞技体育可持续发展研究》，何胜、马敏的《陕西省竞技体育现状及可持续发展研究》等。通过阅读这些文献了解到，体育事业的可持续发展是从长远的角度考虑，发展优势项目，为了能让优势项目长远地处在强有力的竞争地位，可持续发展就显得尤为重要。

　　除了对协调、可持续发展有大量的研究外，一些学者还在继续丰富和完善着经济学、战略学等理论在省域体育发展战略研究中的应用。我国已有很多学者在对省域体育发展战略进行深入研究，这些体育学者根据省域的实际情况，把经济学中的理论运用到体育事业的发展中，制定了省域体育发展战略。如孔祥宁、马英在《构建"中原城市群体育圈"的可行性研究》中，描述了中原城市群体育的发展，把城市圈理论运用到体育发展中。此文认为，构建"中原城市群体育圈"是在体育领域落实科学发展观，实现经济和社会、城市和乡村统筹和谐发展的具体体现，"中原城市圈的构建"对中部崛起起到了很大的促进作用。经济学、战略学等理论在体育事业中的丰富，让我国省域体育发展的研究有了更为宽泛的选择方向，省域体育发展战略的研究呈现出百花齐放的局面。

　　总之，2008年以后，随着社会、经济的发展，各种省域体育发展战略的研究也日渐成熟，并取得了大量的研究成果，此阶段一些学者还在继续丰富经济学、战略学等理论在省域体育发展战略中的应用。另外，省域体育发展战略研究已开始注重体育事业的可持续发展、协调均衡发展，这种可持续的发展方式是今后社会的发展趋势和方向，所以省域体育要从长远的角度去考虑发展战略的研究，从更高的层面去理解和把握省域体育发展战略的研究。

　　综上所述，在改革开放初期，在当时特殊的社会环境下，为了振奋民族精神和增强民族凝聚力，实现国家复苏和振兴，走向国际舞台，在竞技体育和群众体育都相对落后的状况下，面对有限的资源，我国选择了竞技体育优先发展战略。在当时"侧重抓提高"，优先发展竞技体育的主导思想下，主要是对我国省域竞技体育发展战略的研究比较深入，但也并不是忽略了对群众体育的研究。随后，进入了体育事业全面发展的五年，在国家颁布实施的五部体育法规的理论指引下，我国省域体育发展战略的研究已经开始注重竞技体育、群众体育和体育产业的协调发展研究。1997—
2007 年，我国省域体育发展战略的研究在四大发展战略的大背景下，开
始出现省域间的联动合作发展，尤其值得关注的是经济学、战略学、地理
学等学科理论开始介入体育发展战略研究中。这是我国省域体育发展战略
研究所取得的重大的突破和创新。2008 年以后，我国省域体育发展战略
的研究紧紧围绕建设体育强国目标，更加注重以人为本，强调体育事业全
面协调发展和可持续发展，更加注重体育事业发展对省域经济社会发展的
作用。鉴于我国体育事业发展客观情况，省域体育研究将成为未来主要领
域之一。

二   区域体育战略研究中存在的问题

（一）竞技体育发展战略研究优于群众体育发展战略研究

从 20 世纪 80 年代到 90 年代，虽然几次重大发展战略都将群众体育
的发展和普及问题提到了相当的高度，但是受国家投入不足以及与完成重
大赛事夺取奖牌任务矛盾等一系列因素的制约，体育部门在制定发展战略
时，只能把重点放在高水平竞技运动上，实行在一定时期内高水平竞技运
动领先的方针。因此，长期以来，竞技体育的发展战略研究备受体育界的
各级领导、体育工作者、专家和学者的关注，竞技体育发展战略的研究成
果不仅早于群众体育，更是多于群众体育。

（二）区域体育发展战略研究模式单一，缺乏创新

到目前为止，我国区域体育发展规划基本是一个研究模式，比较接近
的区域体育发展战略规划包括指导思想、发展目标、主要任务指标、保障
措施等几项指标，规划内容主要提出竞技体育、群众体育、体育产业发展
等几种思路，这种研究还没有涉及区域发展战略的内涵与特征、内容和体
系、模式和空间、规划和决策等框架的总体设计，还缺少区域发展基本理
论作支撑。

（三）区域体育理论与实践的结合程度较低

目前研究在一定程度上能够从区域体育发展的实际出发，但战略理论
与体育社会实践的发展之间仍存在较大的差距，未能从总体上紧跟本区域
体育实践的发展步伐，比较多的研究仍停留在对本区域体育发展的经验总
结阶段，未能根据当前转制的迫切需要，提供有理论依据的发展对策措

施。由于理论储备和指导不足，给包括全民健身计划实施、体育产业市场的规范在内的体育社会实践都带来了一定的影响。

三　区域体育战略研究的发展趋势

（一）区域体育发展战略要为区域经济社会发展目标服务

综观我国区域体育发展战略的研究，主要以区域经济社会发展为背景，并由此制定一个省份、一个地区的体育发展战略。如在东部区域的广东、江苏、上海等省份及直辖市，它们的经济投入处在领先的位置，但是作为我国竞技体育强省的辽宁、山东等省份，它们却依靠竞技体育的优势，主动为区域体育发展发挥积极的作用，仍然具有服务经济社会的能力。其他省份同样依据地区经济社会发展目标积极制定体育发展战略，为区域经济社会发展服务。作为大区域的跨省份区域体育合作，如珠江三角洲、长江三角洲、西部地区开发、东北老工业地区振兴等，目前仅限于学术界争论和研讨，还没有从实质上推进它的发展，因此有待于进一步推动大区域体育战略研究的完善。

（二）区域体育发展战略成为实现"体育强国"的新思路

在区域体育发展战略的研究中，其中一个特点就是体现在奥运战略、全运战略的贡献率上，奥运战略对区域体育的评价主要是依据该省份在奥运会获得金牌、奖牌数和进入前8名的人数上，近几届奥运会的排名成为体育界内人士关注的重点。而全运会则成为区域体育相互竞争的焦点，金牌、奖牌之争以及排名结果成为实现区域体育目标的重要任务，也是区域综合实力的具体体现。因此，如何处理好全运战略与奥运战略的关系，如何协调国家利益与区域利益，如何使区域体育更好地服务于体育强国的要求，成为我国区域体育发展战略研究新的突破口。

（三）区域体育发展战略研究仍将贯彻"非均衡"发展原则

我国不同地区或区域体育发展存在着明显的差异，因此，国家可能在一定时期对区域体育的发展仍将采取非均衡发展战略，以体现区域体育发展的"效率优先"原则，或许这将是一定阶段内我国区域体育发展的必由之路。但是，当区域体育发展到一定阶段，无论是发达地区还是欠发达地区，其进一步的发展都有赖于区域差距的缩小。我们在研究区域体育发展战略中，要关注到不同地区体育事业发展的效率；在强调效率的前提下，我们还要努力体现公平。区域体育发展正是一个由非均衡到均衡再到非均衡的循环上升过程。区域体育发展战略制定也要根据不同地区体育发展实际情况适时调整，为本区域体育事业发展提供有力保证。

（四）区域体育发展战略要在特色和优势上加以定位

区域发展战略一个重要的特征，就是以特定的空间区域作为发展对象，按照因地制宜、发挥优势的原则，为实现既定的区域发展目标而采取的发展方式、策略手段、法规政策，并利用已有的自然和人文资源，优化结构，寻找特色，提高效益，保持持续性发展。区域体育发展战略制定不仅要着眼于制定目标、实现目标，更要结合区域经济社会的发展，提出区域体育发展战略中的特色和优势定位，要在每一个阶段的目标中体现出目的性、层次性、轮回性、持续性，突出阶段规划的指向。着眼于在特色和优势上做文章，这将是区域体育发展战略寻求的突破点。

（五）区域体育发展战略仍将围绕体育强国的目标，体现区域优势

区域体育发展战略的研究之所以重要，主要是因为区域体育发展战略的走向既要服务于区域经济社会的发展，又要服务于国家体育发展战略，即体现体育强国的目标。《中共中央国务院关于进一步加强和改进新时期体育工作的意见》指出："目前我国人均体育场地、人均体育消费和经常参加体育活动的人数，与世界发达或较发达国家相比，仍处在较低水平；地区之间、城乡之间体育发展程度差距较大，全面客观地分析当前的体育形势，并研究采取相应的对策，是加快体育事业发展的前提。"这就需要在制定区域体育发展战略规划时，站在全国一盘棋的高度，指导区域竞技体育、群众体育、体育产业发展的走向，以保证实现区域体育的健康持续发展。

第二节　区域体育发展战略研究的结构与特色

一　区域体育发展战略研究的结构

建设体育强国要求我们应当具有更广阔的视野，区域体育的研究更应当在深刻、全面理解体育强国内涵的基础上，制定其发展战略。区域体育发展战略研究基本内容包括：战略理论、战略定位、战略优势、战略机遇与挑战、战略原则和指导思想、战略目标、战略重点、战略部署、战略措

施等，现分述如下。

（一）应用区域体育发展的战略理论

经济学中有关经济增长和发展的理论对区域经济的研究产生了巨大的影响，使区域经济发展成为区域经济理论的一大主题。同样，区域体育事业的发展也需要完善的理论体系作为支撑。通过对区域经济理论的分析和借鉴，形成区域体育发展战略的理论基础。它应当包括：均衡发展与非均衡发展理论、梯度推进与反梯度推进理论、区域体育发展阶段理论、区域体育协调发展理论等。这些理论在区域体育发展战略制定过程中的应用，为区域体育的可持续发展提供了决策理论依据和有效控制手段，在国家宏观政策控制的前提下，指导和规划区域体育的具体发展。通过对区域体育发展的战略定位、目标、优势、措施等各个指标的深入理解，在区域体育与强国战略之间建立起一种确定性的关系，进而发现并把握其中的一些特征与规律，进一步为实施区域体育发展战略以及实现科学决策与有效控制，提供必要的科学依据。

（二）明确区域体育发展的战略定位

区域体育发展战略定位是根据区域经济发展的现实水平和基础，通过分析区域体育发展所具备的条件和所处的环境，分析区域在全国或地域分工中的作用和地位而做出的，是对区域体育发展在国家、地区，甚至国际发展中所占据的地位、所起的作用和所承担的功能的准确判断和勾画。制定区域体育发展战略，首先必须进行准确的战略定位，准确的战略定位可以使指导战略顺利制定，提高战略实施的效率；如果战略定位不准确，其制定的发展战略就会走形。由此可见，战略定位是制定体育发展战略的关键和难点所在。例如，东北老工业基地在竞技体育发展上始终保持全国领先的态势，根据地区人文、地理等环境特点，将积极培养精英体育人才，构建奥运体育人才输送的生产线作为其战略定位。这个清晰的战略定位，加快了东北三省体育事业发展的步伐。

（三）审视区域体育发展的战略优势

选择能够最大限度地发挥本区域体育优势的发展战略，是制定本地区体育发展战略的重要指导思想之一。区域体育的优势既是历史形成的，又是会发生变化的，所以，需要对区域体育发展的地域优势、资源优势、经济基础优势、体育人才优势等进行全新审视，分析哪些优势已经变成平势或劣势，哪些优势尚未充分发挥出来，哪些优势是巨大的潜在优势。以西部地区为例，西部地区虽然地域广阔，省份、城市众多，但封闭的地理环境制约了其经济的发展。随着西部大开发战略的实施，西部地区经济会有一个相对较快的发展时期，体育发展环境正逐步改善，有利于将一些潜在优势发挥出来。西部地区少数民族居多，利用经济发展带动少数民族传统体育快速发展，对这一地区的整个体育事业都具有举足轻重的战略意义。因此，要用动态变化的观点研究不同区域体育所具有的优势，着眼于现实优势，积极发挥潜在优势，才能正确确定区域体育发展的方向，符合体育强国的战略要求。

（四）寻求区域体育发展的战略机遇

从区域发展角度分析，加快区域体育发展一要靠机制，二要靠机遇。完善的系统机制是区域体育发展的根本，而机遇则成为区域体育能够跨越式发展的"催化剂"。众所周知，长江三角洲地区的经济、社会发展，为该地区体育的发展提供了极为有利的条件，而2010年上海世博会的举办，则成为长江三角洲地区体育共同发展的重要契机，这不仅为上海新一轮发展提供了"助动力"，也为长江三角洲城市发展提供了一次千载难逢的新机遇。世博会将同样促进长三角体育的合作与发展，全面提升苏、浙、沪体育的综合竞争力。再如，以辽宁为代表的东北老工业基地更是紧抓北京举办2008年奥运会的有利时机，加快完善全民健身服务体系，努力提升竞技运动水平，大力发展体育产业，依法治体、科教兴体，充分发挥体育事业在加快老工业基地振兴，提前实现全面建设小康社会目标的重要作用。机遇会在犹豫中丧失，差距会在等待中拉大。因此，努力寻求战略机遇，在促进区域体育发展过程中不可或缺。

（五）确定区域体育发展的战略方针

战略方针也就是战略指导思想。它是指在制定体育发展战略时必须遵循的各项宏观方针政策，是编制区域体育发展战略的行动指南，在区域体育发展战略中起着高层次的"导航"作用。战略方针是实现体育发展战略而采取的发展方式的理论概括。它既要体现战略意图和战略思路，又要在分析和判断区域体育发展所面临的各种现实问题的基础上，反映区情的客观要求。它是在战略目标和区域现实之间架起的一条可以通达的桥梁。以全民健身为主要内容的群众体育和以奥运会为最高层次、以训练竞赛为主要手段的竞技体育相互促进，协调发展，是体育强国的战略要求。在这一要求的指引下，结合各地区实际情况形成了区域体育发展战略的指导思想。如上海市围绕经济建设这个中心，确定了"五个服务"的体育发展指导思想：第一，开展全民健身活动，为增强市民身体素质服务；第二，提高运动技术水平，为振奋民族精神服务；第三，丰富市民的健身娱乐生活，为精神文明建设服务；第四，举办和参加国内外大赛，为改革开放服务；第五，发展体育经济，为再就业工程服务。这些宏观的指导思想都为区域体育战略的具体落实指明了方向。

（六）制定区域体育发展的战略目标

战略目标是战略制定者希望在战略的期限内，通过对区域内部体育资源的优化和合理利用，促使体育事业发展达到预期的目标和状态。国家和各地区制定战略方针，确定战略部署和战略措施，都是为了实现这个预设的目标。战略目标是区域体育发展战略的核心，而且需要通过一定的指标来体现。竞技体育指标，包括奥运会、亚运会、全运会的成绩，后备人才情况，承办国内大型综合性比赛的条件和能力。群众体育指标，包括先进区镇的数量、特色项目和各类运动会成绩、体育人口、人均场地、体质水平。体育产业指标，包括竞赛市场盈利、体育彩票销售总额、国内外体育产业品牌、场馆利用率、体育产业占 GDP 的份额。这些都构成了区域体育发展战略目标所必须实现的指标体系。由上述可知，在进行区域体育发展战略总体轮廓设计之前，必须首先决定区域体育发展的总体目标，并与体育强国的目标保持一致。如果战略目标不明确，区域体育发展将失去激励的方向而变得漫无目的。

（七）确定区域体育发展的战略重点

战略重点是根据区域体育各项条件和发展方向而确定的重点培育和扶持的地区群众体育形式、主导项目及体育市场等，是为了实现战略目标而寻找的战略突破口，是关系到区域体育发展战略成败的关键性工作。选择战略重点，可以集中投入、集中建设，以带动全区域体育的发展。其中，以举国体制下的区域竞技体育发展最具代表性。奥运争光计划指出："要发挥大区优势，实行重点项目区域联合，各展所长，使各大区在自己的优势项目上形成有力的拳头。"我国在北京奥运会后提出，继续保持优势项目水平，培育潜优势项目，努力形成符合各自区域体育发展优势。建立与当地经济、资源优势相契合的主导项目，以主导项目来带动各区域竞技体育的全面、持续、快速发展。上述作为区域竞技体育战略重点的选择，既有利于加快实现总体战略目标，又体现了战略方针的要求，从而形成了竞技体育的强势，实现了为奥运争光的愿望。

（八）做好区域体育发展的战略部署

战略部署是根据对区域自然条件因素、地理环境因素及社会经济因素等在较长时间内互相作用所形成的区域体育发展结构和空间结构的分析，是根据对未来区域内外体育发展形势的分析而进行的空间布局，是为了实现战略目标而进行的资源配置。战略部署是区域体育发展战略的空间体现和地域依托，关系到区域体育空间的历史布局和未来布局，也关系到区域内部体育部门和地方的局部利益。以广东省为例，作为珠江三角洲区域体育发展的龙头，广东省为促进区域竞技体育与群众体育协调发展，需要进行结构布局的调整。目前能够对经济欠发达的东西两翼和粤北地区体育产生根本性调整作用的就是体育政策上的决定性调整。因此，广东省的体育发展将立足点放在了体育政策结构的调整上。所以，在进行战略部署时，一定要根据区域体育发展的现状部署格局，结合非均衡发展理论和梯度转移理论，选择能够带动区域体育全面进步的具有代表性的发展模式，形成区域竞技体育、群众体育、体育产业有机结合的空间结构体系。

（九）提出区域体育发展的战略措施

"战略措施是贯彻战略方针、实现战略目标的步骤和途径，是实施战略的手段，是战略目标得以一步一步落实的前提，是战略目标、战略方针、战略部署进一步具体化的行动措施。"① 体育战略措施包括实施战略的体育决策机构、体育资源分配、专项资金的投放、先进技术的利用、政治经济政策的运用以及对体育发展的控制、激励协调等手段和途径。因此，战略措施的制定一定要全面、到位，缺少一个环节，整个战略的实施就可能受阻，战略目标就不能顺利实现。在经济比较发达的"珠三角"、"长三角"地区，其体育战略更加关注竞技体育、群众体育、体育产业这几个方面的协调均衡发展，在紧抓竞技体育优势项目的同时，积极进行全民健身运动的开展和体育市场的培育；而在经济相对落后的西部地区，如

---

① 聂华林、高新才主编：《区域发展战略学》，中国社会科学出版社 2006 年版，第 287 页

何利用有限的资源促进当地体育事业的腾飞，缩小东西部地区体育发展的差距，成为其战略措施的重要内容之一。

二　区域体育发展战略研究的特色

（一）以区域经济、自然、文化资源为优势，打造区域体育特色

在我国区域体育发展战略研究中，必须重视优势与特色的研究。因为优势与特色密切相关，有优势，才有特色。对于经济发达地区，要研究体育产业发展优势；对于体育文化环境优越的地区，要研究体育文化品牌效应的优势；在中心城市和沿海城市，要研究处于对外开放的有利地位，体育城市化发展的优势；在地理人文环境优势的地区，要研究体育人才的优势；在少数民族地区，要研究发展少数民族体育文化的优势；在北方则要研究冰雪旅游产业的优势等，抓住这些优势，就能打造出我国区域体育发展的特色。

（二）以"珠三角"、"长三角"、西部和东部地区的区域体育发展战略为研究先例

区域体育作为中国现阶段经济、文化等社会诸因素综合作用的产物，以国家的东部先行、中部崛起、西部大开发以及振兴东北老工业基地等经济发展战略的提出和实施为背景，先后出现了珠江三角洲体育发展战略、长江三角洲体育发展战略、西部大开发体育发展战略和东北老工业基地振兴体育发展战略的研究，以及以省、自治区、直辖市为区域的体育发展战略研究。这些研究紧密结合了各区域的优势和特色，明确了各区域发展的走向及目标。这无疑对我国体育事业的发展从战略高度给予了理论支持，同时也对区域体育的发展谋划起到了一定的指导作用。

（三）以发达地区、中等发达地区和欠发达地区体育发展战略之间的差异为研究视角

我国作为地域辽阔、人口众多的发展中国家，在经济发展过程中存在着巨大的区域差异，这种区域经济差异性，在东、中、西三大地带上表现出明显的梯度特征，即东部地区经济发展水平较高，中部及东北地区经济状况一般，西部地区经济落后。而地区经济发展水平直接决定了该区域人们对体育的需求程度。通过对沿海地区和一些老少边穷的西部地区对比，我们发现，这两者不仅在取得奥运会、全运会金牌上的差距比较大，而且

在体育设施、文化宣传上都有很大差距。就竞技体育来说，沿海地区的广东、江苏、上海、辽宁在奥运会、全运会上可以拿三四十块金牌，边远的西部地区省份可能一块都拿不到。因此，对不同经济发达程度区域之间的区域体育发展战略对比，是很多研究中采用的视角。以区域经济为背景，通过对不同区域体育发展战略的对比，探索出区域体育发展的规律，旨在为我国区域体育可持续发展提供理论依据，构建区域体育发展战略的总体构想，为体育事业发展提供宏观指导。

（四）以全运战略服务服从于奥运战略的目标作为区域竞技体育发展研究的主要思路

竞技体育是体育的灵魂。全运战略与奥运战略有机地衔接，是举国体制下我国竞技体育的一个创举。它较好地处理了奥运会与全运会之间的关系，有效地把各省市区的利益最大限度地统一到国家利益和奥运战略上来，也有效地使各省市区主动服从服务于奥运争光为最高国家利益的目标，集中发挥区域竞技体育的优势服务于奥运战略。近些年来，我国在奥运会上取得了辉煌的成就，令世界瞩目，近三届奥运会金牌总数我国名列前茅，特别是在2008北京奥运会获得金牌数第一名、奖牌总数第二名的优异成绩，跻身世界竞技体育强国行列，成功地实现了由世界竞技体育"第二集团"向"第一集团"转变的质的飞跃。在这种大环境影响下的区域体育发展战略研究，从理论和战略发展高度出发，使各区域进一步认清了面临的形势与任务，明确了各区域竞技体育发展的基本思路，开阔了视野，深化了认识，为竞技体育的可持续发展奠定了理论基础，更为国家制定体育发展战略的目标、任务、方针、政策和措施，提供了大量的科学依据，对体育工作决策和体育事业的发展起到了重要的作用。

主要参考文献

［1］胡锦涛：《在北京奥运会、残奥会总结表彰大会上的讲话》。

［2］刘鹏：《"以科学发展观为统领，努力推动我国由体育大国向体育强国迈进"的讲话》，国家体育总局，2009年。

［3］杨桦等：《改革开放以来中国体育发展战略演进与思考》，《成都体育学院学报》2002年第3期。

［4］田雨普：《努力实现由体育大国向体育强国的迈进》，《体育科学》2009年

第 3 期。

〔5〕梁晓龙：《当代中国体育若干基本理论问题》，人民体育出版社 2003 年版。

〔6〕方创琳：《区域发展战略论》，科学出版社 2002 年版。

〔7〕聂华林、高新才等：《区域发展战略学》，中国社会科学出版社 2006 年版。

〔8〕严美萍：《体育发展战略与奥运战略关系》，《湖北社会科学》2002 年第 12 期。

〔9〕谭华：《新中国体育的重大转折——1978 年以后体育战线的三年调整》，《体育文史》1999 年第 5 期。

〔10〕陈融：《建国以来认识和处理群众体育与竞技体育关系的历史启示》，《上海体育学院学报》1998 年第 11 期。

〔11〕邹师、章思琪、孙丽雯：《体育强国目标下我国区域体育发展战略研究结构与特色》，《体育与科学》2010 年第 1 期。

〔12〕邹师：《改革开放 30 年我国体育发展战略研究的演进与走向》，《成都体育学院学报》2010 年第 2 期。

〔13〕马宣建：《继续开拓具有中国特色社会主义的体育道路》，《体育科学》1990 年第 4 期。

〔14〕1992 中国体育大事记，巴塞罗那奥运会、中山会议〔EB/OL〕.〔2008—06—26〕http：//www. china. com. cn。

〔15〕杨采奕、吴佳松：《"奥林匹克运动与中国体育"战略讨论会综述》，《体育科学》1992 年第 6 期。

〔16〕《中共中央、国务院关于进一步加强和改进新时期体育工作的意见》〔Z〕，中共中央国务院，2002 年。

〔17〕"十一五"期间中国体育事业发展战略研究〔Z〕，国家体育总局政法司编，2007 年。

〔18〕张军扩、侯永志：《协调区域发展 30 年区域政策与发展回顾》，中国发展出版社 2008 年版。

〔19〕国家体育总局编：《拼搏历程 辉煌成就——新中国体育 60 年》，人民出版社 2009 年版。

第三章　我国四大板块省域体育发展差异研究

　　我国是一个地域辽阔、人口众多的多民族国家，地区之间经济社会发展极不平衡，体育事业发展也极不平衡。以竞技体育、群众体育和体育产业为代表的我国体育事业呈现出与我国经济社会发展相同的东高西低的发展格局。中共中央"十二五"规划提出了"转型"、"民富"、"改革"三个关键词，这意味着迫切需要缩小区域经济社会差距，解决地区发展不平衡的问题。由此，与区域经济社会发展息息相关的区域体育发展不平衡的问题也得到了日益广泛的关注。本部分将依据东部先行、西部开发、东北振兴、中部崛起的战略背景，对我国四大板块的省域体育发展指标进行综合分析，将众多影响因子进行筛选、归类，并提取主要成分，对区域体育的优势、发展能力进行定位与评价，并以此指导区域体育发展战略的制定，旨在确定省域体育发展差异的指标体系，为四大区域省域体育发展优势与潜力的分析提供科学依据。此外，本部分还将分别以我国四大板块的竞技体育和群众体育为研究范畴，对其发展水平进行综合研究。应当指出的是，本部分对我国四大板块省域体育发展差异的研究是在较为宏观的层面进行的，选取的是具有代表性的若干指标，只能反映我国四大板块省域体育发展的概貌而无法展现全貌，其目的在于为课题的后续研究提供理论依据，而建立在区域发展战略背景、区域发展环境和区域体育发展情况基础上的，对更为细化指标的区域体育发展优势与潜力的分析还有待在第四章与第五章中进一步展开。

第一节　我国四大板块省域体育发展水平的综合研究

　　区域体育发展战略研究的一个重要的特征就是，在体育系统外部，紧密依托区域经济社会发展条件，研究区域体育发展战略与区域经济社会发展的关系，寻找体育发展的优势、特色和潜力；在系统内部，较多地关注区域体育内部各要素的协调发展，以寻求最佳的发展途径。由于区域体育发展受系统外部和内部两个方面制约，区域体育发展受多个因素的共同和交互作用，因此我们采取因子分析法，从自然禀赋、区位条件、经济投入、人力资源、社会环境 5 个方面出发，选取了 19 个指标，构建了我国区域体育发展综合水平的评价指标体系（见表 3—1）。具体数据主要来源于《中国体育事业统计年鉴 2010》、国家统计局网站《社会统计年鉴》。

表 3—1　　　　　　　　区域体育发展综合水平评价指标体系

目标层	准则层	因子层（指标名称）
区域体育发展综合水平	自然禀赋	X1：国民体质综合指数
		X2：人口平均预期寿命
	区位条件	X3：地区生产总值
		X4：地区居民消费水平绝对数
	经济投入	X5：财政拨款额度
		X6：体育竞赛费
		X7：体育训练费
		X8：体育场馆费
		X9：群众体育费
	人力资源	X10：公益性社会指导员累计人数
		X11：一线运动员人数
		X12：一二三线运动员人数合计
		X13：一线教练员人数
		X14：一二三线教练员人数合计
	社会环境	X15：十一届全运会奖牌总数
		X16：政府援建体育场地数
		X17：体育俱乐部数
		X18：累计晨晚练站点数
		X19：业余体校数

一　因子提取、命名与得分

上述来自 5 个方面的 19 个指标，大体上反映了我国省域体育发展的综合情况及影响其发展的区域经济社会环境。限于可获得的数据资源，这里的"体育"主要指竞技体育和群众体育。体育竞赛费、体育训练费、一线运动员人数、一二三线运动员人数合计、一线教练员人数、一二三线教练员人数合计、十一届全运会奖牌总数、业余体校数 8 项指标，主要反映省域竞技体育发展程度；国民体质综合指数、人口平均预期寿命、体育场馆费、群众体育费、公益性社会指导员累计人数、政府援建体育场地数、体育俱乐部数、累计晨晚练站点数 8 项指标，主要反映省域群众体育发展程度；地区生产总值、地区居民消费水平绝对数、财政拨款额度 3 项指标，主要反映省域经济社会发展情况。

（一）因子的提取

运用 SPSS 15.0 软件，对上述 19 个指标进行因子分析，KMO 值为0.763，且通过了 Bartlett 显著性检验，说明适合做因子分析。使用主成分法提取公因子，按特征值大于 1 的原则，提取 4 个公因子，其累计方差达到 81.45%（见表 3—2），能够反映出原始变量的绝大部分信息。

表 3—2　　　　　　　　　　　公因子贡献率

公因子	特征根	贡献率（%）	累计贡献率（%）
1	4.959	26.098	26.098
2	4.562	24.012	50.110
3	4.104	21.602	71.712
4	1.855	9.765	81.477

从表 3—2 可知，影响我国区域体育发展的因素可分为 4 类：首先是公因子 1 的方差贡献率为 26.098%，能够解释原始变差的 26.098%，是 4个公因子中贡献率最大的；其次是公因子 2，贡献率达到 24.012%；最后是公因子 3，贡献率达到 21.602%；贡献率最小的是公因子 4，能够解释原始变差的 9.765%。由此可见，公因子 1、公因子 2、公因子 3 是影响我国区域体育发展的主要因子，其影响力较为平均，相对而言，公因子 4 作

用力较小。

（二）因子的命名

为便于对各因子载荷做出合理解释，对因子进行正交旋转，使其具有显著代表性，旋转后的载荷矩阵见表3—3。

表3—3　　　　　　　　　　　公因子旋转后的载荷矩阵

指标因子	公因子1	公因子2	公因子3	公因子4
国民体质综合指数	0.388	0.562	0.263	0.216
人口平均预期寿命	0.177	0.652	0.416	0.024
地区生产总值	0.617	0.389	0.541	0.156
地区居民消费水平绝对数	0.044	0.922	0.131	−0.190
十一届全运会各省奖牌数	0.474	0.544	0.640	0.019
政府援建体育场地数	0.879	−0.004	0.332	−0.070
财政拨款额度	0.291	0.723	0.513	0.097
体育竞赛费	0.372	0.342	0.496	0.176
体育训练费	0.706	0.509	0.150	0.110
体育场馆费	0.012	0.794	0.336	0.129
群众体育费	0.245	0.815	−0.120	0.326
公益性社会指导员累计人数	0.802	0.216	0.356	0.242
一线运动员人数	0.060	0.053	0.867	0.216
一二三线运动员人数合计	0.295	0.205	0.526	0.641
一线教练员人数	0.238	0.340	0.755	0.144
一二三线教练员人数合计	0.312	0.300	0.729	0.390
体育俱乐部数	0.903	0.120	−0.052	0.145
累计晨晚练站点数	0.952	0.135	0.203	0.090
业余体校数	0.085	0.028	0.271	0.921

从表3—3可知，在公因子1中，地区生产总值、政府援建体育场地数、体育训练费、公益性社会指导员累计人数、体育俱乐部数、累计晨晚练站点数等指标的载荷较高，反映出省域政府对省域体育事业发展的贡献率，可命名为：政府对体育事业支持力。

在公因子2中，国民体质综合指数、人口平均预期寿命、地区居民消费水平绝对数、财政拨款额度、体育场馆费、群众体育费等指标的载荷较高，反映出省域国民体育的基本状况，可命名为：群众体育发展能力。

在公因子3中，十一届全运会各省奖牌数、体育竞赛费、一线运动员人数、一线教练员人数、一二三线教练员人数合计等指标的载荷较高，反映出省域竞技体育水平，可命名为：竞技体育发展实力。

在公因子4中，一二三线运动员人数合计、业余体校数等指标的载荷较高，反映出省域竞技体育再发展的能力，可命名为：竞技体育持续发展能力。

（三）因子得分

首先，运用 SPSS 15.0 软件的回归法计算我国 31 个地区分别在 4 个公因子上的得分，然后，对各地区体育发展水平进行综合评价。这里采用计算因子加权总分的方法，以 4 个因子的方差贡献率为权数，计算公式为：

$$F = 0.26098F_1 + 0.24012F_2 + 0.21602F_3 + 0.09765F_4$$

最后，根据 31 个地区公因子和综合因子的得分情况，按照从高到低的顺序进行排名。具体结果见表3—4。

表3—4　　　　　　　　因子得分、综合因子得分及排序

区域	省域	公因子1	排名	公因子2	排名	公因子3	排名	公因子4	排名	综合因子	排名
东部	北京	− 1.00260	31	2.01408	2	0.84870	5	− 1.30712	28	0.277658	8
	天津	− 0.65536	30	0.25839	7	0.58282	7	− 1.49107	31	− 0.12869	16
	河北	− 0.03394	8	− 0.64168	28	0.49291	9	0.48427	10	− 0.00917	12
	福建	− 0.50007	27	0.38465	6	0.38769	10	0.64359	7	0.108449	10
	山东	2.53580	2	− 0.54009	26	2.17126	2	− 1.44279	30	0.860254	2
	广东	− 0.16436	12	1.99688	3	1.46874	4	0.29194	12	0.782381	3
	上海	− 0.22355	16	3.90519	1	− 1.11231	30	− 0.08848	15	0.630451	4
	江苏	4.44306	1	0.56028	5	− 0.97997	27	0.77674	4	1.15824	1
	浙江	0.62748	3	0.79523	4	0.36624	11	− 0.12428	17	0.42169	5
	海南	− 0.22407	17	− 0.34600	16	− 1.06075	28	− 0.91079	26	− 0.45964	28

续表

区域	省域	公因子1	排名	公因子2	排名	公因子3	排名	公因子4	排名	综合因子	排名
西部	内蒙古	-0.31410	23	-0.32825	14	-0.06036	14	0.14689	14	-0.15949	19
	广西	-0.02610	6	-0.26106	13	-0.39559	17	1.15465	3	-0.0422	15
	重庆	-0.15048	11	-0.13059	10	-0.82133	25	-0.48408	23	-0.29532	25
	四川	-0.52677	28	-0.15927	12	0.57485	8	3.45905	1	0.286235	7
	贵州	-0.10267	9	-0.71740	29	-0.87454	26	-0.88435	25	-0.47433	29
	云南	-0.02954	7	-0.34894	17	-0.69138	23	-0.47817	22	-0.28754	24
	西藏	-0.22248	15	-0.85711	30	-1.10778	29	-1.30783	29	-0.63088	31
	陕西	-0.12065	10	-0.38666	18	-0.40699	18	0.66324	6	-0.14748	17
	甘肃	-0.30638	22	-0.39952	21	-0.45932	20	-0.26808	19	-0.30129	26
	青海	-0.31645	24	-1.01461	31	-0.74380	24	-0.94910	27	-0.57957	30
	宁夏	-0.28016	20	0.15707	8	-1.51928	31	-0.58549	24	-0.42077	27
	新疆	-0.32458	25	-0.46724	23	-0.62930	22	0.51872	9	-0.28219	23
东北	辽宁	-0.24266	18	-0.59169	27	2.70541	1	-0.45747	21	0.334345	6
	吉林	-0.18054	13	-0.44719	22	-0.09283	15	-0.10125	16	-0.18444	20
	黑龙江	-0.59463	29	-0.38816	19	1.59530	3	0.46765	11	0.141891	9
中部	安徽	-0.27637	19	-0.50942	24	0.17190	12	-0.41041	20	-0.19739	22
	山西	0.01130	5	-0.34563	15	-0.43670	19	0.25378	13	-0.1496	18
	江西	-0.34725	26	-0.39825	20	-0.31407	16	0.68095	5	-0.1876	21
	河南	0.03668	4	-0.52498	25	0.72089	6	-0.21809	18	0.017945	11
	湖北	-0.30092	21	-0.14934	11	0.09728	13	0.54830	8	-0.03984	13
	湖南	-0.18765	14	-0.11871	9	-0.47767	21	1.41908	2	-0.04209	14

二　结果与分析

（一）东部省域体育发展优势与潜力分析

如图3—1所示，东部地区是指东部沿海的10个省市，包括北京、天津、上海、河北、江苏、浙江、福建、山东、广东、海南。从表3—4可知，综合因子排名前5位的江苏、山东、广东、上海、浙江5省市均位于我国东部地区。东部余下的5省市中，除海南省外，其他均处于较为靠前的位置。东部地区体育事业的发展在我国处于绝对领先的位置，绝大部分省份在体育综合实力上表现较为突出，但各公因子的贡献率存在较大差异。从政府对体育事业支持力即公因子 1 的贡献率上看，江苏、山东、浙江高于全国平均水平，天津、福建、北京则较低。政府对体育事业的支持力主要来自地区的宏观经济，江苏、山东、浙江 3 个经济大省在经济总量上拥有绝对的实力，同时山东、江苏 2 省承办了近两届的全运会，政府在近几年对体育事业的关注更为密切。天津、福建和北京 3 省市虽然在经济总量上稍显逊色，但经济发展水平较高，人民生活较为富裕，在群众体育发展能力即公因子 2 上表现突出，在公因子 2 上同样具有上乘表现的还有上海、广东、浙江、江苏 4 省市。山东、广东、北京、天津、河北、福建在公因子 3 上得分较高，表明 6 省市竞技体育水平具有较强的综合实力。江苏、福建、河北、广东在公因子 4 上得分高于全国平均水平，表明 4 个省份竞技体育可持续发展具有潜在的实力。以"长三角"、"珠三角"为代表，东部区域体育发展合作具备良好的基础条件。有研究表明，长三角地区的文化同源互补、经济一体化、行政协调机制、都市生活圈等方面的优势，已为休闲体育圈的建立和发展奠定了良好的经济社会基础。总之，东部 10 省市体育综合实力较强，尤其是群众体育发展能力最为突出，有7 个省市进入前十，充分体现了区域经济对群众体育发展的巨大推动力。

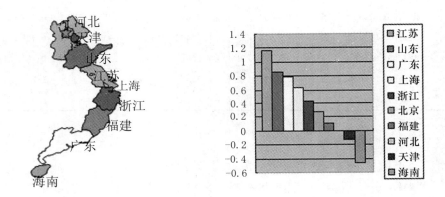

图 3—1 东部地区省份综合因子得分排序

东部地区经济实力雄厚，对外开放程度高，创新资源丰富，城市群星罗棋布，基础设施完善，交通便捷，信息流畅，产业发达，市场繁荣，人才济济，先进理念与新时尚层出不穷，在全国具有举足轻重的作用。经济优势为东部地区体育事业的发展创造了良好的条件，因此在体育事业发展中，市场优势更为明显。表3—4显示，除山东、河北两省外，江苏、浙江、上海、北京、广东、天津、福建七省市公因子2排名均位于前十。公因子2反映了民间和市场对体育事业的支持程度。由此可见，东部地区体育发展的市场环境优势显著。事实证明，"珠三角"、"长三角"竞技体育、群众体育、体育产业异军突起，为我国体育事业发展起到了很好的示范引领作用，东部地区对我国体育事业发展具有极强的贡献率。

（二）西部省域体育发展优势与潜力分析

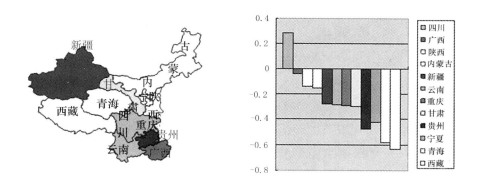

图3—2 西部地区省份综合因子得分排序

如图3—2所示，西部地区包括内蒙古、广西、重庆、四川、贵州、云南、西藏、陕西、甘肃、青海、宁夏、新疆12个省市区。西部地区幅员广阔、资源丰富、风貌独特、人力资源成本低、产业基础较好，具有延边开放优势。在西部地区中，体育事业表现最为抢眼的是四川省，综合排名位列第七，其次是广西、陕西、内蒙古3个省区，分别位于第15、17、19。其余省市区均处于下游位置。尤其值得关注的是综合排名后10位的地区，西部占据了8席，导致西部地区体育综合实力远远落后于其他地区。四川最为显著的优势是竞技体育可持续发展能力，在业余体校数量、一二三线运动员人数上远远高于全国其他省份，在公因子4上得分最高，排名第一。说明四川竞技体育人力资源十分丰富，竞技体育发展拥有一定的实力，并以其竞技体育的优势在西部地区体育事业的发展中扮演"领头羊"的角色。同时，有研究表明，尽管四川业余训练规模较大，但在项目布局、经费投入、主体目标等方面尚存在较多问题，其进一步发展受到经济社会发展的严重制约。在群众体育发展能力上，西部地区只有宁夏和重庆进入了前十，整体发展还较为落后。有调查表明，西部地区居民体育锻炼的参与度、锻炼质量、体育消费均低于东部、中部地区。但值得一提的是，西部地区2009年事业支出用于群众体育的人均经费较高，其均值仅次于东部地区，特别是宁夏成为全国人均群众体育经费最高的地区，说明在国家"雪炭工程"的重点扶持下，西部地区的群众体育也获得了当地政府的高度重视和大力支持。广西、陕西、内蒙古3个省区的优势主要表现在公因子4竞技体育可持续发展能力上，其余因子得分均低于全国平均水平。综上所述，西部地区体育发展水平在全国四大板块中最为落后，四川、广西、陕西、内蒙古4个省区综合表现相对较好，并且在竞技体育人力资源上具有相对优势，西部地区的群众体育发展有抬头之势，以宁夏、重庆2区市表现较为突出。

党的十五届四中全会正式提出了西部大开发战略，该战略的实施对促进区域协调发展，缩小东西部经济发展差距，实现社会公平发展具有重要的战略意义。西部大开发战略的实施，给西部体育事业发展带来了前所未有的发展机遇，但是由于西部体育受经济发展滞后的影响，存在基础差、投入低、欠债多、产出差等问题，西部地区体育事业的发展还有待于从长计议。仅仅依靠区域内几个较为领先的省市区，不能带动整个西部区域体育事业的整体提高。西部地区体育事业发展应紧紧围绕西部大开发战略的实施，争取国家政策和资金支持，与东部体育事业发展较好的省份加强合作，提出西部体育事业发展的战略构想。

（三）东北省域体育发展优势与潜力分析

如图3—3所示，东北地区包括辽宁、吉林、黑龙江3省。东北老工业基地具有产业基础好、基础设施完善、人力资源雄厚、自然资源丰富、区位条件优越等优势。上述资源为东北地区奠定了良好的体育基础，尤其是竞技体育基础。从表3—4可以看出，东北三省的综合排名中，辽宁表现较为突出，位于第六；其次是黑龙江，位于第九；吉林排名较为靠后，位于第二十。辽宁和黑龙江的突出表现主要来自于公因子 3 的贡献率，排名分列第一和第三，两省在竞技体育上拥有较强的实力。其竞技体育实力主要得益于一线运动员和一线教练员的数量。新中国成立以来，辽宁、黑龙江 2 省在政府的高度重视和支持下，形成了较为完善的三级训练网络，不断培育适合区域人口身体素质的长距离、大级别、耐力性项目，在优势项目上拥有大批高质量的竞技体育人才，为竞技体育的发展提供了根本的保证。相对于竞技体育，东北三省群众体育发展能力均低于全国平均水平，与竞技体育发展不协调，这主要源于政府对群众体育的支持力度不足。20 世纪 90 年代前后，东北老工业基地面临企业改组、转制、重建的压力，体育事业发展也面临诸多困难，整体处在发展不均衡的矛盾期。由于经济位次不断后移，导致体育事业投入不足，出现竞技体育滑坡、群众体育发展过慢、体育产业水平低等问题。虽然辽宁、黑龙江两省目前在竞技体育上具有较大的优势，但主要是过去积累的结果。相对于经济发达地区，东北三省的政府支持力度和市场干预程度均显不足，势必成为竞技体育发展的制约因素，成为群众体育发展的障碍，进而影响东北地区体育事业的全面发展。

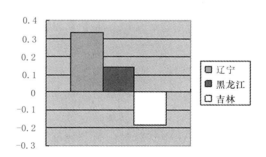

图 3—3　东北地区省份综合因子得分排序

2002 年 11 月党的十六大正式提出"支持东北地区等老工业基地加快调整和改造"的区域发展战略。2003 年 10 月党的十六届三中全会提出"五统筹"的方针，提出进一步加强对区域发展的协调和指导，并给予东北地区等老工业基地政策上的支持和扶持。如何把握东北老工业基地振兴的战略机遇，发挥辽宁、黑龙江 2 省竞技体育的比较优势，带动东北体育事业的发展，是东北体育发展战略面临的重大课题。

（四）中部省域体育发展优势与潜力分析

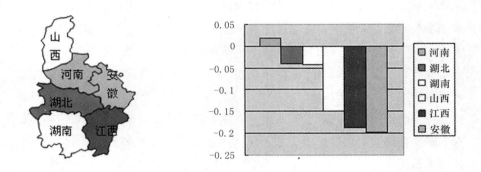

图 3—4　中部地区省份综合因子得分排序

　　如图 3—4 所示，中部地区包括山西、江西、安徽、河南、湖北、湖南 6 个省份，在地理上具有承东启西、接南进北、承接南北、贯通东西、吸引四面、辐射八方的特殊地位。从表 3—4 可知，中部 6 省在体育事业发展综合排名上大多处于中游位置，其中河南、湖北、湖南排名较为靠前，分列第 11、13、14 位。河南省综合得分主要来自公因子 1 政府对体育事业的支持力，同时在公因子 3 竞技体育发展实力上得分也较高；湖北和湖南 2 省在公因子 2 的得分虽然高于河南，但也处于全国平均水平之下，但 2 省在公因子 4 竞技体育可持续发展能力上得分较高，尤其是湖南省表现更加突出，排名第二。说明湖南、湖北两省竞技体育基础较好，具有相对优势，但受制于政府和市场支持力度不足，体育资源利用效益较低，体育事业发展较为缓慢。综合中部六省情况，整体体育实力居于全国中游水平，但也具有一定的比较优势。在公因子 1 政府对体育事业的支持力上，山西、河南高于全国平均水平，反映出当地政府对体育事业发展支持力度较大；在公因子 3 竞技体育发展实力上，河南、安徽、湖北高于全国平均水平，反映出竞技体育相对于其他方面存在比较优势；在竞技体育可持续发展能力上，湖南、湖北、山西、江西高于全国平均水平，反映出四省在竞技体育可持续发展能力上具备一定的实力，但受制于体育事业发展的外部环境，并未充分展现其体育发展应有的实力；在群众体育发展实力上，湖南、湖北 2 省在区域内表现较好，但区域整体实力较弱，各省在具体指标上也没有突出表现，且省域间情况较为平均，区域群众体育尚存在较大的发展空间。

"中部崛起"作为国家的区域发展战略，是在"东部先行"、"西部大开发"、"东北振兴"发展战略后，我国第四个区域发展战略。中部地区是我国版图中心位置的内陆腹地和经济的脊梁，在政治、经济、交通、能源、文化、教育等方面都是重要的战略地区，中部崛起可以在东西互动中发挥更大的带动作用。中部崛起给中部体育事业带来了难得的发展机遇。有研究表明，在历史与现实、地域与资源、市场与政府等一系列相互交错因素的综合作用下，西部地区中心城市开始产生一定数量的体育产业集群，优势竞争力开始形成，并将形成联合的体育经济体。尽管"十一五"期间中部地区体育事业取得长足进步，特别是在战略选择上，取得了可喜成就，但如何利用自身在体育事业中的比较优势，抓住"中部崛起"的有利契机，充分发挥体育事业发展的潜力，仍需要认真思考。

综上所述，就总体而言，我国四大板块省域体育发展水平最高的是东部地区，其次是东北地区、中部地区，西部地区发展水平最低。东部地区在4个公因子上都具有上乘表现，尤其是公因子2群众体育发展能力表现更为突出，绝对的经济优势为东部地区体育的发展提供了强大的助推力和广阔的市场前景。东北地区以辽宁和黑龙江2省为代表，竞技体育实力突出，但竞技体育可持续发展能力存在不足，主要缘于政府的支持力度和市场的干预不足，竞技体育未能与群众体育协调发展。中部地区体育发展整体表现平庸，其中河南、湖北、湖南3省表现相对较好，发展潜力较为突出，但难以对中部区域产生带动作用。西部地区是四大板块中行政省份最多的区域，其体育整体实力落后，其中综合实力较强的四川、广西、陕西、内蒙古4个省区在竞技体育人力资源上具有相对优势，而在国家的扶持下，宁夏、重庆两区市的群众体育发展也有了较大的起色。

三 小结

我国四大板块省域体育发展水平的综合排名与我国区域经济发展形态基本一致，呈现出东高西低的发展格局。说明作为经济社会的重要组成部分，区域体育事业的发展囿于区域经济社会发展的框架之内。因此，区域体育发展战略的制定必须紧密围绕区域经济社会发展战略，充分发挥地区的比较优势。同时，上述分析揭示了我国四大板块省域体育发展的优势和潜力，透视出区域体育的发展必须突出特色，充分开展体育发展的区域合作，谋划我国区域体育发展战略。

第二节　我国四大板块省域竞技体育发展水平的综合研究

本部分尝试从影响省域竞技体育发展的内外部因素出发，从差异的视角研究省域竞技体育发展的情况，采用因子和聚类分析的方法，对我国 31 个省市区竞技体育的发展进行分区研究，探讨省域竞技体育发展的差异和特征，并着重思考省域经济发展模式差异对省域竞技体育发展的影响，力图揭示省域竞技体育发展与省域经济发展模式的内生逻辑，挖掘省域竞技体育发展的优势和潜力，为有差别地构建省域竞技体育发展战略提供理论借鉴。

一　指标和数据选取

从影响省域竞技体育发展的内外部因素出发，本文设计了人口身体素质、区位经济条件、竞技体育经费投入、竞技体育人力资源、竞技体育环境 5 个一级指标，对我国 31 个省市区的竞技体育发展情况进行比较。

（1）人口身体素质（国民体质综合指数、人口平均预期寿命）

（2）区位经济条件（地区生产总值、地区居民消费水平）

（3）竞技体育经费投入（体育竞赛费、体育训练费）

（4）竞技体育人力资源（一二三线运动员人数合计、优秀运动队在队运动员人数、在聘专职教练员人数合计、在聘专职教练员国家级人数）

（5）竞技体育环境（业余体校数、体育系统体育场馆数、优秀运动队数、国家高水平训练基地数）

上述数据资料主要来自《中国体育事业统计年鉴 2009》、国家统计局网站《社会统计年鉴》。

二　我国省域竞技体育发展差异的因子分析

（一）因子提取与命名

本文将代表我国省域竞技体育发展水平的 14 个二级指标作为原始变量，较多的原始变量为研究的解释和统计工作带来了相当的难度。因此本文基于变量之间的相关性，采取因子分析的方法实现降维。即以最少的信息丢失为前提，将众多的原始变量综合成较少的几个综合指标，命名为具有解释性的因子，以反映原有变量的绝大部分信息。通过运用 SPSS 15.0 统计软件，检验因子分析的适当性。其中 KMO 检验值为 0.813，且通过了 Bartlett 的显著性检验，因此可以实施因子分析。

表 3—5 旋转前后因子特征值、方差贡献率及累计贡献率

因子	旋转前			旋转后		
	特征根	贡献率（%）	累计贡献率（%）	特征根	贡献率（%）	累计贡献率（%）
1	8.426	60.184	60.184	5.021	35.865	35.865
2	1.787	12.762	72.945	3.665	26.177	62.043
3	1.003	7.163	80.108	2.529	18.065	80.108

由表 3—5 可知，在特征根大于 1 的条件下，使用主成分分析法提取 3 个因子可解释 80.108% 的数据信息，表明提取 3 个因子能够比较充分地解释原始数据所表达的信息。所以，本文选择 3 个主因子可以比较充分地反映和代表省域竞技体育发展的情况。为了方便对各因子载荷做出合理解释，采用方差最大正交旋转（Varimax）变换，使各变量在某个因子上产生较高载荷，而在另一个因子上载荷较低。由表 3—5 旋转后的累计贡献率可知，旋转并没有改变对总方差的累计贡献率。经过 3 次迭代后收敛，得到旋转后因子载荷矩阵，见表 3—6。

表 3—6 旋转后的因子载荷矩阵

二级指标	因子1	因子2	因子3	二级指标	因子1	因子2	因子3
国民体质综合指数	0.264	0.717	0.330	优秀运动队在队运动员人数	0.727	0.470	0.257
人口平均预期寿命	0.237	0.823	0.192	在聘专职教练员人数	0.702	0.401	0.497
地区生产总值	0.789	0.414	0.191	专职教练中国家级人数	0.788	0.476	0.125
地区居民消费水平	0.126	0.864	-0.137	优秀运动队数	0.762	-0.177	0.405
体育竞赛费	0.717	0.091	0.229	业余体校数	0.211	0.031	0.950
体育训练费	0.665	0.523	0.043	体育系统体育场馆数	0.572	0.594	0.349
一二三线运动员人数合计	0.335	0.233	0.834	国家高水平训练基地数	0.770	0.476	0.248

旋转后的因子载荷矩阵表明：地区生产总值、体育竞赛费、体育训练费、优秀运动队在队运动员人数、在聘专职教练员人数、专职教练中国家级人数、优秀运动队数、国家高水平训练基地数8个指标在因子1上有较高的载荷。因子1对省域竞技体育发展的贡献率最大，达35.865%，主要体现了经济社会总体因素对省域竞技体育发展的影响，反映了省级地方政府对竞技体育发展的干预，是一个政府占主导地位的总量因子，因此将其命名为政府干预因子，记作F1。国民体质综合指数、人口平均预期寿命、地区居民消费水平、体育系统体育场馆数4个指标在因子2上有较高的载荷。因子2对省域竞技体育发展的贡献率仅次于因子1，达26.177%，主要体现了经济社会发展平均水平对省域竞技体育发展的影响，反映了来自市场的力量对省域竞技体育发展的干预，市场在其中起主要作用，因此将其命名为市场干预因子，记作F2。一二三线运动员人数合计、业余体校数两个指标在因子3上有较高的载荷。因子3对省域竞技体育发展的贡献率最小，为18.065%，主要体现了省域竞技体育发展的人力资源基础，反映了省域竞技体育发展的人力支持程度，因此将其命名为人力干预因子，记作F3。

（二）因子得分与评价

最后进行因子评分，以3个因子的贡献率作为加重权数计算各省域竞技体育发展水平的综合测评得分，记作F综，公式如下：F综 = 0.35865F1 + 0.26177F2 + 0.18065F3。本文将我国划分为东北地区、东部地区、中部地区和西部地区四大区域，31个省市区在3个公因子和综合因子上的得分及排序如表3—7所示。

表3—7　　　　　我国31个省市区体育发展的因子得分与排序

地区	省市区	F1	排序	F2	排序	F3	排序	F综	排序
东北地区	黑龙江	1.76145	4	-1.29796	31	0.48876	8	0.380272	8
	吉林	-0.23410	14	-0.07762	14	-0.01017	16	-0.10602	17
	辽宁	1.19544	5	0.16516	10	0.01235	15	0.47421	5

续表

地区	省市区	F1	排序	F2	排序	F3	排序	F综	排序
东部地区	河北	0.27051	6	−0.23225	17	0.46515	9	0.120252	12
	北京	−0.81427	27	2.08228	2	−0.44800	23	0.172109	9
	天津	0.03766	10	0.70409	5	−0.99874	29	0.017394	14
	山东	2.06540	3	0.02014	12	−0.28490	17	0.694561	3
	江苏	2.47205	2	1.14121	4	0.08869	13	1.201357	1
	上海	−0.73418	26	3.46376	1	−0.34556	20	0.580969	4
	浙江	0.01071	11	1.33532	3	0.16914	11	0.383943	7
	福建	−0.03132	12	0.20880	9	0.59610	6	0.15111	11
	广东	2.60633	1	0.61628	6	−0.33400	19	1.035747	2
	海南	−1.17153	31	0.15195	11	−0.70345	24	−0.50747	27
中部地区	山西	−0.37146	18	−0.38077	24	0.44116	10	−0.1532	18
	安徽	−0.26310	16	−0.29281	20	−0.41473	22	−0.24593	21
	江西	−0.57186	22	−0.36358	22	0.80499	4	−0.15485	19
	河南	0.25890	7	−0.24723	18	−0.39617	21	−0.04343	15
	湖北	0.23420	8	−0.22082	16	0.77230	5	0.165708	10
	湖南	−0.24684	15	−0.27047	19	1.06266	2	0.032639	13
西部地区	内蒙古	−0.60857	25	−0.14786	15	0.05398	14	−0.24722	22
	陕西	−0.50429	21	−0.34947	21	0.58710	7	−0.16628	20
	青海	−0.42044	19	−1.24525	30	−0.98421	28	−0.65456	30
	宁夏	−1.05290	29	−0.01700	13	−0.94832	27	−0.55339	28
	新疆	−0.27913	17	−1.11092	27	0.16044	12	−0.36193	24
	甘肃	−0.58569	23	−0.55331	25	−0.71666	25	−0.48544	26
	四川	−0.59599	24	−0.37217	23	3.97761	1	0.40738	6
	重庆	−1.12518	30	0.30305	8	−0.31572	18	−0.38125	25
	贵州	−0.19399	13	−1.17737	28	−1.37084	30	−0.62542	29
	云南	0.14427	9	−0.93222	26	−0.71940	26	−0.32224	23
	西藏	−0.42198	20	−1.22350	29	−1.55717	31	−0.75292	31
	广西	−0.82710	28	0.32054	7	0.86759	3	−0.056	16

由表3—7可知，我国省域竞技体育发展水平综合排名前10位的是江苏、广东、山东、上海、辽宁、四川、浙江、黑龙江、北京、湖北10个省

市，东部和东北地区占据了 8 席；而发展水平位于后 10 位的是内蒙古、云南、新疆、重庆、甘肃、海南、宁夏、贵州、青海、西藏 10 个省市区，除海南外其余 9 个省市区均位于西部地区。省域竞技体育发展水平的综合排名，反映出我国竞技体育呈现出东高西低的发展格局，与我国区域经济发展格局基本一致，表明省域竞技体育的发展在相当大的程度上取决于省域经济的发展。为进一步验证省域经济对竞技体育发展的影响，本文分别计算 2008 年地区国民生产总值、2008 年城镇居民消费水平绝对数与第十一届全运会奖牌总数的相关系数为 0.825 和 0.602，说明在省域范畴内，来自政府的宏观经济对竞技体育的影响大于来自市场的消费水平对竞技体育的影响。同时见表 3—5，政府干预因子（F1）对省域竞技体育的贡献率达 35.865%，在 3 个因子中居首位，说明政府对竞技体育的干预力度大于市场和人力对竞技体育的干预力度。以上数据充分表明省级政府通过运用对宏观经济的操纵能力，举全省之力推动竞技体育的发展，政府仍是我国省域竞技体育发展的主导力量，而市场和人力对竞技体育的干预相对较弱。我国的市场经济是地方政府主导型的市场经济①，地方政府是区域经济社会发展的主要干预者。正是缘于地方政府在市场经济发展过程中独立的利益行为主体性不断增强，加之基于计划经济体制下竞技体育对政府和制度依赖的惯性，导致省级政府部门对省域竞技体育发展的大力干预。以上论断证明，就总体而言，我国省域竞技体育不仅在发展水平上与省域经济保持一致，而且其内生经济逻辑也完全符合当前我国省域经济政府主导的发展模式。

我国省域经济发展的不平衡性，隐含了其经济发展模式的地区差异，政府和市场在省域经济发展过程中的干预程度存在省域差异，竞技体育作为经济社会的重要组成部分，势必也将体现这种差异。见表 3—7，竞技体育综合排名前 10 位的省市中，广东、江苏、山东、黑龙江、辽宁、湖北 6 省在 F1（政府干预因子）位于前 10 位，上海、北京、浙江、广东、江苏、辽宁 6 省在 F2（市场干预因子）位于前 10 位，四川、湖北、黑龙江 3 省在 F3（人力干预因子）位于前 10 位。广东、江苏、辽宁 3 省在政府干预因子和市场干预因子两方面均显示了较强的实力，山东、湖北 2 省在政府干预因子上比较突出，上海、北京、浙江 3 省市在市场干预因子上

---

①　何晓星：《论中国地方政府主导型市场经济》，载《社会科学研究》2003 年第 5 期。

遥遥领先，黑龙江在政府干预因子和人力干预因子上有较好的表现，四川则在人力干预因子上优势明显。竞技体育综合排名前 10 位的省市在 F1、F2、F3 排名上的较大差异，说明上述省市虽然在竞技体育综合实力上处于同一集团，但其发展路径却不尽相同。同理，观察其他省市区在 F1、F2、F3、F 综上的排名，也存在较大的差异。因此，尽管就总体而言，我国省域竞技体育发展仍然以政府干预为主，但在省域经济发展模式的干预下，其竞技体育发展模式具有明显的差异。

通过表 3—7 可知，在 F1 排名前 5 位的广东、江苏、山东、黑龙江、辽宁 5 省和在 F2 排名前 5 位的上海、北京、浙江、江苏、天津 5 省市均来自我国的东部和东北地区，除天津综合排名位于 14，其余省市综合排名均位列前十；在 F3 排名前 5 位的四川、湖南、广西、江西、湖北 5 省区均来自我国的中部和西部地区，只有四川和湖北 2 省综合排名位列前十。说明东部和东北地区竞技体育发展的优势主要来自于政府对竞技体育的掌控和市场对竞技体育的支持，而中西部部分省份虽然在竞技体育的人力资源基础拥有相对优势，但政府和市场的作用力不足，仅凭丰厚的人力资源不能给省域竞技体育的发展带来相应的回报。

三　我国省域竞技体育发展的分区与比较

（一）聚类分析的方法和过程

我国 31 个省市区在 F1、F2、F3 3 个公因子上的得分和因子总得分（F 综）的情况已经初步说明我国竞技体育发展水平的省域差异。为了进一步探讨省域竞技体育发展模式的相似程度和差异程度，本文应用 SPSS 15.0 软件中的层次聚类方法（Hierarchical clustering methods），以政府干预因子（F1）、市场干预因子（F2）、人力干预因子（F3）3 个因子作为基础数据，将我国 31 个省市区进行分类。本文使用的是层次聚类中的离差平方和法（Ward's method），其基本步骤是：首先各个体自成一类，然后逐渐凝聚成小类。随着小类的不断凝聚，类内的离差平方和必然不断增大。应选择使类内离差平方和增加最小的两类凝聚，直到所有个体合并成一类为止。

（二）聚类后的分区差异与比较

按照类数适中的原则，本文将我国 31 个省市区聚为 6 类，聚类后生成的冰挂如图 3—5 所示，其他结果略去。

聚类过程	8:黑龙江	19:广东	10:江苏	15:山东	6:辽宁	23:四川	29:青海	26:西藏	24:贵州	22:重庆	30:宁夏	21:海南	25:云南	28:甘肃	12:安徽	31:新疆	7:吉林	5:内蒙古	20:广西	18:湖南	14:江西	27:陕西	4:山西	13:福建	17:湖北	3:河北	9:上海	2:天津	11:浙江	1:北京
1	X	X	X	X	X	X	X	X	X	X	X	X	X	X	X	X	X	X	X	X	X	X	X	X	X	X	X	X	X	X
2	X	X	X	X	X	X	X	X	X	X	X	X	X	X	X	X	X	X	X	X	X	X	X	X	X	X	X	X	X	X
3	X	X	X	X	X	X	X	X	X	X	X	X	X	X	X	X	X	X	X	X	X	X	X	X	X	X	X	X	X	X
4	X	X	X	X	X	X				X	X	X	X	X	X	X	X										X	X	X	X
5	X	X	X	X	X	X				X	X	X	X	X	X	X	X										X	X	X	X
6	X	X	X	X	X	X				X	X	X	X	X	X	X	X										X	X	X	X

图 3—5　省份聚类冰挂

由图 3—5 可知，江苏、广东、辽宁、山东、黑龙江为一类（第 1 类），北京、天津、上海、浙江为一类（第 2 类），山西、陕西、江西、湖南、广西、河北、湖北、福建为一类（第 3 类），海南、宁夏、重庆、安徽、甘肃、河南、云南、内蒙古、吉林、新疆为一类（第 4 类），贵州、西藏、青海为一类（第 5 类），四川自成一类（第 6 类）。为比较类间差距，本文分别计算 6 类地区在 F1、F2、F3 和 F 综上的平均分，结果见表 3—8。

表 3—8　　　　　　　　　　6 类地区的因子平均得分表

类别	政府干预因子（F1）	市场干预因子（F2）	人力干预因子（F3）	综合因子（F综）
第 1 类	2.02013	0.12896	− 0.00582	0.75723
第 2 类	− 0.37502	1.89636	− 0.40579	0.28860
第 3 类	− 0.25602	− 0.16100	0.69963	− 0.07058
第 4 类	− 0.49170	− 0.29240	− 0.40102	− 0.32543
第 5 类	− 0.34547	− 1.21537	− 1.30407	− 0.67763
第 6 类	− 0.59599	− 0.37217	3.97761	0.40738

第 1 类和第 2 类地区主要集中了位于我国东部和东北部的省市，其综合因子得分分别居于第一和第二的位置，反映了两类地区的竞技体育发展水平在全国处于领先的位置。然而，F1、F2、F3 3 个公因子在两类地区的表现却不尽相同，尤其是 F1 和 F2 两个公因子差异较大。第 2 类地区的江苏、广东、辽宁、山东、黑龙江 5 省，政府干预因子（F1）

得分在 6 类地区中最高，其他两个因子得分在全国处于适中的位置，反映了第 1 类地区政府对竞技体育的干预力较大，第 1 类地区竞技体育的优势主要得益于政府对当地竞技体育的高度重视和大力支持。在第 1 类地区中，江苏、广东、山东均是近几届全运会的东道主，而辽宁则是 2013 年第十二届全运会的东道主，这充分说明了地方政府对全运会的重视程度。在我国转向市场经济的过程中，地方政府的演变方向不是单纯的公共服务政府，而是凭借其对地区性生产要素的控制权，转向从整体上控制和经营地区经济。① 全运会恰恰以"体育搭台，经济唱戏"的形式，为地方政府通过行政手段对地方经济从整体上进行干预和控制提供了有利契机，在此基础上便不难理解为何地方政府特别是经济大省、经济强省的政府，对全运会一直保持着高度的热情和持续的关注，是因为其旨在借全运会之势大力推动当地经济的发展。一类地区在经济总量和竞技体育资源拥有相对的优势，地方政府对竞技体育的干预较强，但应注意其在干预过程中的"越位"和"缺位"，即防止对市场化项目发展的过度干预和对非市场化项目保障的缺少干预。

第 2 类地区中的北京、天津、上海、浙江 4 省市在市场干预因子（F2）得分在六类地区中最高，其他两个因子得分在全国处于中等偏下的位置，反映了第 2 类地区市场对竞技体育的干预力量较大，其竞技体育发展在国民体质、消费水平、场馆数量等影响因素上拥有相对的优势。第 2 类地区有 3 个直辖市，虽然在经济总量上逊于第 1 类地区，但经济发展水平、市场化程度和人均消费水平较高，为二类地区竞技体育的发展提供了良好的市场环境。有鉴于此，第 2 类地区理应成为竞技体育市场化改革的先行者，在业余训练、竞赛表演、赛制改革等方面进行积极的竞技体育市场化探索，并借助"长三角"、"珠三角"、"京津唐"等区域经济合作的优势，发展区域竞技体育产业集群。

第 3 类地区包括山西、陕西、江西、湖南、广西、河北、湖北、福建 8 省区，其人力干预因子（F3）表现较为突出，得分仅次于第 6 类地区（四川）。说明三类地区在竞技体育后备人才上拥有相对优势，人力对竞

---

① 曹正汉、史晋川：《中国地方政府应对市场化改革的策略：抓住经济发展的主动权——理论假说与案例研究》，载《社会学研究》2009 年第 4 期。

技体育发展的支持程度较高。F1 与 F2 得分分别位列第二和第三，相对于第 1 类地区政府干预较少，相对于第 2 类地区市场干预较少。政府与市场对竞技体育的干预相对较为平庸，其原因在于：一方面，该类地区国民生产总值、城镇居民消费水平均没有明显的优势，导致政府和市场对竞技体育进行干预的经济社会环境欠缺；另一方面，该类地区的竞技体育既未形成像辽宁、黑龙江两省的传统优势，以足够引起政府的重视，也缺乏像北京、上海两个国际化大都市所孕育的竞技体育市场环境。第 3 类地区大多处于中原，竞技体育优势项目基础牢固，但受制于经济社会发展缓慢，未能得到有效的开发和利用，应以"中部崛起"为契机，充分发挥其地域和文化优势，广泛开展与东部和西部省份的交流与合作，充分挖掘地域特色明显、群众基础强大的竞技体育项目的潜力。

第 4 类地区（海南、宁夏、重庆、安徽、甘肃、河南、云南、内蒙古、吉林、新疆）和第 5 类地区（贵州、西藏、青海）综合得分分列倒数第二和倒数第一，是我国竞技体育发展较为落后的地区。它们大多集中在我国的中部和西部地区，经济发展总量和经济发展水平较低，说明在经济发展落后的情况下，省域竞技体育发展与省域经济关系密切，竞技体育很难获得超越式发展。第 5 类地区在 F1 的得分上高于第 4 类地区，说明贵州、西藏、青海 3 省区市场和人力对竞技体育的干预更弱，对政府的依赖更强。第 4 类地区和第 5 类地区竞技体育水平远远落后于其他地区，存在较大的发展空间。而这两类地区在发展竞技体育时要切忌盲目攀比和赶超，为了追求短期效应，开展"投入少、见效快"的项目，而应从群众体育的基础出发，争取国家的扶持政策，从长计议，发展竞技体育。

四川独自作为第 6 类地区存在，彰显了四川竞技体育发展的特殊性。与其他第 5 类地区相比，四川在 F3（人力干预因子）的得分最高，在 F1（政府干预因子）的得分最低，在 F2（市场干预因子）的得分次最低。说明四川竞技体育人力资源基础较好，主要得益于四川人口总数较大、业余训练基础较好。但同国内其他省市区相比，四川竞技体育发展的各项外部条件十分不利。四川经济水平在全国处于中下等水平，人均各项指标均低于全国平均水平，客观上限制了四川竞技体育事业的发展。四川应优化竞技体育资源配置，关注竞技体育人力资源的有效开发和利用，采取减员、合并、裁撤不合理的业余训练单位的措施，并对项目实施分级分类管理，着重提高业余训练的效益。

（三）小结

（1）我国省域竞技体育发展水平总体呈现出东高西低的发展格局，与我国省域经济发展格局基本保持一致。省域经济发展水平对省域竞技体育作用力较大，政府仍是省域竞技体育发展的主要干预者。

（2）经济发展模式差异成为省域竞技体育发展差异的主导因素。不同省域的竞技体育发展在政府干预、市场干预、人力干预的程度上存在显著差异。竞技体育实力较强的省域或在政府干预，或在市场干预，或在两者的综合干预上表现明显。

（3）东部和东北地区凭借政府和市场的干预在我国省域竞技体育发展中居于领先位置，中部和西部地区政府和市场干预力量相对不足，但在反映竞技体育基础条件的人力干预上具有比较优势，有待于进一步地开发和利用。

第三节　我国四大板块省域群众体育发展水平的综合研究

群众体育发展不均衡是我国体育事业发展中存在的突出问题，该问题日益引起社会公众的广泛关注。我国"十一五"群众体育事业发展规划明确将"公民具有平等的体育权益与享有平等体育权益的机会不平等之间的矛盾"列为我国群众体育事业三大突出矛盾之一。① 我国"十二五"发展规划提出了"转型"、"民富"、"改革"三个关键词，意味着迫切需要缩小区域经济社会差距，解决地区发展不平衡的问题，由此更加凸显了研究区域群众体育发展不均衡问题的时代紧迫感。目前，对这一问题的研究主要集中在区域内部、省域内部，缺乏对我国 31 个省市区群众体育发展状况的省际比较；多数研究将体育人口、国民体质、健身设施等数据作为主要论据，缺乏综合系统的数据分析与比较；经济因素对区域群众体育发展的作用和影响有所论及，但还有待于进一步深入研究。基于此，本课题将在以下几个方面有所创新：第一，将我国四大区域 31 个省市区作为

---

① 国家体育总局政策法规司：《中国体育：迈向"十一五"》，人民体育出版社 2007 年版，第 376 页。

研究的范畴，从人口身体素质、群众体育投入、群众体育人力资源、群众体育发展环境四大方面进行综合评价；第二，着重探讨经济因素与省域群众体育发展的关系，揭示两者之间的内在逻辑；第三，运用聚类分析方法对我国省域群众体育的发展情况进行科学分类，以综合比较我国群众体育发展的省际差异。

一　指标选取和数据说明

为综合分析我国大陆 31 个省市区群众体育发展不均衡的状况，本部分设计了我国第二次国民体质监测指数、地区群众体育人均经费、地区每万人公益社会指导员人数、地区每万人晨晚练站点数四项指标，从人口身体素质、群众体育投入、群众体育人力资源、群众体育发展环境四个方面综合反映我国群众体育发展的省际差异。在涉及相关指标时，均设计了人均指标。以避免地区总人口对数据分析的影响。本文采用平均数、排名、标准差、离散系数、层次聚类等多种数理统计方法，数据资料主要来自《中国体育事业统计年鉴 2010》和国家统计局网站《社会统计年鉴》。

二　我国群众体育发展状况的省际差异比较

（一）人口身体素质差异

第二次国民体质监测公报显示，我国国民体质水平呈"东高西低"状态。为深入分析我国四大区域省际人口身体素质差异，本文分别计算了全国及四大区域的国民体质综合指数的平均值、标准差、最大值、最小值、相对差异系数和倍数（最大值/最小值），具体结果见表3—9。

表 3—9　　　　　　　　　全国及四大区域国民体质综合指数差异

区域	均值	标准差	最大值	最小值	差异系数（%）	倍数
全国	100.08	3.38	106.24	91.12	3.32	1.17
东部	102.37	2.55	106.24	99.16	2.49	1.07
西部	97.92	3.75	103.63	91.12	3.83	1.14
东北	100.31	0.27	100.53	100.01	0.27	1.01
中部	100.47	1.34	102.05	98.51	1.33	1.04

就地区国民体质的平均情况而言，东部最优，中部次之，东北再次之，西部最差，其中中部与东北均值较为接近，且均高于全国平均水平，西部明显低于全国平均水平，与其他区域差距较大；国民体质综合指数前5名的省市区有上海、江苏、山东、广西、北京，除广西外均位于东部地区，国民体质综合指数后5名的省市区有甘肃、新疆、贵州、青海、西藏，均位于西部地区，东部与西部地区差异明显；西部地区的差异系数在四大区域中最大，甚至大于全国的差异系数，说明西部地区国民体质的省际差异最大，其人口身体素质不均衡的态势大于全国水平；东部地区的差异系数仅次于西部，说明尽管东部地区国民体质的平均情况在全国领先，但省际差异较大，其中上海与海南在国民体质综合指数的省际差异为全国最大，使东部地区成为四大区域中省际差异倍数较大的地区；中部和东北地区国民体质综合指数在全国处于居中的位置，且省际差异较小。

（二）群众体育投入差异

地方政府是地方公共服务财政支出的主体，其用于群众体育的经费主要来自于事业支出用于群众体育经费和体育彩票公益金用于群众体育经费两项指标，因此我们将以此衡量省际群众体育投入差异。若将两者进行综合比较，则宁夏、上海、西藏、浙江、福建、北京、青海、新疆、甘肃9个省市区高于全国平均水平，群众体育人均经费较为充裕；吉林、安徽、河北、河南、海南、陕西、广西、山东、湖南、贵州10个省区不及全国平均水平的一半，群众体育人均经费较为缺乏。通过对比，可以发现我国省际间在群众体育经费的投入上存在较大的差异。我国四大区域群众体育投入的差异见表3—10。

表3—10　　　　全国及四大区域群众体育的人均经费差异

区域	均值	标准差	最大值	最小值	差异系数（%）	倍数
全国	4.72	4.89	24.23	1.34	103.60	18.08
东部	5.70	4.85	17.38	1.50	85.09	11.59
西部	5.62	6.28	24.23	1.80	111.74	13.46
东北	2.31	0.87	3.02	1.34	37.66	2.25
中部	2.48	0.94	3.77	1.46	37.90	2.58

由表3—10可知，我国四大区域中群众体育的人均经费的均值表现出明显的分界线，东部最高，西部紧随其后，东北最低，中部与之接近；群众体育人均经费最高和最低的宁夏和吉林分别位于西部和东北，相差近20倍；西部省际差异系数最大，甚至高于全国省际差异。以上数据分析说明，我国省际群众体育的人均经费差异较大，东部和西部明显高于东北和中部，但东部和西部的区域内省际差异较大，特别是西部差异最为显著。

（三）群众体育人力资源差异

公益社会指导员是当前我国群众体育发展所依靠的主要人力资源，其省际差异较为显著。我国31个省市区中，浙江、北京、江苏、内蒙古、天津、上海、广西、山东、辽宁、陕西、山西11个省市区每万人拥有公益社会指导员数高于全国平均水平，其余省份均低于全国平均水平，江西、安徽、贵州、吉林、云南、青海6省则不及全国平均水平的一半。

表3—11   全国及四大区域每万人拥有公益社会指导员人数差异

区域	均值	标准差	最大值	最小值	差异系数（%）	倍数
全国	8.27	5.10	20.49	2.59	61.67	7.91
东部	12.30	6.00	20.49	4.66	48.78	4.40
西部	6.83	3.78	15.63	2.59	55.34	6.03
东北	6.44	4.01	11.02	3.54	62.27	3.11
中部	5.32	1.75	8.31	3.60	32.89	2.31

同时参见表3—11，经济发展水平较高的东部地区明显领先于其他三个区域，说明东部地区群众体育人力资源最为丰富。西部、东北和中部地区表现较为接近，低于全国平均水平。值得关注的是，东北地区在人口身体素质、群众体育经费投入两项指标上成为差异最小的区域，但在群众体育人力资源指标上，却成为差异系数最大的区域，辽宁领先，黑龙江和吉林较为落后。

（四）群众体育发展环境差异

我国绝大部分的群众体育晨晚练站点是广大群众多年来在体育参与中自发形成的，并具有一定的传统性，它体现了群众对于体育健身活动的热衷程度，具有深厚的民间基础。在全国范围内，江苏、上海、山东、北京、浙江、吉林、辽宁、山西、广西、海南10个省市区每万人晨晚练站点数高于全国平均水平，西藏每万人晨晚练站点数最低，与最高的江苏省的差距高达66倍。

表3—12　　　　　　　　全国及四大区域每万人晨晚练站点数差异

区域	均值	标准差	最大值	最小值	差异系数（％）	倍数
全国	1.70	1.35	6.62	0.10	79.41	66.20
东部	2.77	1.85	6.62	0.78	66.79	8.49
西部	1.07	0.47	1.83	0.10	43.93	18.3
东北	2.02	0.69	2.70	1.33	34.16	2.03
中部	1.04	0.52	1.85	0.40	50.00	4.63

从四大区域来看，每万人晨晚练站点数的均值表现为，东部地区最高，其次是东北地区，西部和中部地区较为接近，位列其后。说明东部地区群众体育发展环境整体较好，但同时也应看到，东部地区每万人晨晚练站点数的差异系数是四个区域中最大的，说明东部地区群众体育发展的环境并不一致。

综上所述，在群众体育发展的人口身体素质、群众体育投入、群众体育人力资源、群众体育发展环境四个方面，东部地区都居于绝对领先的位置，良好的经济社会基础使东部地区成为我国群众体育发展的先行者。西部地区尽管在人口身体素质上排名最后，但在群众体育投入指标上仅次于东部地区，人均群众体育经费较高，说明西部地区在国家"雪炭工程"的大力支持下，正在厚积薄发。东北和中部地区在人口身体素质上处于全国平均水平，在群众体育投入和群众体育人力资源上均低于全国平均水平，特别是群众体育投入与东部和西部地区存在较大的差距。两个地区之间的差异主要体现在群众体育发展的环境上，东北地区明显优于中部地区。以上分析反映的仅是四大区域群众体育发展的平均情况，若从区域内省际差异程度的视角则可看出，不同区域在不同指标上表现出较大的差异系数。如西部地区在群众体育投入指标上均值较高，但差异系数也是四个区域中最高的，说明区域内省际群众体育投入差异较大。因此，对我国区域群众体育发展现状的评价和发展战略的制定不应停留在较为宽泛的区域划分上，而应以差异更为显著的省域作为研究的对象，挖掘省域群众体育发展的优势和潜力。

三　我国省域群众体育发展的聚类分析

为了进一步探讨省域群众体育发展的相似程度和差异程度，本文应用SPSS 15.0软件中的层次聚类方法，以人口身体素质、群众体育投入、群众体育人力资源、群众体育发展环境四个指标作为基础数据，将我国31个省市区进行分类。本文使用的是层次聚类中的离差平方和法。

按照类数适中的原则，本文将我国31个省市区聚为6类，聚类后生成的冰挂如图3—6所示，其他结果略去。

类数	31:西藏	28:贵州	25:青海	15:新疆	27:甘肃	21:福建	26:广东	24:四川	19:重庆	12:河北	28:湖南	22:湖北	16:黑龙江	30:海南	18:安徽	17:河南	13:江西	云南	吉林	23:宁夏	上海	14:天津	11:内蒙古	20:陕西	8:山西	9:辽宁	广西	山东	5:浙江	4:北京	1:江苏
1	X	X	X	X	X	X	X	X	X	X	X	X	X	X	X	X	X	X	X	X	X	X	X	X	X	X	X	X	X	X	X
2	X	X	X	X	X	X	X	X	X	X	X	X	X	X	X	X	X	X	X	X	X	X	X	X	X	X	X	X	X	X	X
3	X	X	X	X	X	X	X	X	X	X	X	X	X	X	X	X	X	X	X	X	X	X	X	X	X	X	X	X	X	X	X
4	X	X	X	X	X	X	X	X	X	X	X	X	X	X	X	X	X	X	X	X	X	X	X	X	X	X	X	X	X	X	X
5	X	X	X	X	X	X	X	X	X	X	X	X	X	X	X	X	X	X	X	X	X	X	X	X	X	X	X	X	X	X	X
6	X	X	X	X	X	X	X	X	X	X	X	X	X	X	X	X	X	X	X	X	X	X	X	X	X	X	X	X	X	X	X

图3—6　省份聚类冰挂

由图3—6可知，上海为第1类，浙江、北京、江苏为第2类，天津、内蒙古、陕西、山西、辽宁、广西、山东为第3类，甘肃、福建、广东、四川、重庆、河北、湖南、湖北、黑龙江、海南、安徽、河南、江西、云南、吉林为第4类，西藏、贵州、青海、新疆为第5类，宁夏为第6类。为比较类间差距，本文分别计算六类地区在人口身体素质、群众体育投入、群众体育人力资源、群众体育发展环境四项指标上的平均分，见表3—13。

表 3—13   六类地区的指标平均得分表

类别	人口身体素质	群众体育投入	群众体育人力资源	群众体育发展环境
第 1 类	106.24	17.38	13.52	4.62
第 2 类	103.70	6.69	19.66	4.32
第 3 类	101.54	2.86	11.66	1.92
第 4 类	100.08	2.77	5.29	1.19
第 5 类	93.33	5.73	4.23	0.73
第 6 类	99.69	24.23	5.84	1.06

　　在对我国 31 个省市区群众体育发展情况进行分类的过程中，上海和宁夏各自成为第 1 类，凸显了其特殊性。作为第 1 类地区的上海市，除群众体育人力资源指标居于第二外，其余三项指标均位列第一，充分表明了上海群众体育发展在全国处于绝对领先的位置。作为第 6 类地区的宁夏回族自治区，其三项指标与第 4 类地区接近，唯一突出的是位于第一的群众体育投入指标，地区事业支出和彩票公益金的人均经费表现极为突出，体现了宁夏地区对群众体育发展给予了更多的经费保障。第 2 类地区在群众体育投入上与第 1 类地区差距较大，但在群众体育人力资源上得分高于第 1 类地区，人口身体素质和群众体育发展环境两项指标与第 1 类地区略有差距。因此可以说，第 1 类与第 2 类地区集中了我国群众体育发展靠前的省份，并与其他省份保持一定的距离，其中第 1 类地区的经费优势更为明显，第 2 类地区的人力资源优势更为明显。包含大部分省份的第 3 类地区与第 4 类地区表现较为接近，代表了我国群众体育发展的平均水平，第 3 类地区各项指标均优于第 4 类地区，尤其是群众体育人力资源较之更为丰富。第 5 类地区是我国群众体育发展较为落后的地区，但值得关注的是在多数指标表现最为逊色的情况下，其群众体育投入指标得分高于第 3 类和第 4 类地区，第 5 类地区均为经济发展水平较低的西部省份，经费投入已作为最快捷的支持手段，表达了其大力发展群众体育的意愿和决心。综上所述，来自东部的上海、浙江、北京、江苏 4 省市处于我国群众体育发展中的领先位置，当地经济社会环境给予群众体育发展的大力支持；来自西部的宁夏、西藏、青海、贵州、新疆 5 省区尽管在总体上仍处于群众体育落后的位置，但人均群众体育经费表现突出，奋起直追态势明显；天津、

内蒙古、陕西、山西、辽宁、广西、山东7省市区虽然整体表现平庸，但在群众体育人力资源具有相对优势，应加以充分开发和利用；其他省份在群众体育发展方面特色不显著，应提高发展群众体育的紧迫感。

四　小结

以地理位置、社会经济发展水平为基准的区域划分已成为我国群众体育区域研究的主要框架。在此研究框架下，通过运用人口身体素质、群众体育投入、群众体育人力资源、群众体育发展环境等方面的数据，本部分也得出了我国群众体育总体呈现出东高西低的发展格局。然而，研究显示，在某些指标上，我国群众体育发展的区域内差异接近甚至大于区域间差异，说明我国群众体育发展的省际差异较大，区域内发展不平衡现象突出。因此，如单纯以传统的区域框架分析我国群众体育发展不均衡的问题，难免与实际情况存在较大的偏差。

在划分的六大区域中，第1类、第2类地区是我国群众体育发展水平较高的地区，完全为东部省份占据。东部地区区位经济社会优势显著，群众体育发展的综合实力较强，在上海、浙江、北京、江苏4省市的引领下，可实现区域群众体育发展水平的整体提升。西部地区群众体育发展较为滞后，特别是西藏、青海、贵州、新疆4省区更为突出，但值得关注的是西部地区区域内差异较大，宁夏、西藏、青海、新疆、甘肃5省区的群众体育经费高于全国平均水平，为西部地区群众体育的崛起提供了经费支持。东北地区总体表现一般，群众体育发展环境具有相对优势，东北三省中辽宁的群众体育人力资源最为丰富。中部地区总体表现平庸，区域内差异系数较小，人力、财力、物力指标均低于全国平均水平，且区域内不具备引领省份。综上所述，我国四大区域群众体育在发展水平、发展优势、发展格局存在较大的差异，如何从区域群众体育发展的省际差异着手，运用区域经济学增长极、梯度、辐射等相关理论，构建区域群众体育发展战略乃是本课题进一步研究的内容。

主要参考文献

[1] 胡鞍钢、邹平：《社会与发展——中国社会发展地区差距研究》，浙江人民出版社2000年版。

［2］方创琳：《区域发展战略论》，科学出版社 2002 年版。

［3］鲍明晓：《体育大国向体育强国迈进的战略研究》，《南京体育学院学报》2009 年第 6 期。

［4］杨军：《经济发展方式如何转变——专访中国（海南）改革发展研究院院长迟福林》，《南风窗》2010 年。

［5］毛传新：《区域开发与地方政府的经济行为》，东南大学出版社 2007 年版。

［6］衡霞：《区域经济发展视角：地方政府行为悖论研究》，《青海社会科学》2010 年第 6 期。

［7］郭修金、卫志强：《构建长三角都市休闲体育圈的战略构想》，《上海体育学院学报》2009 年第 4 期。

［8］《体育事业"十二五"规划》，国家体育总局政法司，2011 年。

［9］国家体育总局，《2010 年中国体育事业统计年鉴》，中国体育年鉴出版社 2011 年版。

［10］国家统计局，《2010 年社会统计年鉴》，中国统计出版社 2010 年版。

［11］李建平、李闽榕、高燕京：《2010 年中国省域竞争力蓝皮书》，社会科学文献出版社 2010 年版。

［12］田雨普：《努力实现由体育大国向体育强国的迈进》，《体育科学》2009 年第 3 期。

［13］胡鞍钢、魏星：《城乡分制、政府层级与地区发展差距》，《南京大学学报（哲学·人文科学·社会科学）》2010 年第 1 期。

［14］于文谦、王乐：《当代中国竞技体育的非均衡发展》，《体育学刊》2008 年第 9 期。

［15］李建平、李闽榕、高燕京等：《中国省域经济综合竞争力发展报告（2008—2009）》，社会科学文献出版社 2010 年版。

［16］刘小俊：《体育强国视阈下我国群众体育的发展》，《体育与科学》2010 年第 3 期。

［17］高力翔：《江苏省群众体育发展失衡的社会学分析》，《南京体育学院学报（自然科学版）》2009 年第 4 期。

［18］常毅臣、魏争光：《我国群众体育发展失衡的主要原因与对策研究》，《西安体育学院学报》2007 年第 5 期。

［19］韦建明：《地区经济与群众体育发展水平相关性分析》，《体育文化导刊》2010 年第 11 期。

第四章　我国四大板块区域体育发展战略的文献综述

新中国成立以来，我国区域划分格局先后经历了沿海和内地两大区域，东、中、西三大地带，目前基本形成了东部、西部、东北、中部四大板块的区域总体发展格局。其中我国东部地区是目前中国大陆经济相对发达的地区，位于我国东部沿海，由 10 个省、直辖市组成，包括河北、北京、天津、山东、江苏、上海、浙江、福建、广东、海南。西部地区经济发展相对落后，但自然资源丰富，市场潜力大，战略位置重要，包括 12 个省市及自治区，即西南 5 省市区（四川、云南、贵州、西藏、重庆）、西北 5 省区（陕西、甘肃、青海、新疆、宁夏）和内蒙古、广西。东北地区包括黑龙江、吉林、辽宁 3 省，曾为新中国的工业建设作出了历史性重大贡献，目前面临着经济转型，重振东北老工业基地的重任。我国中部地区包括安徽、江西、湖南、湖北、河南、山西 6 省，其区位优势明显，在全国经济格局中承东启西、接南连北。

区域体育发展战略的谋划，必须在区域经济社会发展的框架之下，结合区域经济发展战略进行。因此本章将从两个方面分别对我国四大板块的"区域发展战略与区域体育发展"进行文献综述，为后续区域体育发展的优势与潜力分析及区域体育发展战略的制定奠定基础。一方面，从我国区域发展战略背景出发，概括各区域的地理、经济、社会、文化等区域的基本情况，并分别从竞技体育、群众体育、体育产业、体育文化等方面总结区域体育发展概况；另一方面，在查阅文献资料的基础上，分别对四大板块区域体育发展战略研究的文献进行系统总结及综合评价。

第一节　东部区域体育发展战略综述

一　我国东部区域基本情况

（一）东部先行区域战略背景

1978 年，党的十一届三中全会做出了实行改革开放的重大决策。1979 年，党中央和国务院批准广东、福建在对外经济活动中实行"特殊政策、灵活措施"，并决定在深圳、珠海、厦门、汕头试办经济特区，广东省和福建省成为全国最早实行对外开放的省份。[①] 1984 年 4 月，党中央和国务院又决定进一步开放大连、秦皇岛、天津、烟台、青岛、连云港、南通、上海、宁波、温州、福州、广州、湛江、北海 14 个港口城市。逐步兴办起经济技术开发区。从 1985 年起，又相继在长江三角洲、珠江三角洲、闽东南地区和环渤海地区开辟经济开放区。1988 年增辟了海南经济特区，使海南成为我国面积最大的经济特区。1990 年，党中央和国务院从我国经济发展的长远战略着眼，又做出了开发与开放上海浦东新区的决定。纵观我国改革开放战略部署，东部地区多省市优先受惠于国家政策支持，这对形成我国东部地区经济、科技、教育等诸多方面的国内领先优势起到了决定性的作用。

国家"十一五"规划纲要中"鼓励东部地区率先发展"[②] 战略，是新时期我国区域发展总体战略的重要组成部分。改革开放以来，东部地区作为我国的先行地区和前沿地带，创造了许多各具特色的经济发展模式和宝贵经验，辐射并带动了全国的改革开放和发展；同时，东部地区的快速发展还创造了大量就业岗位和社会财富，为增加国家财政收入、增强综合国力作出了突出贡献。伴随着经济全球化和区域经济一体化的进程，中国三大经济增长极主要由东部地区的珠三角经济圈、长江三角洲经济圈、京津冀城市群以及环渤海地区构成。以"长三角"、"珠三角"、"京津冀"的崛起为标志，东部区域经济一体化的特征日益显著，形成了区域经济集

---

① 中国共产党第十一届中央委员会第三次全体会议。

② 《国民经济和社会发展第十一个五年计划纲要》，http：//news. enorth. com. cn/system/2006/03/16/001257348_ 13. shtml。

聚与辐射的梯度发展，高新产业综合实力不断增强，科技进步、交通发达、服务意识领先、人口密集的区位特征。

（二）东部地区基本环境

1. 东部区域地理环境

我国东部地区以沿海城市为主要地理特征，占据我国 18000 千米海岸线的 80%。东部 10 省市构成了一个弧线形的沿海城市群，地理位置占据了水、陆、空密集的交通网。气候特点区别较大，东部地区基本属热带季风气候和亚热带季风气候，雨热同期。如珠江三角洲位于北回归线以南，地处南亚热带，濒临南海，气候温暖，光照充足，热量丰富，生长季长，雨量充沛，且水热条件配合良好。长江三角洲属中国东部北亚热带季风气候，温暖湿润，雨热同期，季节分配较均匀。而京津冀城市群属于温带湿润半干旱大陆性季风气候，四季分明，寒暑悬殊，雨量集中，干湿期明显。总体来说，东部地区气候条件较好，温度适宜，日照充沛，热量丰富，雨热同季，适合多种农作物生长和林果种植。

2. 东部区域经济环境

改革开放 30 多年来，我国区域经济发展取得了辉煌成就，成为经济的"领头羊"。而长江三角洲地区（简称"长三角"）、珠江三角洲地区（简称"珠三角"）以及京津冀地区（简称"京津冀"）三大经济圈的形成和快速发展，更成为我国经济发展的重要引擎。来自国家发展和改革委员会的数据显示，2008 年三大经济圈地区生产总值（GDP）达到 12.51 万亿元，占全国比重（指占地区 GDP 总计的比重）为 38.2%，拉动全国 GDP 增长 4.5 个百分点。其中，"长三角"地区生产总值达到 6.55 万亿元，占全国比重为 20%。"珠三角"地区生产总值达到 2.97 万亿元，占全国比重为 9.1%。"京津冀"地区生产总值达到 2.98 万亿元，占全国比重为 9.1%。2008 年"长三角"、"珠三角"和"京津冀"地区经济分别增长 11%、12.6% 和 11.9%，均超过了全国 9% 的增长速度。2008 年三大经济圈全社会固定资产投资总额为 5.1 万亿元，占全国的比重达到 29.6%。三大经济圈的社会消费品零售总额为 4.1 万亿元，占全国的比重达到 36.9%。2008 年三大经济圈进出口贸易总额为 2 万亿美元，占全国进出口贸易总额的 76.7%。实际利用外商直接投资额为 790 亿美元，占全国的 85.5% 。①

东部地区 10 省市经济总量约占全国经济总量的 65%，其中广东、江苏、浙江、山东经济总量占全国经济总量近一半，这说明东部地区在全国举足轻重。东部地区具有经济实力雄厚、市场规模巨大、产业密度高、金融产业发达、创新资源丰厚、非公经济突出、国际化程度高等较强的综合优势。

3. 东部区域人文环境

就世界范围而言，文化产业繁荣的地区往往是一些经济发达城市，尤其是国际化大都市。一般来说，越是经济发达的城市，文化产业越繁荣。我国社会经济发展呈现出这种明显的地域性特征，文化产业的发展也体现了这一特点。东部地区地处中国沿海一带，基础设施和条件较好，经济发达，人均收入较高，市场相对成熟，又是首先受惠于我国改革开放发展战略的地区，地区经济在 30 多年中持续快速发展，地区经济结构不断进行调整，其财政、科技、人才、信息、自然资源等区域资源方面均具有领先优势，所以文化产业发展较快，已经成为我国重要的文化产业集聚区。

例如，以广州、深圳等城市为主形成的"珠三角"文化产业带，其特点是充分利用开放的市场经济环境与国际文化产业进行对接，并与港澳地区文化产业发展形成互动关系，积极参与文化产业市场化竞争，文化产业呈现集团化发展趋势，产业化程度较高，极大地增强了市场竞争力。以上海、南京、杭州、苏州、宁波等为代表的"长三角"城市群，近年来充分利用自身的区位优势加快文化产业发展，已成为我国文化产业发展最快的地区之一，尤其是在一些科技含量高、附加值大的新兴文化产业及文化服务领域，形成了强劲的发展势头。②

（三）东部地区体育总体情况

1. 东部地区竞技体育发展概况

纵览 21 世纪 10 多年来国内各省市区体育版图的发展不难发现，在竞技体育方面，各体育大省的优势与该省市区的经济发展程度密切相关。

---

① 《三大经济圈经济占中国经济总量的多少》，http：//zhidao. baidu. com/question/134409822。

② 杨红新：《长三角都市圈经济发展的机制与路径研究》，2012 年，中国知网（http：//www. cnki. net/KCMS/detail/detail）。

2007 年中国省市 GDP 排在前八位的广东、山东、江苏、浙江、河南、河北、上海和辽宁，在北京奥运会各省市金牌榜单的分布版图中均排在前列。"十运会"赛场上，奖牌榜前 10 位中，东部省市占了 9 个。"十一运会"赛场上，奖牌榜前 10 位中，东部省市占了 7 个，其中山东、广东与江苏位列金牌榜的前 3 位，而上海、北京、浙江、河北也无一例外地排在了十名以内，天津、福建则居于 11、12 的位置。由此可见，东部区域竞技体育事业的发展整体实力处于国内领先水平。

2. 东部地区群众体育发展概况

竞技体育是群众体育发展的一面镜子。东部区域经济仍然是群众体育领先发展的优势基础。北京、广东、江苏、山东分别承办了近几届全运会，群众体育基础设施投入明显优于其他省份。例如，上海市在开展群众体育方面，以全力打造完善并具有示范性的全民健身服务体系，全民健身活动的开展领先其他省份，并于 2005 年出版发行了全国首部体育蓝皮书《上海全民健身发展报告》。全市经常性参加体育锻炼人数占全市总人数的比例从"九五"末的 40% 增加到 45%。人均期望寿命 80.29 岁，达到发达国家和地区的水平。

3. 东部地区体育产业发展概况

随着我国产业结构的调整，以服务业为主的第三产业正以前所未有的速度快速发展。在这样一个大背景下，体育资源作为社会文化资源的一个重要部分，其产业价值在这一过程中逐渐凸显出来。然而，我们必须清楚地认识到，体育在作为产业来发展时，必然会受到社会、经济等外部环境的制约和影响。如上海、北京和天津 3 市的经济效益均高于东部地区其他省份的效益水平，效益优势明显；广东、浙江、江苏、福建 4 省属第二层次；山东、河北和海南 3 省水平较低。这个结果表明：在人均 GDP、人均地方财政收入、固定资产交付使用率三项指标的综合考察方面，京津地区、长江三角洲地区在体育产业方面有着明显的区位优势。

4. 东部地区体育文化概况

东部地区地域辽阔，历史文化悠久，其中具代表性的有燕赵文化、胡同文化、齐鲁文化、江南文化、崧泽文化、岭南文化等。

燕赵区域也具有独特的文化特征，这就是慷慨悲歌、豪气任侠。燕赵地区的人们擅长骑射，惯见刀兵，平时喜爱斗鸡、走犬、蹴鞠等活动。胡同文化影响了北京人的生活。北京人喜爱杀棋、聚酒、会鸟等活动①。齐鲁文化与齐鲁地区的民间体育项目相染成风，产生了蹴鞠等具有齐鲁特色的体育项目，并深深地影响了我国的节日风俗。在崧泽文化影响下的上海，民间与岁时风俗相关的体育活动很多。始于五代华亭地区（今松江）的滚灯又称箧球、竹编球，初为箧匠活动腰腿的健身竹球，明代成为迎神赛会的竞技比赛项目，清代进一步发展出双狮戏球等表演，由舞狮人和勇士球上球下边滚边跳边舞，称跳滚灯。广东和福建的民族传统体育深深扎根于岭南文化之中，龙舟、舞狮、武术是岭南民族传统体育的杰出代表。龙舟是岭南最具本土民族传统特色的文化体育活动，赛龙舟有着丰富的文化内涵和岭南特色。舞狮也是岭南地区具有鲜明地方特色的体育文化活动。舞狮在岭南地区称为醒狮，在岭南文化中，醒狮被认为有驱邪、镇宅、降妖之功效，显示如意吉祥之兆。武术是岭南体育文化的另一重要组成部分，其突出代表是南拳。宋代福建设立了武学，民众练拳习武之风日盛，福建因而成为南拳的发祥地之一。到了明清时期，福建武术有了新的发展，开始形成流派和门派，"太祖"、"连城"、"龙尊"、"虎尊"、"五祖"、"白鹤"、"地术犬法"等主要拳种，逐渐形成了各自的独特风格。

东部地区举办了第11届全运会、第29届夏季奥运会，还有一些其他重大国际体育赛事，这对于东部地区的体育文化发展具有重大意义。东部地区大多是沿海地区，对于我国发展海洋文化具有巨大的推动作用。

二　东部体育发展战略研究与评述

（一）引言

我国东部地区以沿海城市为主要地理特征，区域体育受东部地区经济优先发展的良好区位经济条件的影响。以广东省的珠江三角洲、两省一市为龙头的长江三角洲，以及京津冀城市群体育发展已经占据我国体育发展的领军地位。东部10省市中有9省市排在第十届全运会金牌榜前10名以内，第十一届全运会上，山东、江苏分别占据了金牌榜的第1和第3名，总分榜上山东、广东、江苏占据了前3名。广东、山东、江苏、上海、北

---

① 袁树平：《发扬燕赵文化优良传统　提升河北文化统战软实力》，载《广西社会主义学院学报》2010年第4期。

京在 2010 年第十六届亚运会上也具有金牌总数的优势。总体而言，我国东部竞技体育整体实力突出，在体育资金投入、人才培养、政策制定等方面均具有领先优势。东部群众体育受区位经济以及竞技体育发展的影响，在群众体育设施投入、服务体系建设、活动开展、人文环境等方面也具有领先优势，群众体育开展得较有成效。东部体育产业在良好的区位环境下，部分省份在体育旅游业、体育商品制造业上已经形成了国内优势，"长三角"在体育产品制造业上已经形成了区域资源整合的优势。

我国东部地区区域体育发展战略研究也具有很强的地域领先意识，在我国区域体育发展研究中具有很好的示范效应。体育发展战略研究，以"珠三角"、"长三角"的大区域体育发展研究以及各省份、直辖市的区域体育发展研究为主要对象，研究范围主要包括竞技体育、群众体育和体育产业三个方面的研究以及三个方面的统筹研究。其中尤以"珠三角"与"长三角"地区各省份的体育战略研究成果较多。区域竞技体育战略研究，主要围绕竞技夺标（金牌工程）、人才培养、体育强省等，从宏观理论层面探讨可持续发展的战略目标。区域群众体育战略研究，主要围绕方针政策、资源配置、人文环境以及群众体育活动开展等，进行具有理论指导意义的战略发展研究。区域体育产业战略研究，主要围绕体育旅游、体育产品、区域资源开发、体育服务业等，结合市场化环境进行宏观指导研究。

综上所述，这些研究集中体现了各省域、区域的经济和社会发展，紧密结合了各自的优势和特色，在提出总体体育发展战略的同时，指出了各自发展的走向及目标。这些研究，无疑对我国体育事业的发展在战略的高度给予了理论支持，同时对区域体育的发展谋划起到了一定的指导作用。

（二）东部区域体育发展战略研究文献总览

1. 战略研究成果发表的时间段

20 世纪 80 年代，随着我国发展战略研究的兴起，体育发展战略研究逐步被纳入各级政府以及体育部门制定发展规划的重要工作内容中。1984 年，原国家体委成立了体育发展战略研究会，以后几乎每年召开一次全国性的会议。体育发展战略研究会的召开，应该说是开启了我国体育战略研究的一扇门，使体育战略研究成为政府部门、专家学者等体育界人士探究我国体育事业发展规律、规划前景、寻找对策的研究，是具有宏观性和前瞻性的研究领域。

从有关我国体育战略研究成果的文献资料的形成时间上看，大体可以分为三个时间段，即 20 世纪 80 年代、20 世纪末和 21 世纪第一个 10 年。20 世纪 80 年代，有关体育战略的研究成果屈指可数。如陈安槐《上海高校体育发展战略之管见》（1987），刘绍曾、曲宗湖《中国学校体育发展战略》（1989），以及林志毅、成凤仙《体育的分化与我国的体育战略》（1989）等几篇文章，其中有 1 篇属东部地区。

20 世纪末，体育战略研究逐渐得到广泛关注，呈发展趋势。21 世纪第一个 10 年，有关体育战略的研究呈快速增长的趋势，成果颇多。有关东部地区的体育战略研究有：金国祥《对于建设长江三角洲体育圈的战略构想》（2003）、王广茂《建设体育强省与区域体育协调发展战略的理论思考——广东省体育现状与发展展望》（2005）等。

2. 战略研究的领域与重点

战略研究的内容可以概略地划分为：竞技体育、体育产业、群众体育、学校体育。详细地划分为：竞技体育战略研究，又包括竞技体育可持续发展战略、体育强国战略、体育强省战略、金牌战略、体育人才战略，以及竞技体育与群众体育两个战略的协调发展研究等；体育产业的战略研究，又包括产业结构、产品品牌、体育旅游、休闲体育等几个方面；而群众体育战略研究，基本上集中在全民健身中的体育设施、服务体系、体育活动等综合性研究；学校体育的战略研究包括学校体育发展、体育人才培养、学生体育素养等几个方面。

研究成果的重点和数量，都集中在竞技体育与体育产业两个方面，而群众体育战略研究更多体现在政府部门体育事业发展整体规划中。如各省市区的体育事业发展"十一五"规划、"十二五"规划中，对群众体育事业的发展都有战略性规划。通过查阅我国体育软科学研究汇编、中文期刊网等收集的文献资料表明，我国学者更多地关注竞技体育、体育产业的发展，竞技体育与群众体育协调发展以及体育事业整体发展的研究。

3. 战略研究理论应用

从查阅的文献中可以看出，目前运用区域发展理论研究东部体育发展战略的，涉及社会学、哲学、经济学、管理学等方面。但主要集中在圈层理论、城市群理论、增长极理论、点轴理论，对于区域发展其他理论的运用还没有过多地涉及。

4. 省份与跨省份研究

东部地区关于体育战略的研究，文献资料表明，一是上海、广州、江苏、浙江这几个最先受惠于我国经济优先发展的地域，体育战略的研究也具有领先地位。二是跨省份的研究成果明显优于以省域为主的战略研究，其中"长三角"、"珠三角"的体育战略研究已经涉及体育事业的各个领域。京津冀城市群体育战略研究也已开始起步。三是以整个东部先行战略为背景进行的战略研究较少。

（三）东部区域体育发展战略研究主要成果与评述

1. 关于一般体育发展战略研究

在查阅的东部地区相关体育文献中，对于现状和对策研究的文章较多，对于竞技体育的研究主要涉及竞技体育后备人才、传统项目学校、竞技体育成绩、竞技体育表演，还有部分学者对竞技体育优势项目、竞技体育无形资产、竞技体育的资源配置、竞赛体制、业余体校等方面进行研究。东部地区群众体育研究的内容，主要包括群众体育资源、群众体育发展战略、全民健身服务体系、体育人口、全民健身活动开展现状、全民健身广场、农村体育现状等方面的研究。东部地区体育产业的现状对策研究，主要集中于体育产业集群发展的要素、体育产业一体化发展和体育旅游资源整合发展等方面的研究。

2. 理论应用成果评述

理论的成功运用，对问题的发现和解决都有事半功倍的效果。目前对于东部体育发展战略的研究，研究者都逐渐意识到理论的重要性，并借鉴了许多其他学科的理论来弥补体育发展战略理论的缺陷，本文将介绍经济发展战略学中的几个主要理论在体育发展战略的应用成果。

（1）圈层理论、城市群理论的成果

国内学者也对"长三角体育圈"、"环太湖体育旅游"、"环京津体育旅游"、"济南省会城市群旅游圈"等体育旅游城市圈的构建进行了研究。丛湖平等人《东部省份可以同时形成三个体育产业资源》的"集化区"，即以北京为中心的"京—津"区带；以上海为中心的"沪—江—浙"三角区；以广州为中心的"穗—深—珠"三角区。孙班军等人在《构建"环京津体育旅游圈"的战略构想》中，充分考虑了京津与各地区的交通距离及各地区的体育旅游资源分布情况，提出了包括"一个核心和三个环"的体育旅游圈。郭修金在《构建长三角都市休闲体育圈的战略设想》中，提出以上海为中心，15 个城市全都坐落在 300 千米的半径之内的长三角区，建立"宁—沪—杭"城市休闲景观体育群、"苏州—无锡—湖州"环太湖休闲体育圈、"舟山—宁波—台州"滨海休闲体育带等。王爱丰等人认为应沿长江建立沿江各市的全民健身中心、环太湖体育圈、环玄武湖体育圈、苏州运河公园等公共健身设施。①

（2）增长极理论的成果

运用增长极理论研究东部体育的文章较少，从研究内容上看，主要是集中在体育产业和体育旅游方面。体育产业具有代表性的是童莹娟、丛湖平在《我国东部地区体育产业发展的社会经济"外环境"区位比较优势及发展方式的选择》中，把增长极理论应用于京津地区、珠江三角洲地区、长江三角洲地区体育产业的发展。蔡宝家（2007）运用增长极理论分析了区域体育产业发展，并且认为，东部三大经济圈休闲体育产业的发展，应形成"一核多极"的发展模式，即以"北京为核心，辅以天津、沈阳"为"增长极"辐射整个环渤海经济圈；以"沪为核心，辅以苏州、杭州"为"增长极"辐射整个"长三角"经济圈；以"广州为核心，辅以深圳、珠海"为"增长极"辐射粤其他地区和琼、闽的格局，最后实现整个东部地区休闲体育产业的共同发展。② 张世威《打造区域中心城市体育产业"增长极"》（2010），符合当前我国体育产业发展的理论与现实选择，建议国家和地方政府，根据合理布局、主次相递的原则确立优先发展城市，并给予一定的政策扶持；根据《2008年中国城市竞争力报告》，国家可以把北京、上海等具有全国及国际影响力的城市作为发展的第一层次。增长极理论运用到体育旅游业，邢亮（2008）认为，增长极理论对体育旅游开发具有重要意义，提出在区域体育旅游开发中，首先要培育山东旅游发展的增长极，可以是体育旅游中心城市，也可以是高等级的体育旅游产品，通过对增长极的培育，可

① 王爱丰、王正伦、王进：《长江三角洲体育产业圈的功能及示范性发展领域》，载《体育文化导刊》2005 年第 1 期。

② 蔡宝家：《区域休闲体育产业发展研究》，2008 年，中国知网（http://www.cnki.net/KCMS/detail/detail）。

以带动整个山东区域体育旅游的发展①。

（3）"点—轴"理论的成果

"点"是指一定地域范围内的各级中心城市。"轴线"是指连接各点的现状基础设施束，可以是流域、海岸线等自然轴，也可以是交通线、通信线、能源供给线等人文轴。② 康志辉指出，体育产业中的体育竞赛表演业，作为现代区域经济发展和体育事业发展的一种重要产业，也基本遵循区域发展的"点—轴"渐进扩散规律。并根据浙江现状，制定出以宁波、杭州为中心的八条轴线。李建国、卢耿华的"体育生活圈研究"认为，在上海要切实推行"人人运动计划"，创造良好的体育生活环境，体现政府提出的"亲民、便民、利民"的指导思想，提高市民体育生活质量，有必要从城市生活的角度入手，按照城市的生活圈模式来进行体育设施的建设布局。卢耿华对上海市民平时、周末、节假日参与体育活动和体育活动地点离家距离进行了调查，证实都市市民体育生活的时间地理学特征，并提出都市体育生活圈应根据城市生活圈特点进行配置，并在此基础上，运用日常生活圈体育设施形态功能布局模式，对上海的体育生活圈进行了初步布局规划。研究成果被上海城市规划采纳运用。孙班军等人在构建"环京津体育旅游圈"的战略构想中，充分考虑了京津与各地区的交通距离及各地区的体育旅游资源分布情况，提出了包括"一个核心和三个环"的体育旅游圈。王玉扩分析了秦皇岛体育产业发展的条件和优势，提出适合秦皇岛现阶段体育产业发展的点—轴发展模式，点为三个城区，重点是海港区，其次是北戴河区、山海关区。轴为一带，即南戴河、黄金海岸沿海带。

综上所述，目前运用区域发展理论研究东部体育主要集中在圈层理论、城市群理论、增长极理论、点—轴理论，对于区域发展其他理论的运用还没有过多地涉及，不具有代表性。但就上述有代表性的研究而言，也只是对区域发展理论的简单移植套用，没有进行更深层次的研究发掘。

---

① 邢亮：《山东省体育旅游空间结构分析及布局模式研究》，2008 年，中国知网（http：//www.cnki.net/KCMS/detail/detail）。

② 谭啸：《中国城市群发展的区域比较分析》，2012 年，中国知网（http：//www.cnki.net/KCMS/detail/detail）。

3. 主要领域成果

（1）竞技体育发展战略研究主要成果

在我国竞技体育举国体制、奥运战略等宏观思想的影响下，我国学者对东部诸省市区域竞技体育发展战略进行了较为广泛的研究，从研究内容上来看，大多集中在缩小地区间差距、协调发展体育事业，竞技体育"金牌工程"战略和体育强省战略的研究上。

首先，关于缩小地区间差距、协调发展体育事业，主要代表成果如下。张继忠（2004）认为，在未来10年，山东应充分发挥竞技体育为经济建设和社会服务的多元功能与作用，努力缩小与广东、上海、辽宁的差距，争取全面提高竞技体育的整体水平，努力进入竞技体育强省的行列，使竞技体育运动成绩中科技、教育含量有显著增加，使运动项目和运动队结构更趋合理，通过发展竞技体育，进一步推动群众体育的广泛普及，初步形成适应社会主义市场经济体制的竞技体育管理体制与管理机制①。王永盛等（2009）对山东省竞技体育的现状与发展态势、项目的设置和布局、人力资源结构等进行了评析，并与广东、江苏、辽宁、上海、北京5省（市）的竞技体育发展进行了比较研究，分析了制约山东竞技体育可持续发展的瓶颈，探讨、制定未来发展战略以及实现发展目标的主要途径和实施对策。② 虏重干等的《"长三角体育圈"竞技体育现状及发展对策》（2004）、丁燕华的《对"长三角体育圈"竞技体育后备人才培养的研究》（2006），以多个城市联动的体育圈理论对长三角竞技体育发展进行了研究。汪广茂的《建设体育强省与区域体育协调发展战略的理论思考——广东省体育现状与发展展望》（2005），翁家银、韩新君的《区域经济发展水平对我国竞技体育可持续发展的影响及对策》（2006）等分别在其研究内容中对东部地区做出了协调发展的战略构想。

其次，关于竞技体育"金牌工程"战略研究的主要代表成果董良田的《争创广东体育跨世纪发展新优势》和刘江南的《"十一五"广州体育的改革与发展》等文章从奥运争光计划实施对珠江三角洲地区尤其是广

---

① 张继忠：《山东省竞技体育发展现状及2010年发展战略目标、对策研究》，载《第七届全国体育科学大会论文摘要汇编（一）》2004年10月。

② 王永盛、潘耀滨、王超等：《山东省竞技体育可持续发展的研究》，载《中国体育科技》2009年1月10日。

东省竞技体育发展的影响，提出了增创竞技体育发展新优势的基本战略思
路。陈培德的《浙江省体育发展现状与对策研究》、姚颂平的《上海体育
发展战略研究》和吴亚能的《加快宁波体育发展，推进体育强市建设》
等文章，从上海、江苏、浙江地区竞技体育目前发展现状、整体战略发展
方向等视角出发，提出实施"金牌工程"，带动竞技体育发展的战略
措施。

　　最后，关于体育强省战略的研究主要代表成果。上海市体育局局长于
晨（2008）认为，上海体育可持续发展的战略思路要以科学发展观为指
导，以北京奥运会和上海世博会为契机，从深化改革、拓展领域、培育主
体三个方面整体推进；竞技体育、群众体育、体育产业三大板块相互联
动，加快建设国际体育知名城市。上海体育可持续发展的战略目标，要以
《上海体育发展"十一五"规划》明确提出把上海建设成为"国际体育知
名城市"为目标。河北省体育局局长聂瑞平认为，河北省要力争在北京
奥运会上取得更加优异的成绩，而且要以此为契机，大力做好各项工作，
开创河北体育事业新局面。并且从不断解放思想创新体育工作理念，提高
竞技体育实力确保竞技体育上水平，开展全民健身运动构建和谐体育三个
方面进行阐述。该篇文章比较全面地以竞技体育、群众体育介绍了河北体
育事业的理念、预期达到的目标，对于整体把握河北省体育发展具有很好
的理论借鉴意义。山东省体育局局长张洪涛（2010）认为，第十届全运
会后，结合山东省实际，制定了竞技体育战略性升级的总体规划，着力打
造具有国际、国内竞争力的项目群。"十一运"期间新建的上百个竞赛场
馆、17个市全民健身中心、1400多个城乡各类健身工程，都充分发挥了
作用，有力促进了体育人口增长。职工体育空前活跃，机关、学校、企业
各类运动会竞相举办。广东省副省长林木声（2009）指出，今后一段时
间，广东体育工作要紧紧围绕四个重点来开展：一要积极配合《珠江三
角洲地区改革发展规划纲要》的实施，积极推进体育强省建设；二要认
真打好2009全运、2010亚运和2012奥运三大战役，不断提高竞技体育
工作水平；三要精心办好2010年亚运会和2011年世界大学生运动会，提
升举办大型运动会和体育国际交流水平；四要以促进经济平稳较快发展为
中心，发展壮大体育产业。

　　综上所述，目前关于东部竞技体育发展战略的研究已经受到越来越多

学者的关注，研究都能切实结合各区域竞技体育发展的特点提出战略目标和对策。我们可以看到，各区域竞技体育的发展也具有区域特点。例如，珠江三角洲地区以创新思想观念，发挥经济优势吸引优秀竞技体育人才等战略促进竞技体育发展；长江三角洲地区实施"金牌带动"战略，以2008年奥运会为契机，全面提升区域竞技体育水平。就研究内容来看，大多数都仅局限于东部各省市、城市群进行研究，对东部地区竞技体育整体进行研究还没有过多地涉及。

（2）群众体育发展战略研究主要成果

在我国《全民健身计划》以及竞技体育与群众体育协调发展政策方针指导下，许多学者开始关注群众体育这一问题，并对群众体育发展进行了战略性的研究。研究内容主要包括群众体育现状与对策、打造精品体育圈、加快群众体育社会化协调发展等内容。

首先，关于群众体育现状与对策的研究主要代表有，董杰和张永军（2006）通过对山东省开展大众体育的人、财、物等资源配置情况进行调查与分析，认为山东省大众体育工作发展态势良好，社会体育指导员人力资源配置率高于全国平均水平；经济投入稳中有升，侧重社会效益；场地设施不足，低于全国人均水平，与体育大省称谓不符。提出政府应加强大众体育资源的投资力度，尽快完善具有社会化、人性化特征的全民健身体系，加速山东体育强省的建设步伐的建议。魏淑波（2007）经过认真调研，并借鉴发达国家的经验，在深入总结山东省群众体育取得成绩、客观分析山东省群众体育事业发展存在的突出问题基础上，对山东省群众体育发展战略提出了系统的发展思路与对策：一是要树立正确的政绩观，处理好群众体育和竞技体育协调发展的关系；二是群众体育的发展既要有宏观性又要有微观性，要具有可操作性和量化的要求，还要突出山东特色；三是要抓好健身与休闲、体育与文化、政府主导与市场运作三个结合，实现群众体育和其他社会事业和谐发展；四是要抓好构建新型小康体育管理体制、加强体育法规体系建设、加强体育设施建设、增强全民健身意识、推进科学指导体系建设和积极发展健康服务业六个"关键"，实现群众体育的系统发展①。杨酒军的《小康社会的广东群众体育工作模式研究》、刘江南的《五管齐下，求真务实——广州群众体育发展思路》和《"十一五"广州体育的改革与发展》等文章，从群众体育指导思想和总体目标方面对我国珠江三角洲的广州群众体育意识、群众体育组织、群众体育设施等提出了发展战略。而金国祥的《试论大众体育与和谐社会的融合——上海深入发展全民健身的探索与思考》、唐宏贵的《武汉市社区体育现状调查与可持续发展对策研究》和吴亚能的《加快宁波体育发展推进体育强市建设》等文章，从全民健身计划的实施对我国长江三角洲地区提出了群众体育发展战略目标。

其次，关于打造精品体育圈的研究主要有，珠江三角洲地区打造具有广东特色的全民健身精品，以精品推普及，以精品促提高，以精品促发展；长江三角洲地区以构建完善的全民健身服务保障体系为主；浙江省体育局两次成功组织江、浙、沪三地"长三角体育圈"全民健身大联动，以建设环太湖体育圈、沿江体育带等体育健身品牌。一方面"抓普及"，引导群众多从事地方特色的群众健身活动；另一方面"创精品"，在南京市着力打造"元旦健身长跑"和"9·29世界步行日"两大群体活动品牌，每年吸引近百万人积极参与，成为南京的"品牌活动"。

最后，关于加快群众体育社会化协调发展主要代表有，苏振国（1988）认为实现福建体育腾飞的主要对策是推进体育社会化，广泛开展群众性体育活动；大力发展学校体育，加强学校业余体育训练的指导；树立奥运会战略目标，制定省的发展战略；切实抓好科研工作，促进体育腾飞；实行目标管理，以最佳的管理功效达到预定目标。② 北京市体育局局长孙康林认为，北京体育今后发展的七个目标：一是健身要成为人们日常生活的重要组成部分，成为衣食住行后的第五大生活要素，基本形成全民健身服务体系；二是竞技体育水平要继续位居全国前列，并增强国际竞争力及影响力；三是增大体育产业规模，结构合理，效益良好；四是重大品牌赛事连续不断，赛事之都初具雏形，国际影响力日益增强；五是公共体

---

① 魏淑波：《全面建设小康社会中山东省群众体育发展战略研究》，2007年，中国知网（http：//www. cnki. net/KCMS/detail/detail）。

② 苏振国：《实现福建体育腾飞的战略构想——2000年福建的体育初探》，载《福建体育科技》1988年第4期。

育场馆设施建设的管理、利用进一步标准化、国际化；六是不断完善体育立法，日益优化体育发展环境；七是不断提高体育工作者队伍的素质，为可持续发展提供保证。岳君等（2006）认为，具有区域优势的广西应主动接受广东发展大众体育先进经验的辐射；近期，广西发展大众体育应以城镇为重点，走低消费、重实效的道路；发展全民健身要科学引导人们的消费结构；根据本区域的文化传统特征制定发展大众体育的地方性方略。① 这对我国欠发达地区开展全民健身具有借鉴意义。

综上所述，目前学者已经对东部群众体育进行了战略性的研究，研究中运用到区域发展理论中的城市群理论、协调发展理论。但对于区域发展的其他理论还没有过多地涉及，大多研究对象也仅是东部的城市群和各省市的研究。本研究认为，如果运用区域发展理论与东部地区实证进行结合研究，提出符合目前东部地区群众体育的发展战略，对于东部其他地区将具有理论和实践意义的指导作用。

（3）体育产业发展战略研究主要成果

改革开放以来，我国东部地区凭借自身在劳动力、资本原始积累、人才和制度等方面的区位优势，使制造业得到迅速发展；与此同时，由于东部地区市场化改革较早，市场资源配置效率较高，进一步吸引中西部地区的各种要素资源流向东部地区，进而推动东部沿海地区制造业的迅猛发展。东部地区各省份充分利用制造业迅猛发展带来的产业集聚效应，大力发展体育用品制造业。加之东部地区区域资源禀赋较相似，经济发展水平相近，因而东部地区体育产业发展具有一定的趋同性。国内学者对区域体育产业发展战略的研究起步较晚，但是研究成果却较为突出。

目前关于东部体育产业发展战略的研究，主要是在各东部城市群背景下进行的。主要研究代表有：针对珠江三角洲城市圈的体育产业发展的原则和战略目标进行了研究，如鲍明晓等人的《我国"十一五"体育产业发展规划研究》、李江帆的《我国体育产业在国民经济发展中的地位和作用研究》和马继龙等人的《我国体育产业化发展战略研究》，为体育产业的发展提出了相应建议。鲍明晓等人的《我国"十一五"体育产业发展

① 岳君、唐萍、李群跃：《现阶段我国两广地区发展大众体育的社会、经济背景的比较分析》，载《贵州体育科技》2006 年 12 月 30 日。

规划研究》和马继龙等人的《我国体育产业化发展战略研究》，对长江三角洲城市圈体育产业化发展的战略途径和战略措施进行了深入的研究。李荣日等人的《我国体育产业发展方案研究》和俞琳的《我国三大都市圈区域体育产业发展环境论——以上海市为个案分析体育产业发展环境影响因素》，均以上海为例，对上海地区的体育产业的消费情况进行了实证调查，验证了环境因素对体育产业的影响作用。李江帆的《我国体育产业在国民经济发展中的地位和作用研究》以广东省为例，从投入—产出的角度对体育产业在区域经济中的地位和作用进行了分析，并为发展我国体育产业提出了政策取向。马继龙等人的《我国体育产业化发展战略研究》，提出了以长江三角洲地区的部分高校为先导的体育产业化发展战略路径。其他研究还有《对于构建长江三角洲体育圈的战略构想》（金国祥，2003）、《构建长三角都市休闲体育圈的战略设想》（郭修金、卫志强，2009）、《长江三角洲主要城市休闲体育发展现状及对策研究》（刘瑾，2009）、《对长江三角洲体育休闲市场一体化及协同发展的研究》（程慎玲，2010）、《珠江三角洲居民体育消费的阶层分析》（陈华、王进，2007）、《珠江三角洲地区城镇居民休闲体育消费现状的研究》（吴建逊、郭子坚，2008）、《珠江三角洲城镇居民休闲体育活动的特征》（徐佶、许宗祥，2008）、《珠江三角洲地区经济发展状况与居民体育价值观特征的互动关系》（黄晓华、许慧玲、古雅芬，2004）等。郭修金在构建"长三角"都市休闲体育圈的战略设想中，提出在以上海为中心，15 个城市全都坐落在 300 千米的半径之内的"长三角"区建立"宁—沪—杭"城市休闲景观体育群、"苏州—无锡—湖州"环太湖休闲体育圈、"舟山—宁波—台州"滨海休闲体育带等。类似的研究还有《论金融危机背景下长三角地区体育产业发展的对策》（陈建东，2009）、《长江三角洲地区体育产业发展及人才培养的研究》（罗建萍，2008）、《长三角地区体育产业发展的要素比较研究》（罗建英、丛湖平，2005）、《长三角地区体育产业一体化发展研究》（丛湖平、唐小波，2004）、《珠江三角洲地区承接国际体育产业转移的可行性研究》（程萍、孙雷鸣，2006）、《长三角地区体育用品产业集群的现状与发展优势研究》（陈建东，2009）、《长三角地区体育用品产业集群的现状与发展优势研究》（华珇，2008）、《长三角地区体育用品产业集群的现状与发展的优势分析》（徐建国，2008）等。

（4）存在的主要问题

从查阅到的文献可以看出，目前学术界对东部体育的研究成果较多，主要是对于实证方面的研究，就运用区域发展理论来解释东部体育的问题还没有过多地涉及，缺乏系统深入的理论研究和模式构建。对于东部地区体育的研究，也仅仅是从部分省市和城市群的背景下进行研究，对于整个东部地区体育整体上的研究很少。

（四）小结

1. 对文献研究总体上总结

综上所述，国内许多学者从东部区域竞技体育、群众体育、体育产业三个方面或分别或整合地进行了具有规划性、指导性、经验总结性和探索性的战略研究。在区域体育研究中，由省域到省际间跨区域研究、省市区各自为战的战略研究发展为城市圈、跨省份的战略研究。但是在区域体育战略研究方法、论述依据、评价标准、目标体系等方面没有统一的衡量标准和指标体系，显得零散、无序，缺少必要的理论依据和衡量指标，因而部分研究成果的实用价值和实践操作性不强，许多研究还处于较低的水平。

2. 主要研究成果总结

东部地区是我国经济发展最好的地区，同时也是我国城市群发展最成熟的地区。通过文献可以看出，东部地区竞技体育、群众体育、体育产业的很多研究都是在城市群的背景下进行的，东部也是目前运用城市群理论对体育进行研究成果最多的地区。除了对城市群理论的运用，东部地区部分研究内容也涉及了区域发展理论中的非均衡理论、区域协调发展理论、增长极理论和点轴发展理论等。这些研究对于本研究运用区域发展理论为东部地区制定发展战略具有重要的指导意义。

第二节　西部区域体育发展战略综述

一　我国西部区域基本情况

（一）西部大开发区域战略背景

西部地区包括 12 个省市区，即西南 5 省市区（四川、云南、贵州、西藏、重庆）、西北 5 省区（陕西、甘肃、青海、新疆、宁夏）、内蒙古和广西。西部地区自然资源丰富，市场潜力大，战略位置重要。但由于自然、历史、社会等原因，西部地区经济发展相对落后，人均国内生产总值仅相当于全国平均水平的60%左右，不到东部地区平均水平的40%，东西部地区发展差距的过分扩大，已成为一个长期困扰中国经济和社会健康发展的全局性问题。支持西部地区开发建设，实现东西部地区协调发展，成为我们党领导经济工作的一条重要方针，也是我国现代化建设中的一项重要的战略任务。①

2000年1月，国务院西部地区开发领导小组召开西部地区开发会议，研究加快西部地区发展的基本思路和战略任务，部署实施西部大开发的重点工作。同年10月，中共十五届五中全会通过的《中共中央关于制定国民经济和社会发展第十个五年计划的建议》，把实施西部大开发、促进地区协调发展作为一项战略任务。2001年3月，全国第九届人大四次会议通过的《中华人民共和国国民经济和社会发展第十个五年计划纲要》，对实施西部大开发战略再次进行了具体部署。2006年12月8日，国务院常务会议审议并原则通过了《西部大开发"十一五"规划》。②

西部大开发总体规划可按50年划分为三个阶段，即奠定基础阶段、加速发展阶段和全面推进现代化阶段。它的主要任务是：21世纪头10年力争使西部地区基础设施和生态环境建设取得突破性进展，特色经济和优势产业有较大发展，重点地带开发步伐明显加快，科技教育和卫生、文化等社会事业明显加强，改革开放出现新局面，人民生活进一步改善，为实施西部大开发战略奠定坚实的基础。当前和今后一段时期，是西部地区深化改革、扩大开放、加快发展的重要战略机遇期。要重点抓好基础设施和生态环境建设；积极发展有特色的优势产业，推进重点地带开发；发展科技教育，培育和用好各类人才；国家要在投资项目、税收政策和财政转移支付等方面加大对西部地区的支持，逐步建立长期稳定的西部开发资金渠道；着力改善投资环境，引导外资和国内资本参与西部开发；西部地区要进一步解放思想，增强自我发展能力，在改革开放中走出一条加快发展的

---

① 百度百科：《西部大开发》，百度网（http：//baike. baidu. com/view/13834. html? fromtaglist）。

② 同上。

新路。①

（二）西部地区基本环境

西部地区的人口总数 2006 年末约为 36157.2 万人，占全国总人口的 28% 左右。在漫长的历史中，西部地区相继建立了一系列邦国性质的地方政权或酋长性质的土司政权，如西夏、吐谷浑、大理、"西域三十六国"等，它们在政治、经济、文化等方面有明显的特殊性，在创造自己历史的同时，形成了众多的民族。②

目前除汉族以外，西部地区有 44 个少数民族，少数民族人口占全国少数民族人口的 75% 左右，是中国少数民族分布最集中的地区。这一特点决定了西部与众不同的民俗民风，也造就了多姿多彩的民族文化。几千年来，经过不断地迁徙、分化、融合、发展，作为独立的族群，许多原生民族虽然已经消失了，但我们从今天众多的少数民族以及汉族中还可以发现它们的身影，这些民族大多在发展和形成过程中与其他民族融合，并造就了各自不同的文化。

从地域和文化个性上看，它至少可以划分为以黄河流域为中心的黄土高原文化圈，西北地区的伊斯兰文化圈，北方草原文化圈，天山南北为核心的西域文化圈，青藏高原为主体的藏文化圈，长江三峡流域和四川盆地连为一体的巴蜀文化圈，云贵高原及向东延伸的滇黔文化圈等。这些文化圈具有各自相对明显的个性或风格。这种多样性的文化形态与各个民族的生活方式、观念、习俗、宗教、艺术以及悠久历史、生存环境紧密相联，形成一种广义的文化集合体。③

（三）西部地区体育总体情况

1. 西部地区竞技体育发展概况

西部地区的整体竞技水平，在全国不论是从全运会、奥运会所取得的运动成绩，还是各项运动的运动员后备人才来看，都处于落后状态。

对历届全运会奖牌进行分析，西部地区竞技体育水平从整体上看可分为 3 个集团：四川省的竞技体育水平处于西部地区"领头羊"的位置，

---

① 百度百科：《西部大开发》，百度网（http：//baike. baidu. com/view/13834. html? fromtaglist）。

② 百度百科：《西部文化》，百度网（http：//baike. baidu. com）。

③ 同上。

四川省在第八、九、十、十一届全运会上分别位居全国第 11、13、14、12 位，与西部地区其他 11 个省市相比名列前茅，一枝独秀。陕西省在第九、十一届全运会上成绩位居全国第 17、18 位，紧随其后，形成西部地区竞技体育的第一集团。甘肃、广西、内蒙古、贵州、重庆、云南、新疆等省市区形成西部地区竞技体育的第二集团。这些省份在历届全运会的最好排名分居 21—30 名。西藏、青海、宁夏 3 省区形成西部地区竞技体育的第 3 集团。这三省市在第八、九、十、十一届全运会上金、银、铜牌总数均位居 30 名以外，始终没有突破 30 名大关。由上述分析可以看出，西部地区的竞技体育，四川省处于全国的中上游水平，陕西省紧随其后，而广西、内蒙古、贵州、云南 4 省区位于全国中下游水平，重庆、新疆、甘肃、西藏、青海、宁夏 6 省市区位居全国倒数水平。

2. 西部地区群众体育发展概况

经过几十年，尤其是实施《全民健身计划纲要》10 年来的努力探索，西部地区正在走出一条有地域特色的发展群众体育之路，正在形成社会体育蓬勃发展、特色鲜明的新局面。

大众健身体育设施不断增加。例如，陕西省以新建大型奥林匹克体育中心和改造体育场馆为重点，新建场馆 28 个，四川省体育场馆总数由 2000 年底的 35127 个增加到 2005 年底的 45000 多个。广西省已重点建设全民健身、竞技体育、体育产业、体育对外交流合作和公共体育设施为主要内容的五大工程 89 项，内蒙古实施"草原万里健身工程"，为 678 个行政村建设农牧民体育健身场地和在 20 个苏木乡镇建设老年人体育设施。重庆市推进"全民健身登山步道工程"，试点建设了 10 条登山步道，根据计划，到 2010 年全市完成 30 条登山步道工程建设。甘肃省已完成国家体育总局援建的 6 个"雪炭工程"和 2 个"民康工程"建设任务等。

西部地区各省市区坚持每年举办"全民健身周"，广泛开展青少年儿童、农民、职工、老年人以及妇女 5 种人群健身活动；均成立了社会体育指导中心，培训、组织了一支社会体育指导员队伍，其中四川省在"十五"期间就培养了近 2 万名社会体育指导员；建设各类体育社会团体；成功举办了各省省运会、少数民族、残疾人等全民健身运动会；各省市区根据本省实际情况和自身条件，创建国家、省市区级青少年户外活动营地，青少年俱乐部，体育传统项目学校，高水平后备人才基地；各省市区中，常年参加体育锻炼的人口逐年增多，重庆市已达到总人口数的38%，西部12省市区平均已超过30%。

各地在实施《全民健身计划纲要》中不断创新，形成了一批颇具特色的群众体育活动方式，如四川省打造出了乐山"假日体育"、绵阳"赛会经济"等，重庆市挖掘整理了"摆手操"等，青海省的玉珠峰登山节、甘肃省举办兰州百里黄河风情体育节、黄河三峡龙舟赛、沿长城徒步体育健身、甘南三省四区赛马大会、河西走廊汽摩越野赛、巴丹吉林沙漠穿越、祁连冰川探险、嘉峪关滑翔节等具有民族特色、群众喜闻乐见的群众体育品牌，丰富了全民健身内容。

3. 西部地区体育产业发展概况

随着西部大开发的不断深入，经济发展的不断好转，人们对生活质量的要求不断提高，尤其是对健康长寿和锻炼身体的需求旺盛，极大地促进了体育产业的发展。主要表现在体育竞赛表演、体育器材建筑、体育彩票、体育旅游的发展。

自我国改革开放以及实行体育职业化改革以来，国家承办世界高水平体育赛会逐渐增多，在我国重要城市以及东部沿海地区承办国家、国际高水平比赛的影响下，重要体育赛事的承办也呈现明显的西移态势。尤其是体育竞赛表演业在西部地区逐步走向成熟。在这一前提下，体育建筑业也成为西部地区拉动经济发展、提高就业的体育产业中的主体产业。当地政府在考虑满足竞技体育和群众体育发展需要的同时，积极投入发展体育场馆设施建设。同时西部地区成为体育器材与体育用品重点销售区域。西部12省市总人口3.67亿当中，有占总人口30%的人常年参加体育锻炼，他们也成为和形成体育器材与体育用品潜在的主要销售对象与销售市场。

体育彩票已成为西部地区体育产业发展最快的体育产业。在"十五"期间，陕西省体育彩票累计销售16亿元，为国家积累体彩公益金5.6亿元。四川省体育彩票销售总额达48亿元，为中央、省、市（州）三级筹集公益金16.2亿元。云南省体育彩票销售总额达33.04亿元，筹集体育彩票公益金11.36亿元等。

体育旅游业成为西部地区最具发展潜力的体育产业。随着西部大开发的深入进行，西部地区体育旅游也得以发展。国家旅游局曾推出过60项具有地方特色的大型体育健身游活动和12大类80个专项体育健身旅游产品和线路，其中西部地区以 43 项占据总数的 50%。目前西部 12 个省区共有开展体育旅游项目的旅行社 189 个，野营、攀岩、定向等训练场所 143 处，以体育游乐为主要经营项目的企业有 3 家。各地区体育局为开发体育旅游，拓宽体育产业开发路子进行了一些尝试，如沙漠汽车拉力赛、环青海湖国际公路自行车赛、嘉峪关滑翔飞行、酒泉—敦煌徒步（骆驼）旅游、登山旅游以及在贵州的国家级风景名胜区马岭河峡谷举行国际皮划艇漂流赛等。这些项目都取得了很大的成功。

4. 西部地区体育文化概况

西部地区是中国少数民族分布最集中的地区，由于地域广阔，民风淳朴，性格豪放，在千百年的生活中，各少数民族都形成了各自民族独特的文化。数千年来因为相对闭塞与贫穷，这些文化并没有流失或消失，而是非常完好地传承了下来，同时也保存着完好的少数民族体育文化。这些体育文化与现代体育理念相比有其独特的地方，故在当今现代社会更加珍贵与璀璨。

西部少数民族体育项目，多从各民族的生活、劳作、休闲活动中来，在广大民间诞生了壮族的跳桌、维吾尔族的赛马、土家族的耍花棍、瑶族的打猎操、苗族的芦笙舞、彝族的阿细跳月以及与人们生活密切相关的射弩、轮子秋、叼羊、姑娘追、骑毛驴等 700 多个民族传统体育项目，与之相伴的还有与体育相关的藏族的赛马会、苗族的龙舟节、侗族的赶歌等传统节日，这些都是我国西部地区所独具的民族文化和民族体育文化的瑰宝。

在改革开放，尤其是西部大开发后，西部地区连续举办"环青海湖自行车赛"、"国际热气球节"、"汽摩越野赛"、"冰川探险"、"滑翔节"等具有地域地理特点的体育赛事。这些赛事的举办，也形成了西部特有的与国际接轨的地域体育文化。此外，各大景区也纷纷利用民族传统项目比赛、节日和本民族的传统体育项目表演来吸引游客，例如，蒙古族的"那达慕"大会，广西、贵州苗族的"四月八"、"赶秋节"、"百狮会"，傣族的"泼水节"、"竹竿舞"等，这些丰富多彩的民族传统体育活动，都无疑为西部地区新添了丰富的民族竞技体育文化与体育旅游文化。但是，伴随着西部大开发，西部地区丰富的民族文化和体育文化也受到外来文化的冲击，部分文化由于挖掘力度不够或者保护不当，慢慢走向消亡，民族体育文化的保护与抢修也成为西部体育工作刻不容缓的一件大事。

二　西部体育发展战略研究与评述

（一）引言

从 20 世纪 70 年代末开始，我国根据国情发展需要，在 80 年代初提出了"奥林匹克战略"，在 80 年代中期提出了"体育社会化战略"，在 90 年代初提出了"体育市场化改革战略"。2008 年明确提出了"推动我国由体育大国向体育强国迈进"的奋斗目标。在国家实施"三大体育战略"的背景下，国内学者开始对西部地区的体育发展战略进行研究，从总体上看，研究各省单一的有关竞技体育、群众体育、体育产业的居多，内容上多以本省市区的体育现状、发展对策为主，而从时间上看，在 2004 年前后的居多。西部地区省与省之间、省与其他地区省之间的对比研究就更是凤毛麟角了，仅有几篇关于竞技体育水平的文章专门进行了对比研究。在借用其他比如经济学的增长极理论论述的，只是应用在一个省份的竞技体育中的单一体育项目上，来带动其他体育项目的发展。还有借用"钻石理论"和"点—轴经济带"理论的，无论借用或引用上述理论，只是简单地描述，没有进行更深的理论论证。把竞技体育、群众体育、体育产业当中的任何一项，综合西部地区 12 个省市区的总体战略发展进行研究，以及把竞技体育、群众体育、体育产业在内的整个西部地区体育事业的发展战略进行研究，更是寥寥无几。作为体育发展战略，只是在部分省份中的"十五"和"十一五"体育发展规划中，隐现了特定时期的体育发展战略。

在新时期实施体育强国目标下的西部体育整体发展战略研究，到目前还处于起步阶段，满足不了西部地区体育事业发展的需要。为了了解及把握西部地区各省市区体育科研情况及体育研究的深度与广度，以及为制定西部地区体育发展战略服务，科学制定实现体育强国目标下的西部地区体育发展战略提供可借鉴的理论模型，文章将西部地区各省市按竞技体育、群众体育、体育产业、有关经济学理论与体育、西部地区有关区域体育发展战略、西部经济与体育相关数据等分成六类内容进行分类检索收集，并进行分析。

（二）西部地区体育发展战略研究文献总览

通过按上述设定条件进行检索，西部地区 12 个省市区体育文献还是相当丰富的，但分布不够均衡，处于西南地区的四川、中西部的重庆、西北部的陕西的文献资料明显多于其他 9 个省份，而且内容也比较丰富。

1. 战略研究成果发表的时间段

从战略学术期刊发表的时间上看，自 2002 年以刘玲为代表的学者研究地区局部的体育事业整体发展战略开始，2008 年前后，发展战略研究达到了波峰。从国家社科基金以及国家体育总局的课题上看，早期的代表有 2005 年王君侠主持研究的《西部大开发形式下西北地区竞技体育发展战略研究》。关于西部体育发展战略的代表书籍发表较晚，主要代表是 2009 年出版的谢英的《区域体育资源研究——理论与实践》。此外，从政府政策制定上看，自 2005 年开始，西部地区各省市区体育局纷纷制定并出台"十一五"体育发展规划，并提出了保证实现目标的具体措施，为本省加快体育事业的发展提供了政策性指导文件。纵观西部体育发展战略成果的时间段可以看出，从 2002 年到 2005 年，体育发展战略的研究处于初步阶段，2005 年之后伴随着奥运会的筹办，政府政策的支持，体育发展战略的研究随之升温，2008 年奥运会的成功举办，以及国家领导人的重视，体育发展战略的相关研究掀起了热潮，也为西部地区体育的发展研究掀开了新的一页。

2. 战略研究的领域与重点

从研究文献来看，西部地区体育发展战略研究文献的领域涉及了竞技体育、群众体育、体育产业、体育资源。但其研究重点明显偏重于本省竞技体育、现状与发展对策研究，对体育产业的现状及以后的发展战略研究是文献的重头戏。例如，罗普磷、王君侠、刘玲、程钰娟等人对西部的竞技体育进行了战略规划，查大林、杨涛、曹锋华、谢英等人对体育产业进行了较为系统的战略规划。对于群众体育、体育资源方面的战略研究也并不缺乏，芦平生对西北少数民族的全民健身服务体系进行了战略理论规划，李龙军等人也对陕西的全民健身进行了探讨等。体育资源方面，代表人物有谢英、殷生宝等，他们对西部的民族体育文化资源、自然资源等都进行了分析，并从战略角度作了初步规划。

3. 战略研究理论应用

通过对研究文献的分析可以看出，经济领域中的战略制定模式逐渐进入体育领域，在一定程度上影响和指导了体育发展战略的制定。经济发展理论大致有"非均衡理论"、"点—轴理论"、"城市圈理论"、"梯度推进理论"、"协调发展理论"等。从经济学中的发展战略理论进行分析，"非均衡理论"在目前研究中是运用最为广泛的。例如，查大林的《我国西部地区区域体育产业发展重点的战略思考——以云南体育产业发展研究为例》一文，运用区域经济"增长极理论"，采用"增长极开发模式"、"经济带模式"对云南体育产业的发展进行了较有深度的论述。刘青等人也运用"非均衡理论"对四川省的竞技体育发展进行了分析。运用"点—轴理论"与"城市圈理论"的主要代表有殷生宝等人对"环青海湖民族体育圈"体育旅游资源开发的研究，钟全宏对西北地区体育产业发展规划的理论与模式探讨，白晋湘等人对西部民族体育产业的探讨。"梯度推进理论"与"协调发展理论"也有部分涉及，但多是提及，深入探讨的较少。

4. 省份与跨省份研究

将某个地区作为一个研究整体，不论是内部子部分，或者子部分之间的联系，还是整个区域的总体把握，都是缺一不可的。而从目前的研究来看，西部地区虽然现有12个省市区，但对于本省的体育研究较多，而其中对竞技体育和体育产业的研究相对较多些；从比较研究看，仅有少数竞技体育方面的论文把本省近几届的全运会奖牌数与其他部分省市区进行了对比研究，而在群众体育与体育产业方面进行比较研究的几乎没有，看不出也分析不出各省市区在群众体育和体育产业方面相互间的差距与不足；虽然有对西部地区整体体育发展的论述，但看不出西部地区体育事业的发展与其中各个省市有什么关联，缺乏有机的联系。由此看来，西部相关的体育发展战略研究还有许多缺欠之处，需要研究者继续挖掘。

（三）西部区域体育发展战略研究主要成果与评述

1. 关于体育发展战略研究

在西部地区体育文献中，对整个西部地区以及地区内各省市区的竞技体育与体育产业现状与对策的数量居多，质量也较高，但借用或引用理论的却不多见。在大部分的文章中，都是"现状—对策"、"现状—策略"的研究思路一种定式。

在竞技体育方面，大多数文献都对其竞技体育发展历程，人、财、物等客观条件进行了纵向的准确描述，对制约本省竞技体育的内部与外部因素进行分析，其中少数学者能够把本省的竞技体育实力与其他省市区的竞技体育情况进行简单的统计比较。这类文章中的共性，是提出了适合本地区竞技体育发展的探索性、可行性的建议和对策。

在群众体育方面，文献研究比较基层化，大多数以参与锻炼的人员数量与层次、观念与认知、活动方式与次数、设施与项目及消费水平等调查统计为主，部分文献能够从群众体育活动的网络组织建设与管理、指导人员的培训、经费使用等角度，阐述组织开展群众体育活动的必要性。从总体上看，不论研究的内容如何，均能够提出较为合理的、满足当时需要的科学化建议。

在体育产业方面，由于西部地区拥有比较丰富的自然旅游资源，文献中有关体育旅游产业的文章较多。大多数学者都能立足本省自然的旅游资源、基础设施，结合民族传统体育文化，论证开展体育旅游的必要性与可行性。一部分学者就本省的发展现状、体育产业结构、存在的问题与制约因素进行了较全面的分析，提出了几种体育产业发展模式以及特色发展道路等，这些对策都比较适合于当地发展建设的需要。

在一般的体育发展战略的研究中，其共性是能很好地对现状进行分析，从中发现问题，同时提出一些建设性的意见。但这些意见多是依据一定的事实再加以想象，没有理论支撑；或者是只考虑到局部，没有进行全局考量。这些建议缺少理论支撑和科学论断，难以为决策者所信服和接受，对实际发展用处并不是很大。为避免这种情况，还需要运用一定的理论对现状进行分析，从全局考虑制定出科学合理的发展战略。

2. 理论应用成果评述

（1）初步理论应用成果

在西部地区体育文献中，大部分专家学者就西部地区整体以及本省的体育事业发展，提出了部分协调发展和非均衡发展的描述，论述的基础建立在本地区的、局部的体育现象上。如协同发展，突出一点建设，带动其他几点建设等，虽然在文字上有过提及，但对协调发展理论、非均衡发展理论并没有进行进一步的论述，只是引用简单的说明、立论而没有驳论，而且也没有与研究对象及研究内容相联系，没有进一步发挥借用、引用的功效。

在体育发展战略研究中，刘玲发表的《2010 年广西体育可持续发展战略研究》，认为广西省的体育发展战略应选择竞技体育的"四优战略"（即项目设置——优势战略、人才培养——优才战略、资源配置——优化战略、科教兴体——优先战略）；竞技体育与社会体育协调发展战略；科教兴体战略；体育产业市场开发战略；梯度推进、共同发展战略等五大战略，要求五大基本战略互相协调、互相支持、共同发展，形成广西省面向 21 世纪体育可持续发展的战略体系。舒为平发表的《西部大开发与四川体育发展对策研究》，提出以"全民战略"为载体，大力发展群众体育，以"金牌战略"为牵引，提高竞技体育水平，以"品牌战略"为依托，做强做大体育产业等，使竞技体育、大众体育和学校体育三者全面、协调、健康发展。在《全面协同促进重庆竞技体育水平发展》的报道中，就重庆市在发展竞技体育过程中的不足或处于劣势的客观因素进行分析，提出了竞技体育人才培养、资金支持、工作机制、科研等方面协同实施，以完成提高重庆市竞技体育水平的目标。程钰娟等在《论重庆市竞技体育影响因素》的论文中，提出实行以传统优势项目为重点突破口。同时，根据重庆市自身经济状况，适当增设部分中长期项目。扩大现有项目群的奖牌增长点，并从中培植强有力的金牌争夺点，以实现重庆市竞技体育的稳步发展。方程等在《论陕西竞技体育发展模式的内部影响因素》中，提出优化项目布局，保障优势项目，发展弱势项目。罗普磷等在《陕西省竞技体育优势项目可持续发展研究》中，提出在陕西省资源相对不足的情况下，可以实施非均衡协调发展战略，保持项目、时序、项群诸方面逐步推进的层次梯度性，加强优势项目教练员队伍建设以及优势项目后备人才质量、数量的培养与管理。

在这些西部地区体育发展战略的相关文献中，运用经济学中的增长极理论的文献占较多比例，但运用增长极理论详尽论述的文章较少，隐含增长极理论的现象却很多。"点—轴理论"、"核心—边缘理论"、"梯度推进理论"等理论的借用，在已掌握的文献中较少发现，在部分文章中只是简单地提到了"经济圈"、"经济带"、"集化区"、"增长极"、"联动轴"、"区位优势"、"中心城市与网络节点"等专有经济学名词，并没有进行进一步的论证。

（2）较为优秀的理论应用成果

尽管大多数文章都没有对经济学的相关理论进行分析，或者很好地结合，但在研究过程中，优秀的文章也还不少。例如，查大林在《我国西部地区区域体育产业发展重点的战略思考——以云南体育产业发展研究为例》一文中，运用"增长极理论"指出：云南体育产业的发展模式应采取以重点城市为"极化区"的非均衡发展方式，即以昆明、玉溪、大理等城市为始发中心，向邻近地区产生扩散、辐射效应。同时，西部有关省市区可利用西部地区的片区产业联盟与交通网络连片开发。如利用"西陇海—兰新线经济带"、"长江上游成—渝经济带"、"南—贵—昆经济带"、"呼包—包兰—兰青线经济带"未来的 4 个经济带和"西安、成都、重庆三大都市区"的影响来互成呼应、整合优势、连片发展，以形成区域体育产业发展的整体优势和多赢局面。这篇文章站在本省及整个西部地区的角度，依据"增长极理论"，依靠区位优势，采取联动轴的方式，深刻、全面地阐述了西部地区各省市区相互间的体育产业发展模式，是一篇具有现实指导意义、并不多见的好文章。

还有杨涛在《陕西省不同区域体育产业发展模式研究》一文中，引用了"增长极理论"，并简要介绍了"增长极理论"内容。结合陕西省内资本存量与增量、地理空间区位、体育经济发展优势，提出建立陕南地区可选择安康和汉中，关中地区可选择西安，陕北地区可选择延安和榆林作为体育产业发展的"集化区"。陕西省体育产业的发展要以西安为中心，区域上以城市为中心，走一条从城市到农村的特色产业发展之路。曹锋华在《重庆体育产业发展的快速增长点研究》文章中，提及重庆市按地域可分为三大经济圈，即都市经济圈、渝西经济走廊及三峡库区生态经济区，并对上述经济圈中城镇的体育营业额进行了分析。谢英在国家社科基金项目《区域体育资源研究——理论与实践》中，有过大篇幅关于西部所有体育资源的描述，同时也借用了部分区域发展经济理论进行了简要论述，为今后的西部体育发展战略研究起到了铺垫作用。

上述文章都很好地利用了经济学中的相关理论，并与体育发展实际较好地结合起来，为当地体育产业的发展提供了很好的发展战略。但从上述文章也可以看出，目前运用理论较为单一，多运用"非均衡发展理论"、"点—轴渐进理论"，对于"协调发展理论"、"梯度发展理论"都较少涉及。一个地区体育的发展，不能说仅是非均衡的，它更需要整体发展。此外，运用的领域也较为局限，多为体育产业相关研究成果。将经济学的相关理论成功地引入体育经济发展，固然是无可厚非的，但是能够很好地指导竞技体育、群众体育、体育文化等方面的发展，更是为全局的战略把握。

3. 主要领域成果

（1）竞技体育研究领域

在西部地区有关竞技体育发展战略研究中，区域协调发展理论和可持续发展理论应用较多，但是能够很好地运用理论，阐释本省竞技体育发展战略的途径、方法、措施的并不多见。多数是分析自身发展的优势与劣势、重点与核心，并针对其情况给出对应的阶段性目标、策略和大方向的设计，为本区域的竞技体育发展提供了简单的理论支撑。具代表性的文献如陈明的《内蒙古竞技体育可持续发展战略研究》，认为内蒙古竞技体育可持续发展的战略，应确定近期目标和长期目标。近期目标是以 2008 年北京奥运会为契机，实现奖牌零的突破。长期目标是优先发展群众体育，大力发展民族体育，有重点地发展竞技体育项目，逐步实现西部地区体育强省的目标，实现竞技体育与群众体育及社会经济协调发展，走依托社会办竞技体育的发展模式。谢强、黄玲的《广西竞技体育可持续发展战略研究》，认为广西竞技体育仍应坚持以 "灵、小、短、水" 为重点发展项目；田径的短跑、跳水、游泳、举重、摔跤等项目应作为广西竞技体育重点项目中的核心项目。保持重点项目，以核心项目为广西竞技体育发展提供基础与平台。高民绪的《重庆市竞技体育发展战略研究》，明确提出了总体目标为 "强三、争二、避一"，实现 "闪光奖牌" 战略。还有王君侠的《西部大开发形势下西北地区竞技体育发展战略研究》、朱晓红的《中国西部地区体育发展战略研究》和罗良友的《2010 年重庆市竞技体育发展战略研究》等，从竞技体育可持续发展的战略目标、项目布局等角度出发，对西部地区竞技体育未来发展提出了战略设想。

在所查阅的文献中，在竞技体育领域结合经济学的其他理论研究的文章几乎没有见到。这种情况在某种程度上说明，应用其他理论在竞技体育区域发展战略研究上有一定的难度。但仔细琢磨经济学的一些发展理论，结合西部地区的实际情况，以经济学的几个发展理论来研究和支撑西部地区的竞技体育战略发展还是很有挖掘潜力的，有很大的开发与利用空间，对西部地区的竞技体育发展战略的制定还是能够起到相当重要的作用的。

（2）群众体育研究领域

正如前面一般性发展战略中描述的那样，西部地区的有关群众体育的研究比较基层化，主要是以城市与乡镇体育作为突破口，以参与锻炼的人员数量与层次、观念与认知、活动方式与次数、设施与项目、消费水平等调查统计为主，以群众体育活动的网络组织建设与管理、指导人员的培训、经费使用为辅，没有看到单独论述本省群众体育发展战略的文章。对于西部地区整体的群众体育发展战略，只是在个别的文章中有不多的结合竞技体育，发展群众体育，体育产业与群众体育发展的论述，使群众体育发展处于从属于竞技体育发展战略、体育产业发展战略的配角角色。

在刘玲《2010 年广西体育可持续发展战略研究》中的竞技体育与社会体育协调发展战略中，提出奥运争光、全民健身均为体育事业不可缺少的重要组成部分，提出要克服过去竞技体育与社会体育各自为战的弊端，实施"同心圆战略"或"和合发展战略"。在舒为平《西部大开发与四川体育发展对策研究》有关以"全民战略"为载体，大力发展群众体育的论述中，提出认真落实《全民健身计划纲要》，积极实施"全民战略"，努力构建亲民、便民、利民的全民健身体系，推动群众体育向广度和深度发展。查大林的《云南省全民健身发展战略思想》、裴立新等的《西北地区实施"全民健身计划"的基本对策及保证体系研究》、李行勇等人的《对 21 世纪初叶西北地区体育发展战略的多元思考与对策研究》、魏争光的《全面建设小康社会与西北地区全民健身体育的发展》和蔡国祥的《加快发展贵州体育事业为构建社会主义和谐社会做出贡献》等，对我国西北、西南地区全民健身计划和群众体育事业发展提出了战略要求。

通过研究成果分析，西部地区各个省市区并没有真正把群众体育发展战略研究提升到战略层面，在进行具体细化和深入操作的研究中，全局的战略性思考明显不足，针对各省市区的群众体育现状研究，隐现了"城市圈"或"经济圈"中的省市区化经济理论，经济学中的区域经济发展理论，尤其是具体理论在西部地区群众体育发展战略中基本没有被引用，更谈不上论述了。"可持续发展理论"、"协调发展理论"、"非均衡发展理论"、"点—轴开发模式"、"网络开发模式"、"梯度开发模式"、"地域综合体开发模式"、"优区位开发模式"、"大推动开发模式"均适合于支持西部地区群众体育发展战略研究，具备深度发掘的可行性。

（3）体育产业研究领域

在西部地区体育产业文献中，一般性发展战略的体育产业文章比较多，与竞技体育的一般发展战略研究相当，占据了文献的大多数。如阎健的《西部地区体育产业的发展机制研究》、祝莉的《西部体育产业开发的思路及对策》和胡爱本的《我国西部体育资源现状与开发应用研究》等，对西部地区产业开发的机遇、产业开发的基础和产业开发的对策进行了研究，并且提出了西部地区体育产业发展的潜在资源及其开发的可行性。这些文章的共性是提出了建议，具有一定的指导意义。但从大多数的文章来看，运用经济学的"增长极理论"、"点—轴理论"、"核心—边缘理论"、"梯度推进理论"，以及具有较强实际指导作用的，高水平的经济学区域发展理论的文章并不多见。王君侠在国家社科基金项目《西部大开发形势下西北地区竞技体育发展战略研究》中，有"结合西北地区地域，民族特点，确定布局，突出重点，加强科研，重视后备人才的培养和教练业务能力的提高，西北地区竞技体育可持续发展才有保证"的论述。上述有关观点，经过挖掘思考，隐性体现了朴素的区域"增长极"与区域"梯度和网络"经济理论观点。

此外，在文献中引用"经济圈"、"经济带"、"集化区"、"增长极"、"联动轴"、"区位优势"、"中心城市与网络节点"等专有经济学名词还有很多，但有一个共性，即只是提及，没有进一步的深化论证。从总体上看，西部地区体育产业发展战略研究，在运用经济学区域发展理论研究上有一定的基础，并有一定的深度；在运用"增长极理论"上明显高于和好于对西部地区竞技体育发展战略的研究成果；如果再能运用"点—轴理论"、"核心—边缘理论"、"梯度推进理论"且进行卓有实效的深入研究，就能在制定西部地区整体体育产业发展战略中发挥良好的示范作用。

（4）存在的主要问题

①竞技体育研究与体育产业研究在数量上多于群众体育研究

西部地区各省市区学者均把竞技体育作为优先研究项目，在特定的高水平竞技体育运动领先、凝结民心、提高民族自豪感的感召下，备受体育工作者和专家学者的关注，呈现了比较丰富的研究成果。这是否与国家实施奥运金牌战略有关，还有待于进一步商榷。作为拉动经济，为竞技体育提供物质保障的体育产业研究也比较多，研究成果丰富，但大多数文献研究多与体育旅游和体育旅游资源开发有关，其研究成果的数量在某一方面甚至超过了有关竞技体育研究的量。但是，对于本省市区的群众体育发展战略研究明显不足，就西部地区整体的群众体育发展战略研究来说，可以说是更少，更谈不上引用区域经济学发展理论了。作为实现体育大省、体育强省、体育强国目标来说，群众体育是基础，是供可持续发展的力量与资源的源泉，对于专家学者来说，可以说是忽略了的研究，尽管有的文献中有过群众体育发展的论述，但也是不够系统、不够深入和不够透彻的。

②区域体育发展研究思路与研究模式单一，创新不足

本文在前面的论述中，已总结出了"在大部分的文献内，可以得出现状—对策、现状—策略的研究思路一种定式"的研究模式。在研究内容上，大多数文献把竞技体育、群众体育、体育产业进行单独的、分割的纵向研究。把三者进行统一研究的文章不是很多，至于三者的相互联系、模式和空间、规划和战略等框架的总体设计研究，就显得更加奇缺。

③专业理论与体育研究的融合尚有较大差距

在近代社会发展的百余年中，经过不同学科的学者挖掘与探索，总结出了很多对社会发展起到巨大推动作用的实用理论，这其中不乏成熟的区域发展理论及区域经济发展理论和模式。在所有西部地区体育文献中，从整体上看，文献引用区域发展理论及区域经济发展理论和模式的不是很多，但也有个别精辟论述的好文章。在这些文献中，隐含和隐现的协调发展、非均衡发展理论及点—轴、增长极、梯度等模式较多，但大多数停留在经验总结及一般性预测与建议上，对专门理论的研究比较肤浅，缺乏理论的论证支撑。在研究手段上，由于对专门理论没有进行深入细致的研究与储备，对结合本区域研究的理论切入点把握不当，形成了借用或引用专门理论中的一个词或一句话，而并没有再进行深入论述的虎头蛇尾的现象，造成了本地区体育理论指导与实际发展状况的脱节；即使有结论与建议，也没有缜密、详细的理论依据，在一定时期内对指导和促进本地区的体育社会发展与体育社会实践不够有力。

（四）小结

1. 文献研究总体情况

研究者大多站在本区域的角度，局限于研究本区域的一般体育战略研

究，但研究得不够深入，只是浅显描述与论述，实用价值较小，借用其他经济理论就更少了。另外，扩展性思维、耗散性比较就更显不足，研究的范围比较单一与狭窄。

为了更好地让广大群众享受改革开放的成果，西部地区 12 个省市区政府脚踏实地地实施开展了一系列的体育惠民工程，这些看得见、摸得着的体育惠民工程在国内网站以及新闻媒介上有过报道，但对体育科研工作者来说，缺少先期对应的科学研究。科技是生产力，理论研究、可操作、建议等先期科研为政府决策提供依据的功能没有更好地发挥。科研的前沿性与前瞻性明显滞后于政府行为。

纵观所有文献，总体上并没有从本省与西部全局出发，站在一定的战略高度认真思考，全方位综合考虑竞技体育、群众体育和体育产业的发展战略。

2. 主要研究成果情况

（1）竞技体育

以四川、陕西、重庆 3 省市为例，均对竞技体育的成绩、人力资源（教练员、运动员）现状、优势项目做了详细的剖析，肯定了本省现有的竞技体育模式，同时也分析了自身在管理体制、经费额度、科学研究等方面的不足。对本省的竞技体育发展的对策、建议与战略、规划等方面的分析比较简单。本省自身的竞技体育纵向研究较多，而省与省，省与全国的横向研究很少，有一定的片面性。

（2）群众体育

对群众体育的研究主要集中在城市与农村参与体育健身的人员情况、活动项目分布、活动次数、健身观念与体育认知程度、健身消费等方面，对存在的问题也有简单的分析。对支撑群众体育活动的体育设施数量、组织网络、管理方式、经费支持等方面研究很少。对于开展群众体育活动的建议也是根据不足的方面相对简单地提出，不足以引起有关部门的重视与关注。从总体上看，对群众体育的发展战略研究近乎空白，蕴藏着较大研究空间。

（3）体育产业

体育产业的文献均比本省的竞技体育和群众体育的文献论述较多，数量至少多出 1 倍，主要内容是从分析本省体育产业的现状入手，对存在的不足有详细的论述。对本省体育产业的发展对策有着简单的建议。如何发展和怎样发展的战略分析明显不足。同西部3省市的竞技体育、群众体育分析一样，单纯地进行自我纵向分析，横向借鉴与比较的研究几乎没有。只有重庆为体育产业制定了单独的体育产业发展规划。

（4）发展规划

通过对四川、陕西、重庆3省市的"十一五"体育发展规划的分析，3省市都把群众体育、竞技体育、体育产业等作为共同发展目标，四川和重庆把体育设施建设作为共同发展目标。与此不同的是，四川提出了管理体制与机制创新；陕西提出了体育科技、体育教育与人才培养和体育发展环境。

第三节　东北区域体育发展战略综述

一　我国东北区域基本情况

（一）东北振兴的区域战略背景

东北区域包括黑龙江、吉林、辽宁，目前是中国内陆经济相对发达地区，为改革开放和现代化建设作出了历史性重大贡献。

东北老工业基地是新中国工业的摇篮。新中国成立后，国家在东北等地区集中投资建设了具有相当规模的以能源、原材料、装备制造为主的战略产业和骨干企业，为我国形成独立、完整的工业体系和国民经济体系，为改革开放和现代化建设，作出了历史性重大贡献。但是，2002年则是整个东北经济、社会发展的最低谷。东北的产业优势和技术优势都不存在了，市场不断被压缩，国有企业减员增效，过去的社保体制不起作用了，几百万人下岗，各方面矛盾积累已经到了极点。在这种形势的迫使下，以及西部大开发取得可喜成就的启发下，中央做出了振兴东北老工业基地的决策。2003年10月，党中央、国务院发布了《关于实施东北地区等老工业基地振兴战略的若干意见》。其核心思想是全面振兴东北地区等老工业基地，明确近期国家支持的重点是东北地区。并提出振兴东北老工业基地的战略目标："经过一段时间坚持不懈的努力，要将老工业基地调整改造、发展成为技术先进、结构合理、功能完善、特色明显、机制灵活、竞争力强的新型产业基地，使之逐步成为我国经济新的重要增长区域。"中国区域经济协调发展的"第三步棋"——振兴东北地区等老工业基地战略由此提出。

实施东北地区等老工业基地振兴战略以来，东北地区经济社会发展加快，改革开放以来被拉开的发展差距逐年缩小，赶上了全国平均增速，人民群众的思想观念和精神面貌发生了深刻的变化。东北地区立足新起点，谋求新发展，实现全面振兴，面临诸多有利条件：党中央提出科学发展观和加快构建社会主义和谐社会的战略思想，进一步丰富了振兴的内涵，指明了发展方向；国民经济持续平稳较快发展、综合国力不断提高，有利于东北地区加快体制改革和结构调整；区域协调互动机制不断完善，有利于推动东北地区与东中西部地区良性互动、优势互补、共同发展；我国参与国际竞争，利用国内外两种资源、两个市场步伐加快，为东北地区拓展经贸合作领域和空间、提高对外开放水平创造了更多机遇。

（二）东北地区基本环境

1. 东北地区地理环境

东北地区西、北、东三面环山，南邻大海，中为平原。西有大兴安岭，东有长白山，北部为小兴安岭；中部的松辽平原呈 NNE 向展布，向东北部延伸成三江平原。全区除西部均与蒙古高原接壤，南部濒临渤海、黄海，其余均为国界江河湖泊环绕，包括黑龙江、乌苏里江、图们江、鸭绿江和兴凯湖。区域内分布着两大水系：北部是流入黑龙江的松花江水系，南部是流入渤海湾的辽河水系。东北地处欧亚大陆东岸，属于中纬度北温带大陆型季风气候区。境内雨热同季，日照丰富，气温较高，冬长夏暖，春秋季短，雨量不均，东湿西干。东北地区最为突出的几种地形地貌植被特征是低洼处的湿地、西部的沙地和草原、山区的森林、北部的黑土地、中部平原的农田和盐碱地。黑土地是东北最为典型的特征之一，主要分布在北部较为寒冷的地区，由于低温土壤有机质得以大量保存。东北山水丰富优越的地理环境和自然条件，形成了以农业、牧业、渔业，以及狩猎为主的多种生活生产方式。

2. 东北地区经济环境

东北地区自实施振兴战略以来，经济发展迅速，人民群众生活水平稳步提高。2010 年，东北三省实现地区生产总值 37090 亿元，同比增长13.6%；粮食产量达到 1946 亿斤，黑龙江省粮食产量跃居全国第二位；

工业经济运行态势良好，2010 年，东北三省规模以上工业增加值同比增长 17.6%，与 2009 年相比加快 2.1 个百分点，辽、吉、黑 3 省规模以上工业增加值增速分别为 17.8%、19.9% 和 15.2%；东北三省全社会固定资产投资 30726 亿元，同比增长 29.5%，在四大区域板块中位居第一，高出全国、东部、中部和西部 5.7 个、8.1 个、3.3 个和 5 个百分点；2010 年，东北三省实现地方财政一般预算收入 3362 亿元，同比增长 23.7%；城乡居民收入特别是农村居民收入稳步提高，东北地区农村居民人均纯收入增幅居四大区域板块第一位。但东北三省内部发展差距有进一步扩大的趋势。东北三省经济整体上保持了平稳较快增长，但仍然存在一些不稳定、不协调、不平衡的因素，一些长期存在的结构性矛盾仍然比较突出。从 2010 年全年数据看，黑龙江省多数经济指标仍低于辽宁省和吉林省。在"十一五"期间，黑龙江省地区生产总值、固定资产投资、社会消费品零售总额、地方财政收入占三省的比重均有所下降。

3. 东北地区社会人文环境

东北既有关内以汉民族为主形成的儒家文化的主流形态，又有满族、蒙古族、朝鲜族、回族、锡伯族等 43 个少数民族文化发展的轨迹，汉民族与繁衍生息在这里的其他少数民族在长期的共同生产和生活中以及彼此文化的融合相通，具有鲜明的多元民族构成的特征；多民族传统体育文化的积淀奠定了现代体育发展的文化氛围，形成了辽宁地域民族体育文化的鲜明特色。此外，在地形上，东北与华北平原通连一体，没有明显的地理阻隔，和中原文化得以很便利地交流，使东北的黑土地文化、东北人的性格成分中，深沉而久远地浸润和渗透着"齐鲁文化"和"燕赵文化"的成分，从而融合成了一种以阳刚强壮为主，富有进取精神的北方地域性格。这种性格对东北体育文化的发展起着有力的推动作用。除了先人的积淀外，东北三省共有高校 150 多所，具有深厚的科技教育基础。经济、文化、教育、科研发展具有的雄厚基础，必将为实现体育可持续发展提供强大的支撑。

（三）东北地区体育总体情况

1. 东北地区竞技体育发展概况

改革开放以来，东北三省体育取得了辉煌的成就，在全国始终保持领先的态势，在世界重大体育比赛中成绩突出，为国家争得了荣誉，为我国的"奥运争光计划"和"全民健身计划"作出了重要贡献。吉林省在一系列国际、国内比赛中取得了较好成绩。参加 2001 年第九届全运会获得 12 枚金牌，2005 年第十届全国运动会获得 10 枚金牌，2009 年第十一届全运会获得 7.5 枚金牌，连续获得国家体育总局颁发的全年贡献奖，贡献率进入全国十强。在 2004 年雅典奥运会上，有 5 个大项 7 名运动员进入奥运军团，获得 2 枚金牌。这是吉林省参加历届奥运会项目最多、选手水平最高的一次。参加一系列国际、国内比赛也取得较好成绩，从 2001 年到现在，共获得世界冠军 31 个，有 7 人 4 次 4 项创造世界纪录。黑龙江省竞技体育成绩显著，在世界大赛上共夺取世界冠军 67 个。在 2002 年盐湖城冬奥会上，为我国实现冬奥会金牌零的突破作出了突出贡献，冬季项目整体实力继续保持全国领先水平，还获得了 2009 年第二十四届世界大学生冬季运动会举办权。2001 年第九届全运会获得 8.5 枚金牌；2005 年第十届全运会获得 16 枚金牌，金牌总数、奖牌总数和总分全面超越上届全运会；2009 年第十一届全运会上获得 23.5 枚金牌，金牌总数、奖牌总数和总分又一次全面超越上届全运会，实现了历史性突破。具有黑龙江特色、梯次衔接的体育后备人才培养体系基本形成。截至 2005 年，全省共创建省级体育项目后备人才基地 49 个，县品工程项目基地 30 个，并有 9 个业余训练单位被命名为国家高水平体育后备人才基地，增强了竞技体育的发展后劲。辽宁省竞技体育有着 20 年的辉煌历史，曾经被称为体育大省，体育强省，曾有"辽老大"的称谓。辽宁省选手在国内外重大比赛中拿到的金牌多、奖牌多。辽宁省竞技体育成绩突出，综合评价位列前茅。从为中国体育作出贡献的运动员、教练员数量上看，辽宁省培养了王楠、王军霞、王义夫等多个世界冠军，位列全国首位；此外，辽宁省还涌现了马俊仁、王魁、蒋兴权、刘永福等一批著名的教练员。参加 2001 年第九届全运会获得 41 枚金牌，2005 年第十届全国运动会获得 31 枚金牌，2009 年第十一届全运会获得 42 枚金牌，在第二十八届奥运会上，辽宁省选手取得了 6 枚金牌、1 枚银牌和 4 枚铜牌的优异成绩。可以说，辽宁省的竞技体育是中国体坛的一棵常青树。

2. 东北地区群众体育发展概况

东北一直以来就有着良好的群众体育传统，骑射彪悍、英勇善战的满族文化和能歌善舞、顽强不屈的朝鲜族文化，也给东北地区的群众体育增加了浓厚的民族色彩。群众体育是一个民族最文明、最进步、最健康的象征。同时，东北群众体育氛围和文化底蕴又为竞技体育带来雄厚的人才资源和较高的认可度。

从东北群众体育特色和成功经验中，可以勾画出东北群众体育具有区域特色，建立清晰的、与时俱进的区域体育发展战略。东北作为我国体育事业发展的代表，为中国体育事业发展作出过较大贡献，有过辉煌的历史，对东北社会与经济发展也起到积极的作用，在重振老工业基地的大发展中，东北的群众体育也必将发挥重大的作用。在"十一五"期间，人民群众参与体育锻炼的意识显著增强，群众体育场地设施明显改善。参加体育锻炼的人数不断增加，通过各级体育行政部门积极组织开展的全省全民健身活动月、晨晚练、社区体育健身大会、家庭趣味运动会、农民体育活动、建设青少年体育俱乐部、民族体育活动、老年人体育活动、残疾人体育活动等，吸引了广大人民群众积极参与体育健身活动。全民健身体育服务体系趋于完善，组织健全，网络发达，服务到位；体育协会社团组织发展迅速；以社区、乡镇为重点的体育组织成绩显著。经过努力，人民体育健身意识普遍增强，体育人口增长迅速。人们身心健康水平和生命质量不断提高。

3. 东北地区体育产业发展概况

群众体育蓬勃发展和良好的竞技体育势头，对东北体育产业的快速发展也起到了推波助澜的作用。产业化进程的加快，城乡居民消费水平的不断提高，刺激了不同人群对体育多元化的消费需求，进一步拓宽了体育的发展领域。体育彩票业取得了历史性突破，竞赛表演市场、健身娱乐市场发展迅速，使体育产业成为国民经济新的增长点。东北三省体育产业初具规模，基本形成了结构合理，发展规范，具有东北特点的体育健身娱乐、体育竞赛表演、体育技术咨询服务、体育旅游和体育彩票等体育产业市场。

体育彩票销量保持稳步增长。体育彩票的发行工作严格按照有关法规运作，进一步拓展了体育彩票市场，增加了销售额度。各级体育行政部门也不断尝试运用体育的有形资产和无形资产，在体育比赛、运动队冠名、吸引社会赞助和联办体育俱乐部方面做了大量工作，体育经纪人队伍发展壮大。

在体育旅游方面，具有东北特色的体育冰雪旅游，在东北的旅游市场中已经占据了较大的份额，黑龙江将形成以哈尔滨为中心的环行滑雪产业链和滑雪产业圈，成为经济增长的一大支柱产业，并以此促进区域性中心城市经济社会的发展，带动周边小城镇、地区及整个黑龙江冰雪产业及经济社会的发展。黑龙江冰雪旅游"一枝独秀"的局面正逐步被打破，辽宁、吉林等地也相继打出冰雪品牌，一个多元的"诸侯割据"的冰雪旅游市场正在形成。除冰雪以外，滨海旅游、户外旅游也成为东北地区体育旅游的新增长点。例如，辽宁体育产业全力打造"辽宁体育产业东北总部经济区"和"大连东北亚海滨旅游带"发展战略等。

东北地区由于受改革开放的历史局限，体育产业发展的滞后性也凸显出来。例如，体育用品产品开发不够，体育无形资产的开发乏力；体育相关服务有待完善，体育场馆开发不足；体育产品的研发、产品的设计、消费咨询等力量薄弱，不能及时地提供体育消费指导；体育场馆建设多集中在大城市，国家建设的场馆对外开放不够灵活，使得多数处于封闭或是半封闭状态。这些发展中的问题也成为东北体育产业亟待解决的问题。

4. 东北地区体育文化概况

在漫长的历史发展过程中，东北地区融合了土著文化、中原文化和外国文化三大文化基因，形成了独具特色的关东文化。土著文化包括满族农耕文化，蒙古族游牧文化，鄂伦春族、达斡尔族的狩猎文化和赫哲族的渔猎文化等。土著文化发展历史最长，区域特色最浓，其文化精神实质是尚武、粗犷、豪放和刚健的文化心态。中原文化是随着土著文化入主中原和中原人民的大量流入而形成的，并成为东北地区文化的主体。外国文化是因近代帝国主义的入侵和外国移民的流入而形成的，时间虽不长，但在城市建设、宗教、经济、生活等方面有着广泛的影响。就民族和文化发展演进历史看，东北地区相当一段时间内，是以少数民族（尤其是满族及其前身）文化占主导地位的。在这种历史文化背景下，东北地区的40多个民族，也形成了众多具有浓郁民族气息和地方特色的体育文化。从传统体育项目上看，就有锡伯族的"打螃蟹"，满族的"采珍珠"、"双飞舞"、"溜冰车"、"雪地走"，朝鲜族的"顶罐走"、"荡秋千"、"压跳板"等。东北人民勤劳朴实、认真肯干、豁达、粗犷、有冲劲，不仅参与意识强，而且体育氛围营造得好，为东北体育事业可持续发展提供了良好的体育氛围和体育文化资源。

二 东北体育发展战略研究与评述

（一）引言

新中国成立 60 年来，东北竞技体育事业取得了举世瞩目的成就，在中国竞技体育格局中具有举足轻重的地位，为国家奥运争光计划的实施作出了巨大的贡献。但改革开放以来，特别是 90 年代，遇到体制落后、设备老化、技术陈旧、资金短缺、竞争力下降、国企负担过重、就业矛盾突出等诸多问题，东北地区经济位次不断后移，导致体育事业投入不足，出现竞技体育滑坡、群众体育发展过慢、体育产业水平低等问题。东北振兴战略的实施，给东北地区社会、经济的发展翻开了新的一页，同时也给体育事业发展带来难得机遇，东北体育开始全面发展，奥运会、冬奥会东三省取得可喜成绩，群众体育的开展如火如荼，体育产业也从无到有，体育文化也得到新的发展。东北体育伴随东北老工业基地振兴处在第二次腾飞阶段，呈现出东北体育战略研究新的发展趋势。

2009 年，辽宁沈阳获得第十二届全运会承办权，也是新中国成立以来东北省份首次举办全国性综合运动会。这对东北体育事业发展具有重大的战略意义。面对历史机遇，东北三省以先进经验和理论成果启迪可持续发展的思路，实现由体育大省向体育强省的历史性跨越，在更高的平台上为国家体育事业作出更大的贡献。东北体育事业的优势地位，几乎与共和国体育事业发展是相同的节奏。东北体育事业步入可持续发展的良性轨道，在竞技体育、群众体育、体育产业等多方面都取得了卓越的成绩，在国内总体排行名列前茅。

1. 战略研究成果发表的时间段

从研究的时间上看，东北地区的区域战略研究较为领先于其他区域，研究的领域较为宽泛，几乎涵盖了体育的几大领域。在查阅的文献中可看出，在东北区域体育发展战略方面的研究可以分为两个时间段。第一段是在 2000 年以后，以陈海波、腾磐石、张新华等为代表的对我国冰雪运动发展战略进行的讨论。第二段是在 2004 年以后出现了以邹师、于文谦、唐云松为代表的东北区域体育发展战略方面的研究。前两者主要以省域为研究范围，在此阶段国家体育总局的课题中，有邹师主持的《我国区域体育发展战略比较研究》（2008）、于文谦主持的辽宁省社会科学基金项目《辽宁省区域体育协调发展研究》(2006)。

2. 战略研究的领域与重点

战略研究在竞技体育、群众体育、体育产业等方面都有相当多的涉及。在本区域内尤其是涉及地区竞技体育、体育产业的文章研究比较深入，数量也较多，例如：竞技体育方面，于文谦、王艳、刘玉、刘颖等对区域竞技体育的协调发展、竞技体育优势项目、潜优势项目可持续发展进行了较为全面的阐述；群众体育方面，以邹师、刘冬冰为代表对小康社会的群众体育可持续发展和引用经济学的概念论述的城市群与体育圈的发展战略的研究；体育产业、冰雪运动方面，以唐云松、魏玲玲、徐文东、顾洪伟、陈文红、李宗浩为代表主要论述了我国体育冰雪旅游可持续发展战略、冰雪产业发展环境和战略选择、冰雪运动协调发展、冰雪专门性人才培养和冰雪强省战略、冰雪产业的集群发展模式等。

3. 战略研究理论应用

东北地区战略研究的文献一般局限于对现状和对策的研究，而对于战略和对策的研究多是在层次上有所提升。应用理论对发展战略进行指导的，主要有哲学中的发展理论、辩证论、可持续发展理论，社会学中的社会认识理论、旅游学理论等。随着经济领域中的战略制定模式逐渐进入体育领域，东北体育战略的制定在理论上也有了一定的借鉴，在目前研究中，区域发展理论大致有"非均衡理论"、"点—轴理论"、"城市圈理论"、"梯度推进理论"、"协调发展理论"等。从长远的发展趋势看，区域发展战略的理论运用也呈逐渐增多趋势。

4. 省份与跨省份研究

东北三省的体育环境具有较为相同的特点，竞技体育强、冰雪地区广、群众体育发展有一定的渊源，但从文献中看，多是把单个的省份的一小部分内容作为研究对象，把东北地区作为一个研究整体的文章几乎没有。如各省市体育局纷纷制定并出台"十一五"体育发展规划，并提出了保证实现目标的具体措施，为本省加快体育事业的发展提供了政策性指导。东北三省之间的战略也较少进行对比探讨，区域之间交流研究较少。除此之外，对整个东北体育发展战略做一个通观全局的总结性阐述就更是寥寥无几了。目前对于各省份内部的战略研究已被政府、研究者所重视；东北地区文化、地理、环境相通，作为一个发展的整体，若能在制定战略上进行沟通，从整个东北地区体育事业的发展进行战略上的考虑，将是东北体育事业发展的一个新突破。

（二）东北区域体育发展战略研究主要成果与评述

1. 关于体育发展战略研究

从文献看，对现状和对策的研究数量较多，充分证实了东北地区在体育发展状况良好的背后有着充足科研团队为之服务。但这种形式的研究仅是战略研究的初步状态，较少从全局上对所研究的问题进行系统的、长远的考虑，多是针对一个或者几个问题提出解决的方案，故在一些问题的研究上难免有局限性。

目前在这类文章中，冰雪产业、竞技体育、群众体育方面的现状和对策研究数量较多，质量也较高。该类文章对于体育产业的研究，多是对本地区体育旅游自然情况和基础设施情况、体育彩票业、体育竞赛表演业、体育健身服务业、冰雪体育旅游业等研究做出系统的总结，对当前本地区发展有利条件以及制约因素等做了较全面的分析，并且能够提出切合本地区实际情况的对策。对竞技体育方面的研究，一般对竞技体育历史进程进行了解、对本地区竞技体育发展的脉络进行把握，并对本地区竞技体育局势进行分析。部分学者还进行国内大环境下的实力比较，通过对影响区域竞技体育发展的客观及人文等方面因素的分析，提出区域竞技体育发展的可行性和探索性的建议和对策。在群众体育方面，主要阐述了丰富的文化底蕴，多样的民间体育活动，独具特色的群众体育管理体系，在竞赛促众体兴起、市场服务体系、群众体育消费市场等诸多方面也都有阐述，并能根据不同时期给出较为合理的科学化建议。

上述研究较有分量的文章一般都是进行现状、历史分析，挖掘优势，之后针对所出现的问题，依据需求提出意见、建议。这类研究的前期分析，一般都较为系统，分析过程中部分还介入社会学、统计学等学科的方法，但最后对策的提出一般都过于宽泛，草草结尾。部分建议在一定时期对于解决当时问题能够起到一定的作用，在长期的发展中却可能还会出现一些弊端，不具有实施的可能性。由此观之，该类文章若能在分析基础上加上战略的制定，将更容易被政策制定者所采纳。

2. 理论应用成果评述

在区域体育发展战略的研究中，理论运用众多，有经济学理论、社会学理论、统计学等。区域发展战略作为经济学的一个分支学科，经济学理论对于区域发展的指导有一定的意义。本文就区域发展理论中的"非均衡理论"、"协调发展理论"、"点—轴渐进理论"、"城市圈理论"、"梯度发展理论"在体育中的应用进行探讨。由于从目前的文献看，"梯度发展理论"在研究中运用较少，文章重点探讨前四种理论的应用。

（1）区域体育非均衡理论相关综述

东北地区的文献中，非均衡理论在竞技体育、群众体育、体育产业等方面都有相关的应用。非均衡理论作为理论指导被初步引入体育中，在应用中对于理论的理解和应用难免有优劣之分，目前来说，非均衡理论应用多体现在以下两个层面。

首先，大多数的文献只能初步地对非均衡理论进行讨论，对地区体育中的非均衡现象及成因进行分析，总结出本地区体育存在非均衡发展的现象。例如：甄子会等在《黑龙江省体育旅游现状及对策》中，对黑龙江省体育旅游现状进行调查分析，发现体育旅游的硬件设施相对缺乏，体育俱乐部发展缓慢，体育旅游区域发展不均衡等，是影响和制约当前黑龙江省体育旅游市场发展的相关因素。其次，文献对于非均衡理论多是从社会、经济等外部环境对体育产生的非均衡影响，而导致本地区体育产生非均衡发展进行论述的。[1] 例如：顾洪伟等针对黑龙江省冰雪体育产业发展不平衡的问题，提出黑龙江省今后冰雪体育产业发展模式：强化省内不同城市和区域间合作的战略共识，区域双边和多边的合作带动和促进黑龙江省冰雪体育产业发展。[2] 这类文章与实践相结合进行论述，在一定程度上能让人更好地理解，但是也具有一定的局限性，不能准确地理解非均衡理论在区域体育发展中所处的地位和起到的作用。在论述中隐含地提出增长极非均衡发展论、阶段性非均衡论、中心—外围或核心—腹地非均衡发展论，也说明在纯理论的讨论方面还需要提升。

从总体看，能够较好地运用非均衡理论，针对东北地区体育发展的非均衡现象，深层次论述项目布局、运动成绩、运动队建设、市场发育等方面的差异，并根据地区体育的实际以及面临的主要任务，指出非均衡发展

---

[1]　甄子会等：《黑龙江省体育旅游现状及对策》，载《冰雪运动》2006 年第 6 期。

[2]　顾洪伟：《黑龙江省冰雪体育产业发展模式研究》，载《冰雪运动》2007 年第 5 期。

战略应当如何指导体育科学发展。但这类高层次的理论应用较少。

（2）体育协调发展理论研究

东北地区对于协调发展的研究并不少见，但多是从社会学中的可持续发展理论进行探讨，从经济学的领域对协调发展探讨较少。崔健等在对我国冰雪竞技体育的研究中，以我国冰雪竞技体育为研究起点，结合区位理论，从协调发展的角度对我国冰雪竞技体育存在的问题进行分析并对区域体育给出定义。文章在于提出其发展的非均衡显现，并给出怎样更好协调发展和可持续的方法和策略。于文谦在《辽宁省区域体育协调发展探析》中以"十运会"为起点，结合区位理论，从协调发展的角度对辽宁体育所存在的问题进行分析，找出其在地区差异、经济影响、文化风情等方面的原因，并在此基础上对辽宁区域体育发展的路径进行了探讨。① 邹师在《走向振兴老工业基地中的辽宁体育发展战略》中以走向振兴老工业基地中的辽宁体育发展战略为命题，研究重振辽宁老工业基地辽宁体育面临的战略选择、区位优势、丰富内涵、发展环境、发展模式、协调战略和支撑条件，论述了竞技体育、群众体育两个战略协调运行，提出竞技体育、群众体育、体育产业三位一体的概念。

从文献可以看出，学者对协调发展的认识还有待深入，并没有认识到可持续发展的终极目标是协调发展。有些学者把协调发展和均衡发展相混淆。没有从体育本身出发阐述什么是体育的协调发展，都是分类从具体、微观的方面进行论述，没有真正进行理论层面上的宏观研究，更没有关于协调发展和可持续发展之间的论述。

（3）区域体育点—轴渐进发展理论、城市群（城市圈）发展

在目前经济领域中点—轴模式、圈层模式受到广泛的应用，并取得了一定的成效。体育界中受到经济点—轴发展理论、城市圈发展理论的启发，对这两个理论的研究也随之增多，而且具有一定深度。但从目前的应用上看，点、轴、圈的划分和应用都是以行政区、经济、城市群划分为依据，有些文章中还提及极化、扩散效应，主导产业、龙头企业等。

以邹师为代表的辽宁中部城市群体育圈发展战略研究，在辽宁中部城市群的背景下，从整体上研究城市群体育的发展，对辽宁中部城市群体育

---

① 于文谦等：《辽宁省区域体育协调发展探析》，载《吉林体育学院学报》2009 年第 1 期。

圈的形成和发展战略进行初步研究，认为辽宁中部的城市群的崛起与发展为体育发展创造了良好的机遇，并形成了自己的竞技体育、群众体育、体育产业优势。但是文章只是在借助经济圈的背景，并未对理论本身进行探讨。李洋等在《承办十二运会对辽宁体育产业发展促进作用的初探》中提出区域性和战略性，认为辽宁沿海经济带以"五点一线"的发展战略为核心，十二运会也必然是点—线—面相结合；对振兴东北老工业基地，策略性地促进"辽宁沿海经济带"以及"辽宁中部城市群"经济的发展，以点带面、全面加速辽宁省向经济强省的目标迈进将发挥重要作用。文章中，点、轴、面得到了一定的体现，对指导体育产业的发展有一定的指导意义。对"点—轴理论"和城市圈理论运用得较好的还有，哈尔滨市"十一五"发展规划、哈尔滨市旅游 2000—2020 年发展规划所制定的滑雪产业布局，确定以哈尔滨为中心，以亚布力等为核心的大型滑雪度假区基地，以大型滑雪用品、滑雪装备为核心的制造生产基地，以高校为依托的各类滑雪人才培训基地，以哈尔滨—牡丹江东部线，哈尔滨—伊春北部线，哈尔滨—鹤岗、佳木斯东北部线和哈尔滨—黑河、大兴安岭西北部线为四条主线的 80 个滑雪场。

从上述理论应用成果来看，目前不论是政府部门还是研究者，对经济学理论指导体育发展战略已经有了一定的共识。经济学理论初步进入体育中，不论是学者还是体育工作者，在理论上还是有一定的欠缺，认识上或靠体育太多或完全依照经济学中的套路，还有待研究者进一步糅合。经济学的五个理论在一定情况下不是独立的，具有发展的连续性，在应用中是只运用某种理论还是同时运用多种理论，这种对理论准确的驾驭能力也有待提高。

3. 主要领域成果

（1）竞技体育研究领域

竞技体育是东北体育的重头戏，也成为重要的研究领域。在该领域的研究中，区域非均衡、协调发展理论和可持续发展理论应用较多，理论应用中也不乏拔尖文章。文献中能够很好地运用相关理论，从竞技体育本身入手，从不同的视角，结合区位理论，根据实际情况，发现自身发展的优势因素和劣势因素，并针对其情况给出相应策略和大方向的设计，为本领域的发展发挥了理论和实际操作层面的作用。例如：于文谦在《辽宁省区域体育协调发展探析》中以"十运会"为起点，结合区位理论，从协调发展的角度，对辽宁体育存在的问题进行分析，找出其在地区差异、经济影响、文化风情、不同的地理、人文现状等方面的原因，并在此基础上对辽宁区域体育发展的路径进行了探讨，提出一些可行性发展对策。崔健等在《我国冰雪竞技体育区域协调发展研究》中以我国冰雪竞技体育为研究起点，结合区位理论，从协调发展的角度对我国冰雪竞技体育存在的问题进行分析，并对区域体育给出定义，提出其发展的非均衡显现，并给出怎样更好地协调和可持续发展的方法和策略。

但从整个东北竞技体育的发展战略研究看，总体的还是对现状的调查与分析，运用理论探究的较少，从项目上多集中于冰雪运动。由此可以看出目前东北竞技体育的研究还有很大空间，理论上可以加入区域发展战略等相关理论，项目上可以在借助理论分析优势项目上挖掘潜力。

（2）群众体育研究领域

东北地区对于群众体育的研究涉及广，但在研究中主要以现状分析、找出问题为主，政府规划也多是一个目标的设定，并未涉及战略的研究。稍微与战略贴边的，也只是在文章中涉及可持续发展、协调发展和城市群这些词，较少有根据地区的社会、经济、文化、环境和资源等实际情况，提出适合区域群众体育发展的战略构想。其中具代表性的有：沈阳市人大代表马今等人对沈阳市场地器材、公园广场、体育场馆进行了较为详尽的分析，发现目前沈阳城市健身器材分布不均衡，市区内缺少全民健身中心等问题，建议市区两级规划、城建、体育等部门结合实际，整体联动，合力打造市、区、街（乡镇）、社区（村）四级健身网络的10分钟健身圈。邹师在《辽宁小康社会体育特征及可持续发展》中以辽宁社会、经济发展为背景，全面论证辽宁小康社会体育所特有的经济优势、区位优势、文化底蕴、发展目标、服务体系、保障体系和产业特点的特征。阐述了体育可持续发展的条件、环境、模式、作用、战略、科技等理论，对建设辽宁小康体育可持续发展模式进行分析和讨论。刘冬冰在《黑龙江省垦区群众体育发展现状及可持续发展战略研究》中，在概述黑龙江省垦区群众体育发展现状的基础上，根据黑龙江省垦区群众体育可持续发展面临的主要问题，结合黑龙江省垦区社会、经济、文化、环境和资源等实际状况，提出黑龙江省垦区群众体育可持续发展的战略构想。

群众体育是体育事业中的重要组成部分，对其进行长远科学的战略规划是研究者需要解决的问题。从目前的研究来看，东北地区对群众体育的研究还较为薄弱，点—轴、增长极、城市圈方面的研究稍微有所涉及，但对于理论的探讨很少，而且在文章中运用理论分析的几乎是杯水车薪。如何合理运用理论对东北地区进行战略的制定，促进东北群众体育蓬勃发展，将成为研究者的一项重要课题。

（3）体育产业研究领域

在区域体育产业发展战略方面的论述较多，理论应用也相对较全面。在理论的应用上有深度，并能找到适合本领域发展的战略和发展模式。李忠堂等人对黑龙江体育旅游进行探究，依据城市地理位置、交通、人文、景点和地方体育特色划分，同时考虑到各个旅游圈和区之间的相互正向迁移，互相促进经济的持续发展，提出以哈尔滨旅游圈作为主体发展区域，建立牡丹江旅游圈、嫩江旅游圈、三江旅游圈、黑河旅游区和伊春旅游区。文章较好地结合了当地情况，并运用了城市圈模式对其进行考虑，有一定的指导意义。此外可持续发展在体育产业中也得到了较好的运用，唐云松提出乐乐体育滑雪旅游与可持续发展的内涵：可持续发展是一种满足当代人的需要，又不损害子孙后代满足其需要的发展；我们所探求的体育滑雪旅游业的发展，是放在 21 世纪整个社会的大背景下来考虑的，要符合省情、国情乃至整个世界的发展趋势，必须具有可持续性。"点—轴渐进"理论也在体育产业研究中得到充分的利用，石云龙在《辽宁体育产业快速发展模式的选择与比较研究》中依靠传统的竞技体育优势，辽宁带动地域内经济发展较好的沈阳、大连等城市的体育产业发展，论证了只有通过以沈阳、大连等中心城市集团的多次覆盖与扩散，才能真正实现辽宁体育产业的整体快速、非均衡协调发展；从体育产业的发展规模与发展速度上看，已形成两个核心与"十"字状格局：以沈阳、大连地域为核心的南北纵轴，以锦州、盘锦、鞍山为主的东西横轴的辽宁体育产业发展的产业格局。

体育产业中理论的借鉴和领域的开发在体育事业战略研究中是值得借鉴的，但也还有许多亟待加强的地方。首先，理论的借鉴还是有些生硬，与体育结合得少，体育自身特色显现不足；其次，目前东北体育产业体现最为突出的还是在体育旅游当中，体育表演、竞赛等一系列产业还未形成，也有待研究者进一步的分析挖掘。

（4）存在主要问题

①从文献看，目前对于体育战略的研究大都停留在静态分析上，表现为对当前现状的叙述和评论，而对于体育事业的自身动态变化分析较少，且在分析时缺乏系统深入的理论支撑。

②从运用理论看，大部分学者对于体育发展战略的研究，是从经济学的理论中分离出来，还没达到与体育本身更有机的结合。无论竞技体育发展战略或体育产业发展战略研究，运用区域经济学发展的几种理论并不多，高质量运用经济学区域发展理论的文献就更少了。从体育发展角度来看，通过分析实际情况，运用发展战略学的理论，结合体育发展特点，成功应用和嫁接战略学理论还是很有可能的，且能够对体育子系统的科学发展产生深刻的影响。

③从研究领域看，对于区域的群众体育发展战略研究明显不足，就东北地区整体的群众体育发展战略研究来说更是屈指可数，更谈不上引用区域经济学发展理论进行探讨了。体育本身是一个庞大的系统，要在整体上有效地把握战略研究的方法，还需要进一步的探讨和分析。

（三）小结

第一，体育战略研究作为一个新领域的提出，在理论上还有很多值得我们探讨和论证的地方。在东北地区目前的研究中几乎不见战略学的应用，在群众体育和体育产业方面运用区域竞技学理论还比较切合实际，但对于竞技体育方面的研究还要更深层次的论证和阐述，为本区域体育发展战略提供有效的实证研究。

第二，区域体育发展战略是能为区域体育发展提供更科学的理论支持的。战略研究所要达到的目的，是在现有条件下，让区域体育资源的配置更加合理，使体育本身发展得更健康、更合理、更贴近人民。

第三，目前对于区域体育发展战略的研究并不多，但也不乏已经取得一些成果，形成一定体系的，但多数停留在表层，尚缺乏深入研究。体育发展是社会发展的更深层次的表现，体育发展战略关系到我们有关体育的各个行业和部门，所以研究出切合本地区的体育发展战略，有助于对体育工作更准确地定位。

第四，区域经济发展战略是我国目前经济发展的重要模式，在社会各个层面都有广泛的运用，但在区域体育发展中研究不足。本研究不仅仅是对区域体育本身嫁接经济学理论的探讨，也为区域体育更好更快发展提供建设性的意见。

第四节 中部区域体育发展战略综述

一 我国中部区域基本情况

（一）中部崛起的区域战略背景

我国中部地区包括安徽、江西、湖南、湖北、河南、山西6省，其区位优势明显，在全国经济格局中承东启西、接南连北。中部崛起战略的提出是客观而现实的，是中央促进区域协调发展和基于中部地区的实际情况而做出的重大决策。2004年3月，温家宝在政府工作报告中，首次明确提出促进中部地区崛起，引起中部省份极大关注。2004年12月，中央经济工作会议再次提到促进中部地区崛起。2005年3月，温家宝在政府工作报告中再次提出：抓紧研究制定促进中部地区崛起的规划和措施，充分发挥中部地区的区位优势和综合经济优势，加强现代农业特别是粮食主产区建设；加强综合交通运输体系和能源、重要原材料基地建设；加快发展有竞争力的制造业和高新技术产业；开拓中部地区大市场，发展大流通。

中发〔2006〕10号《中共中央国务院关于促进中部地区崛起的若干意见》文件中提出："促进中部地区崛起，是继鼓励东部地区率先发展、实施西部大开发、振兴东北地区等老工业基地战略后，党中央、国务院从我国现代化建设全局出发做出的又一重大决策，是我国新阶段总体发展战略布局的重要组成部分，对于形成东中西互动、优势互补、相互促进、共同发展的新格局，对于贯彻落实科学发展观、构建社会主义和谐社会，具有重大的现实意义和深远的历史意义。"①

实施促进中部地区崛起战略以来，国家加大政策支持力度，中部六省抢抓机遇加快发展，促进中部地区崛起并取得了积极成效：发展速度明显加快，经济运行质量不断提高，总体实力进一步增强；一批重大建设项目陆续开工，粮食生产基地、能源原材料基地、现代装备制造及高新技术产

---

① 中发〔2006〕10号《中共中央国务院关于促进中部地区崛起的若干意见》。

业基地和综合交通运输枢纽（即"三个基地、一个枢纽"）建设取得积极进展；体制机制创新稳步推进，对外开放水平不断提高，武汉城市圈、长株潭城市群资源节约型和环境友好型社会建设试点开局良好；政府提供基本公共服务能力日益增强，城乡人民生活水平稳步提高，社会事业全面发展。

（二）中部地区基本环境

1. 中部地区地理环境

中部地区位于我国内陆腹地，具有望北向南、承东启西的区位优势，区域总土地面积为 102 万平方千米，占全国的 10.7%，区域内人口众多，2005 年总人口 3.57 亿，占全国总人口的 27.6%。中部地区拥有太行山、伏牛山、武夷山、秦岭等山脉，长江、黄河、淮河等水系横贯其中，洪湖、鄱阳湖等湖泊星罗棋布，土地资源、矿产资源、动植物等资源丰富多样。气候主要是湿润性气候，光能充足、雨水充沛、无霜期长。中部六省交通便利，四通八达的水、陆、空交通网络已经初步形成。总体来说，区域内优越的自然环境、丰富的自然资源和人力资源、便捷的交通为中部地区农业、工业的生产发展提供了良好的条件。

2. 中部地区经济环境

中部六省有着雄厚的工业基础，农业生产优势明显，产业门类齐全，中部崛起战略实施以来，六省的国民经济呈现出持续快速发展的局面，但是，中部地区的经济总体水平还是大大落后于东部沿海地区，也低于全国平均水平。中部地区主要表现为以农业为主的自然经济仍在经济中占有重要地位，GDP 总量占全国的 20.3%，人均 10082 元（2005 年），仅及全国平均水平（13944 元）的 72.3%。在三次产业中，第一产业、第二产业和第三产业的比为 16.6∶46.9∶36.5，和全国的 12.5∶47.3∶40.3 水平相比，仍表现为二、三产业欠发达，二、三产业仍落后全国平均水平。第一产业总量为 6156 亿元，占全国第一产业总量的 27.1%，占中部经济区 GDP 总量的 16.6%，大大高于 12.3% 的全国平均值，第二产业总量 17375 亿元，约占全国第二产业总量的 20.2%，接近于 GDP 总量在全国所占的比重，稍低于 47.3% 的全国平均水平。第三产业总量 13516 亿元，占全国第三产业总量的 18.4%，占中部经济区 GDP 总量的 36.5%，低于全国 40.3% 的平均水平。

　　中部地区以其居中的位置，无论是在东西部间构筑相对公平的发展政策环境、建立彼此沟通的硬件条件和实现空间市场一体化，还是在南北间加强对外开放的交流、扩大先进技术和经营管理的传播等方面，都具有独特的东西互动、南北贯通的桥梁作用。

　　3. 中部地区社会人文环境

　　文化是综合国力的重要组成部分，是增强综合国力的重要力量。中部各省有着悠久的历史，曾经有过繁荣昌盛的时代，河南的洛阳、开封、安阳均为知名古都，中国最早的王朝也在河南建立，黄帝、炎帝的故里也坐落在中部。中部六省有 28 个国家历史文化名城，8 个历史文化名镇，13 个历史文化名村，362 个全国重点文物保护单位。中部经济区文化十分多元，有中原文化、楚文化、湖湘文化和徽文化等。中部地区涌现出许多历史名人，像屈原、白居易、齐白石、毛泽东等。宋代四大书院全部位于中部省份（河南应天书院、河南嵩阳书院、湖南岳麓书院、江西白鹿洞书院），山西的晋商和安徽的徽商尤为出名。中华人民共和国成立之后，自开埠以来，武汉的经济发展一直处于中部经济区乃至全国的领先水平，成为中部经济区最大的工商业城市及政治、文化、教育中心。

　　中部六省主要受黄河中游的中部文化、南方的楚文化的影响，中部文化的内涵是崇尚"中庸"的孔孟哲学。随着改革开放的不断推进，中部崛起进程的不断加快，中部文化注入了新的活力和动力，焕发出勃勃生机和迷人魅力。中部六省以文化资源为依托，以结构调整为主线，以体制机制创新为突破口，全面繁荣文化事业，大力发展文化产业，为中部六省经济发展起到了促进和带动作用。

　　（三）中部区域体育整体情况

　　1. 中部地区竞技体育发展概况

　　从近三届全运会奖牌榜的排名上看，中部六省的排序基本上处于中游位置；从中国奥运冠军各省分布统计上看，中部六省处于中游偏下的位置，但是湖南、湖北、河南在中部六省中又处于领先的位置；体操、举重、羽毛球、跳水、田径、划艇、游泳、蹦床等多个项目都是其优势项目，具有在全国甚至世界夺冠的实力。从历史纵向发展来看，我国中部地区竞技体育的水平在"十一五"期间都得到了长足发展。

根据我国"十二五"规划，中部地区进一步深化竞技体育体制、机制改革与制度创新，促进竞技体育可持续发展。湖南省竞技体育处于全国前列，2010 年有 5 人获得世界冠军，14 人获得亚洲冠军，打破两项世界纪录，超一项世界纪录。广州亚运会 14 人组成的亚运湘军夺得 12 枚金牌、5 枚银牌和 2 枚铜牌。2000 年悉尼奥运会，湖南省夺得 7 枚金牌，5 次打破三项世界纪录。金牌数、奖牌数、总分数均位列全国各省市区之冠。湖北省竞技体育处于全国中等水平，从第二十三届至二十八届奥运会，共获得 16 枚金牌，总数居全国各省市区的第 2 名。多哈亚运会 9 名运动员共夺得 12 枚金牌，创造了近三届亚运会湖北省体育最好成绩。江西省在第二十九届奥运会上夺得 3 枚金牌、1 枚银牌、1 枚铜牌，刷新了江西竞技体育历史最好成绩；在第十届全运会上获得 12 枚金牌、6 枚银牌、2 枚铜牌，取得在全国排位第 15 位、中部地区第 3 位的历史性突破。安徽省运动员 5 年来在国内外重大体育比赛中共获得金牌 157.5 枚、银牌 152 枚、铜牌 195.5 枚。河南省是我国人口第一大省，有着雄厚的人力资源优势，曾涌现出一大批著名的运动员，如巫兰英、邓亚萍、陈中、李莉、葛新爱等；十一届三中全会以后，河南省竞技体育有了较快的发展，从第六届全运会开始，河南省的奖牌名次和总分名次接近前 10 名或进入前 10 名。从山西省竞技体育在第九届全运会上取得的综合成绩看，可以得出山西省竞技体育实力排名处于全国中上游地位的结论。

2. 中部地区群众体育发展概况

中部地区的群众体育一直具有良好的传统和较好的基础，随着体育体制改革的不断深化，体育社会化程度不断提高，省、市、县（区）的层次结构已经形成。湖南、湖北和河南重视社会体育社区功能，加强农村体育资源的投入，努力将群众体育打造成体育强省的工作平台，逐步实现向群体强省迈进的目标。

从 2009 年起，我国将每年的 8 月 8 日定为全国"全民健身日"，湖南省群众经常性的体育活动空前活跃，据省体育局统计，群众体育已跨入历史新阶段，全省经常参加体育锻炼的人数占总人口的 29.6%，人均寿命 73.6 岁。安徽省的群众体育在全国是名列前茅的，全国群体先进县、先进单位、先进个人每年都有一大批受表彰，安徽省群众体育方面的先进经验有不少在全国普及和推广。河南省每年全省经常参加体育活动人数在

3600 万人以上，占总人口的 38%，每年组织开展 200 多项群众体育赛事，"十一五"期间，创建了 1 处国家级青少年户外体育活动营地，10 个国家级社区体育俱乐部，120 个国家级青少年体育俱乐部，223 个省级以上体育传统项目学校，各级各类社会体育指导员总人数 5 万人，遍布全省市县乡村的全民健身活动站点 1.3 万多个。山西省为弥补健身器材少的缺点，调动和满足全民健身需求，提出体育场免费向晨练群众开放。湖北省开展了以"农村体育年"为主题，以"生活奔小康，身体要健康"为主题口号，以"体育三下乡"为主题的活动，全民健身朝阳工程蓬勃发展。

　　体育的发展以经济社会发展为基础，由于东、中、西部发展不均衡，经济实力对比悬殊，也导致了体育事业的非均衡发展。"十一五"期间，中部体育发展迅速，但是从全国来看，与东部地区相比还是有一段距离，就体育事业费用总支出而言，东部人均为 6.37 元，中部为 4.32 元。

　　3. 中部地区体育产业发展概况

　　中国体育产业的发展是在 20 世纪 90 年代中期以后，主要标志就是 1995 年 6 月 16 日，国家体委发布了《体育产业发展纲要》。有了这样的一个方向性的指导文件，体育产业无论从实践还是理论层面都进入了一个快速发展时期。伴随着我国体育产业快速发展，体育产业集聚不断加剧，体育产业集群初具规模。"集群化"发展对中部地区体育产业优势竞争力的形成起着重要的助推作用。"中部崛起"战略和"两型社会"试点区被付诸实施，国家建设战略重心已经覆盖了中部。这为中部地区中心城市体育产业集群化发展提供了历史性的机遇，中部地区中心城市在我国体育产业的发展上将扮演越来越重要的角色。

　　我国中部中心城市体育产业集群是指以武汉、郑州、长沙为中心区域，以体育产业专业化分工与协作原则形成的大量产业联系密切的体育企业为主体，以及相关支撑机构高度集中这一地区的体育产业组织形式。目前，中部地区中心城市的体育产业已经成为投资热点，经济效益高，发展速度快，具有一定规模的体育市场已经形成。安徽省体育健身娱乐、竞赛表演和技术培训市场日渐兴旺，体育场馆效益日益突出，体育彩票销售量不断攀升，全省 5 年共销售体育彩票 23.6 亿元，获得公益金 8.1 亿元。江西省南昌、九江、景德镇等地的体育产业已经成为投资热点，经济效益高，发展速度快，在国民经济中的比重稳步上升，体育消费空前活跃，体育市场一派繁荣。在体育旅游资源方面，长江中、上游地区的古代荆、楚一带，现尚保留在民间以狩猎、农耕、渔牧生活为主体的山地文明形态；还有苗族、土家族、瑶族、侗族、回族、白族等十多个少数民族，在湘鄂渝黔边这方以大山为主的土地上，源于狩猎、征战、农事与宗教的民族舞蹈和体育集会。这些为中部地区体育旅游业的蓬勃发展提供了较好的基础。

湖南体育产业发展直接受到"中部崛起"战略影响，具体表现在：一是制造业的发展带动体育用品业的发展；二是基础设施建设投资加快公共体育场馆的建设；三是对外开放的步伐加快刺激体育旅游业的兴旺。目前，中部地区经济发展中普遍存在着"聚而不集"的软肋，集群化发展程度不高，严重制约着"崛起"。从世界经济区域竞争发展来看，产业集群化作为一种新型的产业组织形式，对促进区域"崛起"有着重要作用。

4 中部地区体育文化概况

中部地区拥有丰厚的历史文化背景，在漫长的历史文化发展过程中，也积淀了独特的体育文化，比较突出的代表有梅山体育文化和山寨文化。

独特的梅山体育文化。在长江中、上游地区的古代荆、楚一带，现尚保留着民间的这种体育文化现象。这种体育文化古朴、纯真、典雅、威猛，以防身、健身、民俗、礼仪、表演为主要特点，充分反映了当时湘、鄂、川、黔、渝、桂一带乡民以狩猎、农耕、渔牧生活为主体的山地文明形态①。

特色鲜明的山寨文化。在湘鄂渝黔边山寨，苗族、土家族、瑶族、侗族、回族、白族等十多个少数民族在以大山为主的土地上，由于生存区域、生存环境、生产和生活方式、文化积累和传统等的不同，利用各种身体练习来提高人的生物学和精神潜力，产生了不同于其他区域和民族的独特的民族体育文化。山寨体育或源于狩猎和征战，如土家族的"茅谷斯"舞，土家族、苗族、瑶族等共有的射弩、武术等；或源于农事与宗教，如苗族的跳鼓、接龙舞、上刀梯等；或源于婚恋与民俗，如苗族的八人秋，土家族的抢贡鸡，侗族的哆毽、草球等；或源于反抗压迫和崇拜、纪念英雄人物，如城步苗族的打泥脚、湘西凤凰苗族的爬竿、江华瑶族的人龙、

---

① 马分侨：《论梅山文化的几个特色》，载于《邵阳师专报》1997 年第 2 期。

土家族的摆手舞等①。

二　中部体育发展战略研究与评述

（一）引言

我国中部地区体育事业的发展，在全国处于中等水平。在"中部崛起"战略背景下，湖南的"精品战略"、湖北的"争光进位"战略、河南的"体育强省"战略等的提出，体现了中部地区区域体育发展的潜力与目标。

本文在总结文献研究的基础上，对中部区域体育发展战略（竞技体育、体育产业、群众体育）进行归纳总结，找出优势，发现问题，为下一步的研究奠定基础。

（二）中部区域体育发展战略研究文献总览

1. 战略研究成果发表的时间段

根据我国体育事业发展总目标，结合中部体育发展趋势、现有条件与基础，涌现出许多关于中部体育发展战略的研究文献，对中部体育发展起到极为重要的理论指导意义。2004 年，国家实施了"中部崛起"战略，此时许多学者开始研究中部地区的发展战略，借助于总体战略上的研究，体育学者也开始研究中部区域体育发展战略，研究成果比较集中地出现于 2006 年以后，从 2007 年至 2009 年，针对中部区域体育产业整体联动发展战略的研究也相对较为深入。

2. 战略研究内容

目前有关中部地区体育发展战略研究的内容主要包括：对竞技体育实力现状、发展趋势、经济与竞技体育关系、体育强省以及奥运夺金策略的研究；对群众体育发展现状、可持续发展、全面建设小康社会与群众体育的关系以及全民健身的研究；对体育产业的产业结构、产品品牌、体育旅游、休闲体育的研究等。但是，从查阅的文献资料看，很少有文献资料涉及中部省份的一些城市群、城市带的研究，以及经济学、战略学理论在体育事业发展中的应用研究。

---

① 田祖国、姜河、白晋湘等：《湘鄂渝黔边山寨民族体育文化研究现状及发展对策》，载于《西安体育学院学报》2000 年第 7 期。

3. 省份与跨省份研究

各研究人员基本上都是在"中部崛起"的背景下研究自己省份的体育发展战略，跨省份的研究大部分局限于体育产业、群众体育的研究。中部地区关于体育战略研究的特点：一是湖南、河南、安徽、湖北等几个省相关文献略多。二是以省域为主的战略研究明显优于跨省份的研究，其中河南省的体育战略研究更全面，包括学校体育的发展战略，群众体育发展战略等方面。其他省份体育战略研究尚处于起步阶段。

（三）中部区域体育发展战略研究主要成果与评述

1. 关于体育发展战略研究

在中部崛起战略的影响下，中部地区的经济得到了快速的发展，也促进了中部体育事业的蓬勃发展。随着体育事业的发展，对体育发展战略的研究也日渐增多，并取得了一定的理论成果，但是对中部地区宏观体育的发展战略的描述只有极少量的文献，如胡启良、于勇、王云玲的《中部崛起背景下中部地区农村体育文化与新农村建设和谐发展对策研究》；对中部地区关于体育发展战略的研究，大都局限于以省域为研究对象，如郭明方的《湖南省竞技体育可持续发展研究》、曾吉的《湖北省竞技体育现状与发展对策》等。总之，从整体性上来看，对中部地区宏观体育发展战略的研究还不够充分，特别是针对竞技体育发展战略的文献研究还未发现。关于中部地区体育产业、群众体育发展战略的研究文献，已有经济学理论开始进入到体育发展战略研究中来，从而挖掘出中部地区体育发展的更大潜力。

2. 理论应用成果评述

中部地区体育发展战略的研究，从经济发展战略角度来说，主要运用了增长极理论、城市圈理论、产业集群化理论、点—轴渐进理论等经济学理论，将这些经济学、战略学中的理论成果运用到中部地区体育事业上来，为中部地区体育事业的发展提供了强有力的理论支撑。

首先，"城市圈"、"点轴渐进"理论的应用。在中部崛起的战略背景下，通过规划武汉城市圈、中原城市群、长株潭城市群、皖江城市带、环鄱阳湖城市群、太原城市圈，将中部地区的体育资源、体育产业有机地联系在一起。如唐景丽在《湖北体育品牌研究》中认为，通过构建武汉城市圈，加强武汉城市圈之间的经济联系，增强城市集聚和辐射功能，通过城城通开、城乡通开，使武汉成为通向国内外市场的桥头堡，为体育品牌投融资带来区域经济合作和资源整合。李建明在《湖北体育旅游经济圈的构建基础及战略选择》中提出，以点带面，以面成圈，圈体互动格局。构建湖北体育旅游经济圈，必须依托具有有利发展条件的线状基础设施轴线，由轴线地带动区域中心城市向发展条件稍弱的次级城市扩散，逐步辐射到整个区域范围，从而形成"点—轴—圈"三级区域体育旅游经济体，打造湖北体育旅游经济圈的经济联合体。正是通过这些城市圈的构建，使每个城市的体育发展能够很好地结合在一起，城市圈的构建为体育事业的发展提供了有利的契机。

其次，"产业集群化"理论的应用。产业集群化理论在竞争日趋复杂、知识导向和动态的经济体中，扮演着愈来愈重要的角色。在中部地区，把六省作为一个整体区域，运用产业集群化理论提出发展战略，具有一定的理论价值和应用价值。如刘勇在《我国中部中心城市体育产业集群发展研究》中提出，我国中部中心城市体育产业集群，是指以武汉、郑州、长沙为中心区域，以体育产业专业化分工与协作原则形成的大量密切联系的体育企业为主体，以及相关机构高度集中在这一地区的体育产业组织形式；李鹏在《河南体育旅游产业集群化发展的思考》中提出，体育旅游产业集群的发展实质上表现为体育旅游产业集群竞争力的不断增强，其核心内容是培养和提高体育旅游产业集群的竞争力。正如这两篇文献所提出的，将产业集群理论运用到体育事业的发展当中来，尤其是在体育产业上的应用，能够极大地提升产业集群的竞争力，也极大地增加了产业的抗风险能力，对体育产业的发展起到了极大的推动作用。

最后，"梯度推进"理论的应用。中部地区位于我国内陆腹地，具有承东启西、连南通北的区位优势。杨锋在《湖南省体育产业发展现状与对策研究》中提出，主动承接"珠三角"、"长三角"经济的梯度转移，实现"互补效应"和"规模效应"，加快以城市为中心，逐步向农村辐射来发展体育消费。谢仁桃在《"中部崛起"战略背景下湖南体育产业发展对策研究》中提出，在"中部崛起"战略中，湖南省在"承接"东部地区制造业转移方面具备了较大的优势。以上两篇文章在对"承东启西"战略的"承东"做了分析，这也是由于湖南省东接珠江三角的地域特点。

这与张秀生的《东西"夹击"的中部地区经济发展：战略定位与对策思考》文章中"中部崛起"经济战略相吻合。从这些文献对中部地区的研究上看，中部地区应该充分利用这个有利的地理位置来发展体育事业，把东部先进的科技、管理体制以及西部的体育资源引进来，发挥好"中转站"的作用。

从目前的文献看，城市圈理论、产业集群化理论、增长极等理论，在结合中部地区实际情况的前提下，预测了中部一些地区的体育事业发展的趋势，也制定了一些体育发展的战略，这些战略的制定以及理论成果的应用，能够加快中部地区体育事业的发展，提高中部地区体育的总体水平，使中部体育事业的发展在全国体育事业中的角色愈加重要。

3. 主要领域成果

（1）竞技体育研究领域

第一，在中部地区，针对区域整体竞技体育发展战略的研究还未发现，各省竞技体育研究大都局限于发展现状、潜力、对策以及后备人才培养的研究。如郭显德的《山西省竞技体育实力现状及奥运夺金策略研究》，客观地评价了山西竞技体育的实力现状，解决了制约山西竞技体育发展的主要问题，制定了以北京奥运为中心的竞技体育发展战略，加强科研团队建设来提高重点项目的科学化训练水平，实施体教结合的运动员培养新模式等。还有张晓聪的《"十一运"后安徽省竞技体育发展对策研究》、金洪辉的《关于河南省竞技体育发展现状及趋势的研究》等。关于中部地区整体竞技体育的宏观研究有待进一步开展。

第二，结合省域经济发展状况及竞赛成绩进行分析、探寻经济发展与竞技体育的发展方向及互动关系的研究，在一些文献中也有所体现，如王岗的《山西经济与竞技体育成绩的相关研究》，通过对 10 年间山西经济的发展状况及山西体育代表团在第七、八、九届全运会上的竞赛成绩进行分析，研究山西经济发展与山西竞技体育发展之间的和谐度，探寻山西经济与竞技体育的发展方向；黄金丽的《湖南经济发展水平对湖南竞技体育可持续发展的影响及对策》，论证了湖南经济发展水平对湖南竞技体育可持续发展有着显著的影响，经济发展水平决定了社会和人民对竞技体育的需求程度，制约了湖南省制定竞技体育发展的决策，影响到竞技体育体系的建设，说明经济对促进湖南省竞技体育可持续发展起到了巨大的作用。还有赵聂的《河南体育事业与经济社会发展关系研究》等。这些文献反映出，经济对竞技体育起到决定性的作用，离开了经济的支持，竞技体育的发展将会受到很大的阻碍。

第三，中部各省竞技体育的发展都有自己的特色，有着各自的优势项目，比如湖北省的体操、河南省的武术等就屡屡在国际大赛上获奖。结合省域的竞技体育特色，制定适合本省特色的竞技体育发展战略的研究有刘锡梅的《竞技体育"精品工程"战略探骊》等。湖北省副省长张岱梨在2009年省体育工作会议上的讲话中提到："争光进位"战略，力争在奥运会上夺金争光，在全运会上位次稳步前移，实现"争光进位"的发展战略。

（2）群众体育研究领域

第一，中部崛起战略实施以来，在全民健身计划二期工程的带动下，全民健身体系日趋完善，人民群众积极参加全民健身活动。在中部地区关于群众体育研究较为深入的是河南、湖南、湖北、山西4省，针对群众体育的发展现状、可持续发展对策、全民健身体系的发展、全面建设小康社会目标的研究较为多见。如凡春香的《河南群众体育发展的现状与持续发展战略构想》，就河南群众体育活动的现状特点、存在的不足以及发展前景等问题进行研究和分析，围绕河南群众体育的发展方向、途径、方法和特征等热点问题，构建未来河南群众体育发展目标和主要战略措施。又如张伟的《全面建设小康社会时期河南省群众体育现状调查与研究》、唐宏贵的《湖北省"全面建设小康社会时期"群众体育达成目标与评估指标体系的研究》等。这些文献主要是探讨在全面建设小康社会目标下，群众体育的发展策略。

第二，以省域中的重点城市为中心，结合经济学理论，提出"中原城市群体育圈"模式，是中部地区群众体育研究领域的一个创新。孔祥宁的《构建"中原城市群体育圈"的可行性研究》，提出构建以郑州为中心，包括洛阳、开封、新乡、焦作、许昌、平顶山、漯河、济源等9个城市在内的"中原城市群体育圈"发展模式与构想。

（3）体育产业研究领域

我国随着改革开放，经济的不断发展，对体育产业发展战略的研究也日渐增多，中部六省体育产业发展战略研究的文献也较为丰厚。

第一，中部地区关于体育产业的文献，绝大部分是关于发展现状、战略及对策的研究。如王晶的《河南省体育产业现状及对策研究》，金洪亮的《河南省体育产业发展战略研究》，李建明、雷选沛的《基于高新技术开发区发展湖北体育产业的对策研究》，谢仁桃、唐宇钧、颜献忠的《"中部崛起"战略背景下湖南体育产业发展对策研究》等，都是对体育产业现状进行分析，提出相对应的发展战略及对策，很少有从新颖的角度来对中部地区体育产业发展战略进行描述。

第二，中部地区拥有丰富的体育旅游资源，使城市间体育旅游资源接轨的研究，为中部体育产业的发展创造了条件。如王永胜的《以地域传统项目带动体育产业发展——以河南省体育产业发展为例》论述到，要大力发展武术资源的优势，推动河南体育产业的发展；田祖国在《湖南体育产业经济"弯道超车"发展论》中，也提到了要通过大力发展体育旅游业来促进湖南体育产业的发展。

4. 存在的主要问题

（1）中部体育发展战略"一体化"研究不足

中部地区因其重要的地理位置和战略地位，成为我国新一轮区域协调互动发展的关键。然而，中部各省产业格局差异巨大，又缺少并且难以真正形成突出的"增长极"，在此背景下，开展促进地区省域之间的协同与合作的研究，是解决区域体育事业协调发展的重要手段。因为中部地区应该作为一个板块"整体崛起"，各省之间缺乏相对的联动与合作，已成为中部崛起的一个障碍。

（2）没有充分利用"承东启西"的地域优势进行相关的战略研究

中部地区地处东部沿海腹地和西部内陆的前沿，是既非沿海亦非典型内陆的亚沿海地带，在地缘上和经济上都处于我国东西地带的结合部。西部大开发与东部大发展的连接无论如何都跳不出地理上的中部。东部的人流、物流、信息流以及系统的经济流在向西推进的过程中，将会有相当一部分的经济流流经中部乃至渗透至中部，这就使得中部处在有利的"承东启西"的战略位置。这种特殊的区位，还使得中部地区的发展关系到西部大开发战略的有效实施。然而在这一领域的研究中，一些相关的经济领域的学者做了较为深入的研究，与体育事业发展战略相关的研究还未发现。

（3）体育产业集群化发展程度不高

目前，中部地区体育产业发展中普遍存在着"聚而不集"的软肋，集群化发展程度不高，目前集群化的研究仅限于省域内的研究，针对整个中部地区的体育产业集群化研究还未发现。

（4）针对体育事业的发展研究大都局限于现状、对策的研究

目前，针对体育事业的发展研究大都局限于现状、对策的研究，运用经济学理论研究体育发展战略，只在省域体育产业、群众体育发展战略中有所体现，系统全面的战略发展研究并不多见。

（四）小结

综上所述，许多学者从中部区域竞技体育、群众体育、体育产业等三个方面进行了具有规划性和经验性的总结与研究，体育产业、群众体育的打破省域的战略研究，对省域的增长极、城市圈、产业集群等的研究具有一定的深度；但是在区域整体联动的体育战略研究上，还处于较低的水平。

如何利用中部地区的资源优势，运用经济学中的城市圈理论、产业集群化理论，制定中部地区的体育产业区域联动发展战略；利用中部地区的"承东启西"区位优势，借鉴点—轴理论，制定中部地区的竞技体育、群众体育区域"一体化"发展战略；利用中部的独特体育文化优势，大力发展体育旅游业，是今后值得重视的研究课题。

主要参考文献

［1］鲍晓明：《体育产业》，人民体育出版社 2003 年版。

［2］裴立新、王毓瑞、韩佐生：《西北地区实施"全民健身计划"的基本对策及保证体系》，《体育科学》1999 年。

［3］孙班军、黄志强、郑浩：《构建"环京津体育旅游圈"的战略构想》，《武汉体育学院学报》2007 年第 11 期。

［4］施芳芳、常德胜：《长三角地区体育旅游资源的整合系统开发研究》，《西安体育学院学报》2009 年第 4 期。

［5］唐晋军：《北京奥运会对优化我国体育产业结构的影响》，《体育科技文献通报》2007 年第 1 期。

［6］田世昌、饶远、母顺碧等：《我国东部地区体育产业发展分析》，《体育文化导刊》2009 年第 11 期。

[7] 童莹娟、丛湖平:《我国东部地区体育产业发展的社会经济"外环境"区位比较优势及发展方式的选择》,《中国体育科技》2002年第11期。

[8] 宋狄雷:《民营体育用品制造业自主创新能力的实证研究》,《北京体育大学学报》2007年第8期。

[9] 王爱丰、陈恩玉、辛丽:《江苏沿江体育产业结构特征及其发展对策的研究》,《南京体育学院学报》2009年第3期。

[10] 周良君、陈琦:《广东沿海区域体育产业发展研究》,《体育文化导刊》2009年第12期。

[11] 中央人民政府,西部大开发 [EB/OL]. http://baike.baidu.com/view/705234.htm.

[12] 国务院,2009年西部经济发展报告 [EB/OL]. www.npc.gov.cn.

[13] 国务院新闻办公室, [EB/OL]. www.scio.gov.cn.

[14] 国家体育总局,第八、九、十、十一届全运会奖牌榜 [EB/OL]. http://www.sport.gov.cn.

[15] 四川省体育局,四川省十一五体育发展规划 [R]. 2006.01.

[16] 甘肃省体育局,甘肃省十一五体育发展规划 [R]. 2006.02.

[17] 陕西省体育局,陕西省十一五体育发展规划 [R]. 2006.02.

[18] 胡锦涛:《在北京奥运会、残奥会总结表彰大会上的讲话》. [EB/OL]. [2008—09—29] http://www.news.cn.

[19] 王君侠:《西部大开发形式下西北地区竞技体育发展战略研究》,《西安体育学院学报》2005年第3期。

[20] 谢英:《区域体育资源研究——理论与实践》,科学出版社2009年版。

[21] 国家体育总局政策法规司.体育产业战略研究 [M].人民体育出版社2008年版。

[22] 饶远、张云钢、田世昌:《我国西部地区区域体育产业发展重点的战略思考——以云南体育产业发展研究为例》,《体育科学》2006年第3期。

[23] 刘青:《成都市体育圈构建研究》,《成都体育学院学报》2009年第10期。

[24] 殷生宝:《环青海湖民族体育圈旅游资源的优势与特色》,《青海师专学报》2007年第5期。

[25] 刘玲:《2010年广西体育可持续发展战略研究》,《体育科技》2002年第4期。

[26] 舒为平、张文革、昝凌峰等:《西部大开发与四川体育发展对策研究》,《成都体育学院学报》2007年第5期。

[27] 程钰娟、林略、严小波等:《论重庆市竞技体育影响因素》,《科技创新导

报》2008 年第 4 期。

　　[28] 方程：《论陕西竞技体育发展模式的内部影响因素》，《首都体育学院学报》
2009 年第 5 期。

　　[29] 何胜、马敏：《陕西省竞技体育优势项目可持续发展研究》，《体育管理》
2007 年第 10 期。

　　[30] 杨涛：《陕西省不同区域体育产业发展模式研究》，《中国体育科技》2009
年第 5 期。

　　[31] 曹锋华、赵东平：《重庆体育产业发展的快速增长点研究》，《山东体育学
院学报》2009 年第 4 期。

　　[32] 陈明、陈剑锋、郭晓峰：《内蒙古竞技体育可持续发展战略研究》，《内蒙
古师范大学学报（自然科学汉文版）》2007 年第 2 期。

　　[33] 谢强：《广西竞技体育可持续发展战略研究》，《体育科技》2005 年第 1 期。

　　[34] 查大林：《云南省全民健身发展战略思想》，《体育科研》2005 年第 4 期。

　　[35] 魏争光、肖鹏、张惠珍：《全面建设小康社会与西北地区全民健身体育的发
展》，《体育学刊》2007 年第 9 期。

　　[36] 四川省体育局，四川省十一五体育发展规划 [R]. 2006. 01.

　　[37] 甘肃省体育局，甘肃省十一五体育发展规划 [R]. 2006. 02.

　　[38] 陕西省体育局，陕西省十一五体育发展规划 [R]. 2006. 02.

　　[39] 重庆市体育局，重庆市十一五体育发展规划 [R]. 2006. 02.

　　[40] 邹师：《辽宁竞技体育人才成长环境的社会学分析》，《体育文化导刊》
2007 年第 11 期。

　　[41] 邹师：《走向振兴老工业基地中的辽宁体育发展战略》，《北京体育大学学
报》2004 年第 4 期。

　　[42] 于文谦、翟丽娟：《辽宁省区域体育协调发展探析》，《吉林体育学院学报》
2009 年第 1 期。

　　[43] 郑锦惠、郭长寿、李莘：《辽宁竞技体育优势地位形成与发展的历史分期
及特点研究》，《沈阳体育学院学报》2010 年第 4 期。

　　[44] 王艳、马桂新：《论辽宁体育可持续发展的环境战略》，《辽宁体育科技》
2005 年第 3 期。

　　[45] 丁林梅、张贵敏：《辽宁体育产业成长性及其演进研究》，《沈阳体育学院
学报》2008 年第 4 期。

　　[46] 唐云松：《我国滑雪产业发展战略研究》，《成都体育学院学报》2007 年第
6 期。

　　[47] 唐云松：《我国滑雪产业发展环境分析与创新战略选择》，《冰雪运动》

2009 年第 1 期。

　　[48] 吉林省体育局，吉林省体育事业"十一五"规划．[R]．2006.

　　[49] 辽宁省体育局，辽宁省体育事业"十一五"规划．[R]．2006.

　　[50] 黑龙江省体育局，黑龙江省体育事业"十一五"规划．[R]．2006.

　　[51] 张劲松：《新化县梅山文化的特色及价值特色》，《邵阳学院学报》（社会科学版）2009 年第 1 期。

　　[52] 田祖国、姜河、白晋湘等：《湘鄂渝黔边山寨民族体育文化研究现状及发展对策》，《西安体育学院学报》2000 年第 7 期。

　　[53] 国家体育总局政法司，体育事业"十一五"规划编制参考材料［R］. 2005．03.

　　[54] 唐景丽：《湖北体育品牌研究》，《体育文化导刊》2008 年第 12 期。

　　[55] 李建明：《湖北体育旅游经济圈的构建基础及战略选择》，《湖北体育科技》2008 年第 9 期。

　　[56] 刘勇、刘鸣鸣：《我国中部中心城市体育产业集群发展研究》，《体育文化导刊》2010 年第 2 期。

　　[57] 李鹏、金龙等：《河南体育旅游产业集群化发展的思考》，《山东体育学院学报》2009 年第 5 期。

　　[58] 杨锋、江广和：《湖南省体育产业发展现状与对策研究》，《河北体育学院学报》2009 年第 3 期。

　　[59] 郭显德、石岩：《山西省竞技体育实力现状及奥运夺金策略研究》，《山西大学学报》2006 年第 9 期。

　　[60] 王岗、梁维卿：《山西经济与竞技体育成绩的相关研究》，《山西师大体育学院学报》2003 年第 6 期。

　　[61] 黄金丽、罗跃龙：《湖南经济发展水平对湖南竞技体育可持续发展的影响及对策》，《商业环境》2009 年第 2 期。

　　[62] 凡春香、尚丽坤：《河南群众体育发展的现状与持续发展战略构想》，《内江科技》2009 年第 5 期。

　　[63] 孔祥宁、马英：《构建"中原城市群体育圈"的可行性研究》，《河南教育学院学报》2009 年第 4 期。

第五章　区域体育事业发展的优势
与潜力分析

我国地区间经济社会发展极度不平衡，这种不平衡必然折射到作为社会文化重要组成部分的体育之中。正是因为我国区域体育发展不平衡的现状，才更加凸显了我国区域体育发展战略研究的重要性，同时也明确了在研究体育强国目标下我国区域体育的发展战略，应以我国区域体育发展的现状为基础。区域发展战略的特征之一，就是以空间区域作为发展的对象，以区域发展的特色和优势为出发点，充分发掘区域潜力。正是基于这一认识，本课题将依据东部先行、西部开发、东北振兴、中部崛起的战略背景，将我国内陆31个省份划分为东部（北京、天津、上海、河北、江苏、浙江、福建、山东、广东、海南）、西部（内蒙古、广西、重庆、四川、贵州、云南、西藏、陕西、甘肃、青海、宁夏、新疆）、东北（辽宁、吉林、黑龙江）和中部（山西、江西、安徽、河南、湖北、湖南）四大板块，以政府对体育事业支持力、群众体育发展能力、竞技体育发展实力、竞技体育持续发展能力四大因子和体育产业共五项指标为基础，分析我国区域体育发展的优势与潜力，为制定体育强国目标下我国区域体育发展战略提供现实依据。

我国体育发展的区域差异是自然禀赋、区位条件、经济投入、人力资源、社会环境等多方面因素综合作用的结果。在前期的研究中，通过对政府体育事业支持力、群众体育发展能力、竞技体育发展实力、竞技体育持续发展能力四个大方面的因子分析，总体得出四个板块体育事业发展的优势潜力。

本章选取政府对体育事业支持力、国民体质健康水平、竞技体育发展实力、竞技体育持续发展能力和体育产业五个主要方面，以及20多个具体指标（见图5—1），对四大区域体育内部的子系统的现状进行分析，并进行省市内部之间以及全国均值的对比分析，从而充分挖掘各区域体育发展的优势与潜力（数据主要来源于《中国体育事业统计年鉴2010》、国家统计局网站《社会统计年鉴》）。

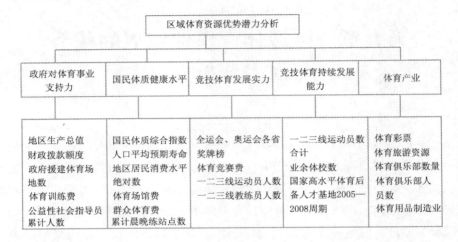

图5—1   区域体育事业发展指标体系

第一节   东部区域体育事业发展的优势与潜力分析

前期研究表明，我国31个省市区公因子得分综合排名前5位的江苏、山东、广东、上海、浙江5省市均位于我国东部地区，东部余下的5省市中，除海南省外，其他省在体育综合实力表现上均较为突出。在2012年伦敦奥运会上，中国代表团金牌数位列三甲的分别是东部区域的山东、广东和浙江，江苏位列第四，上海、福建、天津、北京均位列全国前十，东部区域在体育事业上的领先优势得到了进一步的提升。

在体育事业发展方面，东部诸省借助沿海城市优越的地理位置、开放的社会环境，承办了多次国内外大型体育赛事。如第九届全运会在广东举行（2001），第十届全运会在江苏举行（2005），第十一届全运会在山东举行（2009），连续三届全运会举办城市均选在东部，而2008年奥运会举办城市北京和2011年亚运会举办城市广东也是东部城市。东部一些省市也正是借助这种发展机遇使体育事业得到了快速有力的发展。

表 5—1　　　　　　　政府对体育事业的支持力统计（2008）

省市	地区生产总值 （亿元）	财政拨款额度 （万元）	政府援建体育 场地数（个）	体育训练费 （万元）	公益性社会指 导员人数
河北	16188.61	65479	16202	11607.9	37623
北京	10488.03	138291.3	2114	7468.7	35346
天津	6354.38	50204	291	11321	10835
山东	31072.06	838435.4	13490	11733.8	181715
江苏	30312.61	146302.1	42314	52650	110864
上海	13698.15	100886.1	550	28235.5	35927
浙江	21486.92	100542.7	20043	10806	91668
福建	10823.11	31559.4	3663	1962.2	45876
广东	35696.46	144024.8	13997	23356.8	42040
海南	1459.23	6932.1	3563	580	3221
东部平均值	17757.9	162265.7	11622.7	15972.2	59511.5
全国平均值	10555.5	73124.9	6764.5	8789.4	35255.3

数据来源：引自《中国体育事业统计年鉴 2008》。

东部地区在"改革开放、东部先行"政策的指引下，使部分省份在社会发展体制与政策方面具有更加灵活的优势，使该地区 GDP、居民消费水平、城市基础设施建设、人力资源与科技发展等方面优势更加突出，始终处于国内领先的位置。东部地区在地理位置、社会环境、经济收入、制度政策等方面的区域优势，直接或间接地为东部地区体育事业的发展贡献着力量，使得东部地区体育事业在竞技体育、群众体育、体育产业三个方面都得到了较好的发展。特别是东部地区已经形成我国多个经济、文化、旅游中心城市，成为我国对外开放和经贸文化交流的中心。分析东部10 省市在体育发展诸方面存在的优势与潜力，对于实现东部地区区域体育大发展、实现我国体育强国总体目标具有重要意义。

一　政府对体育事业支持力

（一）政府对体育事业支持力的综合指标分析

对于长期由计划经济主导的社会主义新中国而言，中央政府对体育事业的支持、重视与投入是决定我国体育事业发展的关键。因此，各省市政府对体育事业支持力也是地区体育事业发展的关键。政府对体育事业的支持，主要表现在政府援建体育场地数、财政拨款额度、体育训练费、公益性社会指导员累计人数等多项指标，而地区生产总值又与上述指标有着直接关系。

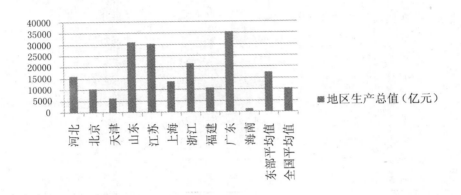

图5—2 东部各省地区生产总值 GDP（2008）

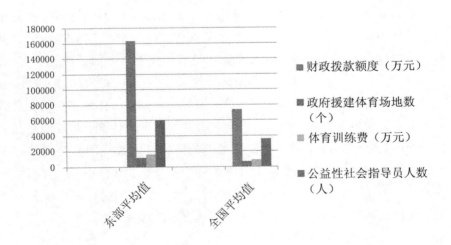

图5—3 东部地区政府体育投入指标与全国均值对比（2008）

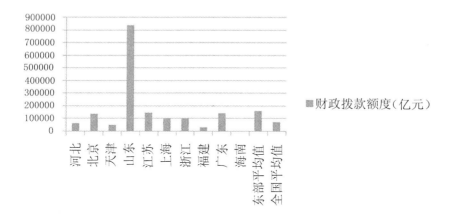

图 5—4　东部各省对体育的财政拨款额度（2008）

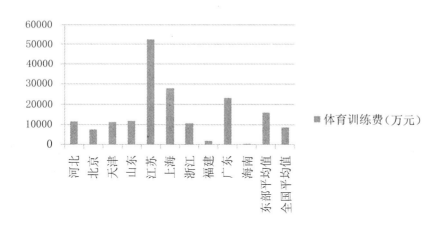

图 5—5　东部各省对体育训练费投入（2008）

通过表 5—1 统计数据来看，东部平均值在各项指标上均高于全国平均水平，程度均接近 2 倍，参见图 5—2，充分说明东部地区体育事业发展的政府投入优势。此外，图 5—2、图 5—3、图 5—4、图 5—5 显示，东部各省 GDP 比较高的省份广东、山东、江苏和浙江 4 省在财政拨款和训练经费上投入比较大。特别是山东省政府最为突出，分析认为其主要原因是山东省承办 2009 年的全运会，国家、政府加大了对山东省体育事业的资金投入。

（二）连续 5 年体育事业支出额度平均值高出全国平均值

体育事业年支出是政府每年对体育事业总体投入的数据指标，能够直接反映政府对体育事业发展支持力。通过对东部 10 省市 2005—2009 年（见表5—2、图5—6）连续 5 年投入数据比较分析表明东部均值在各年明显高于全国均值。10 省市多数呈上升趋势，有广东、北京、天津、河北、上海、江苏、浙江、山东 8 省，福建、海南 2 省呈上下波动趋势。

表 5—2　　　　　　　　体育事业年支出（2005—2009）　　　　（万元）

省市	2005 年	2006 年	2007 年	2008 年	2009 年
北京	83596	106779	165453	180990	181102.9
天津	37287	51328	28784	56730	75157
河北	38665	41748	45250	84200	56459.5
上海	96718	101714	134239	141574	163078.7
江苏	121313	132361	157691	215980	215837.6
浙江	99620	133980	155776	132189	151243.2
福建	63030	60378	69672	33942	121224.3
山东	90004	86540	147053	841456	142578.8
广东	166996	181704	204074	195732	267872.1
海南	4525	4208	10370	8942	9499.3
东部平均值	80175.4	90074	111836.2	189173.5	138405.3
全国平均值	45826.7	55663.3	67070.8	88010	81351.8

数据来源：引自《中国体育事业统计年鉴 2005》、《中国体育事业统计年鉴 2006》、《中国体育事业统计年鉴 2007》、《中国体育事业统计年鉴 2008》、《中国体育事业统计年鉴 2009》。

比较各省市逐年投入资金情况，也能更好地分析政府对体育事业的支持力度。体育事业年支出呈直线上升型的有北京、上海 2 市；投入大，上升趋势明显的有江苏、广东 2 省；投入相对较大，涨幅较大的有山东、福建、浙江 3 省，而天津市、河北省、海南省在体育事业年支出方面虽然也呈增长趋势，但投入资金相对较少，增长趋势波动较大，不利于体育事业长期持续稳定的发展。

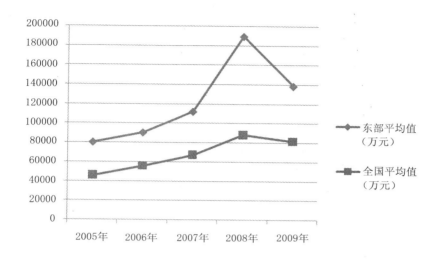

图5—6　东部地区与全国体育事业年度支出均值对比（2005—2009）

（三）以十一运奖牌数为指标分析其与地区生产总值的相关

十一运奖牌总数与地区生产总值的相关系数：0.820，说明地区生产总值对奖牌数有较大的作用和贡献率。如图5—7所示，山东、广东、江苏、浙江、河北5省经济总量的相对优势对竞技体育影响显著。但上海、北京、天津3个直辖市经济总量对奖牌数影响无明显优势。三者均为我国的直辖市，相对其他7个省份在人均生产总值等方面具有地域面积小、人口密集、外来人口多的特点。在东部地区就区域经济对竞技体育水平的影响而言，经济发展总量（宏观经济）的影响大于经济发展水平（富裕程度）的影响。但不同省市之间存在差异。主要表现在山东、广东、江苏3省与上海、北京、天津3个直辖市之间。江苏、山东、浙江政府影响力最大，天津、福建最小，其余省市居中。

综上所述，东部省市在政府对竞技体育事业支持力上具有明显优势，充分体现了地区政治、经济、文化以及政府在竞技体育方面的多元化管理和投入等方面的作用。东部各省在投入和体育业绩方面明显正相关，特别是表现在山东、广东和江苏3省，当然，这3个省的GDP在政府投入方面起到了决定作用，但是东部区域体育事业在整体水平领先的同时，也存在省域间的差距，在投入效率方面有明显不同，从第十一届全运会指标来看，广东省投入效率比较高。如何促进体育事业又快又好发展，为体育强国建设奠定坚实基础，是东部区域体育事业发展的首要任务。

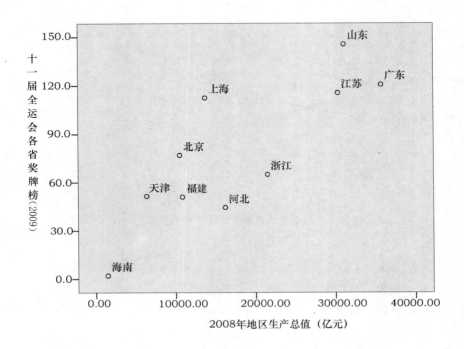

图5—7　十一届全运会奖牌总数与地区生产总值的相关

二　东部地区国民体质健康水平与群众体育发展

（一）东部地区国民体质健康水平整体较高

国民体质健康水平能较好地反映地区群众体育发展普及程度，反映地区群众对体育的热爱和参与程度，同时也反映地区政府对群众体育事业的支持与重视程度。所以，对国民体质健康水平的分析采用了国民体质综合指数、人口平均预期寿命、居民消费水平绝对数、事业支出用于体育场馆费、事业支出用于群众体育费五项指标。如表5—3所示，东部地区在五项指标的平均值上有四项高于全国水平，在事业支出用于群众体育费指标上除上海外，其余9省市均低于全国平均值，这说明对于东部地区乃至全国而言，提高国民体质健康水平主要取决于环境建设对几项数据进行横向比较分析，在事业支出用于群众体育费指标上高于全国平均值的上海市，其国民体质综合指数、人口平均预期寿命两项指标也均位于东部地区之首，而河北省在几项指标数据中均处于较低水平。

由此可见，事业支出用于群众体育费对国民体质健康和人口平均预期寿命均有积极的作用。海南省在国民体质综合指数、人口平均预期寿命两项指标上首次高于全国平均值，可以说海南省群众体育发展水平较好，但海南省在事业支出用于体育场馆费及事业支出用于群众体育费两项资金投入上却明显低于东部地区和全国的平均值。由此可见，海南省应加强对体育事业的投入，逐步改变体育事业落后的局面。

分析东部各省市在事业支出用于体育场馆费及事业支出用于群众体育费两项指标上，可以发现河北省、天津市在资金投入上偏低，使其在国民体质综合指数、人口平均预期寿命两项指标上也低于东部平均值。由此可见，体育事业资金直接影响着该地区居民的健康水平和生活质量。

表 5—3　　　　　东部地区国民体质健康水平数据统计（2008）

省市	国民体质综合指数	人口平均预期寿命（岁）	居民消费水平绝对数（元）	事业支出用于体育场馆费（万元）	事业支出用于群众体育费（万元）
北京	103.43	76.1	16683	43798.7	6687.4
天津	100.64	74.91	11394	10972.1	2124.3
河北	99.16	72.54	7927	3452.6	4262.4
上海	106.24	78.14	19573	33261.8	25591.1
江苏	105.7	73.91	10199	20040.7	14799.6
浙江	101.98	74.7	14097	13133.5	11633.6
福建	100.52	72.55	10296	12296	12911.6
山东	105.01	73.92	9453	11467.5	4657.8
广东	100.78	73.27	13624	53964.9	12482.9
海南	100.19	72.92	6955	462	1098.5
东部平均值	102.36	74.29	12020.1	20284.98	9624.92
全国平均值	100.07	71.24	8689.16	9714.9	22292.03

数据来源：引自《中国体育事业统计年鉴2008》。

从表5—3东部地区国民体质健康水平与全国平均水平对比来看，虽然五大指标中有四项高于全国平均水平，但明显反映出东部体育事业支出用于群众的水平低于全国一半以上，而场馆建设高于全国 1 倍以上，可能是场馆相对比较少的面向群众。

（二）十一运奖牌总数与国民体质综合指数相关

十一运奖牌总数与国民体质综合指数相关系数：0.736，相关程度较大。反映了东部地区人口身体素质对竞技体育水平有直接的影响。区域国民体质水平越高，说明区域群众体育开展程度越高，竞技体育的人才基础越雄厚，国民对竞技体育的支持率也越高，地区竞技体育就能处于良性发展状态。分析图 5—8 可以看出，山东、广东、海南 3 省表现特殊，成为特例。山东、广东 2 省竞技体育水平超前于国民体质综合指数，而海南省相对滞后。

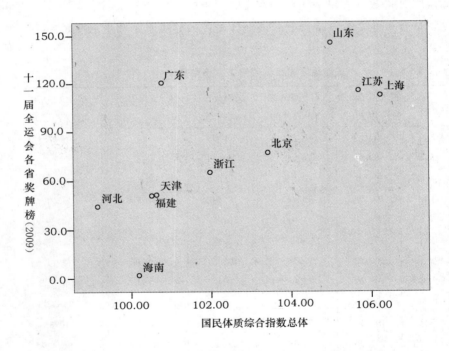

图 5—8　十一运奖牌总数与国民体质综合指数相关

分析认为，广东是第十届全运会承办省，在竞技体育投入上具有绝对优势，在竞技体育人才、训练项目、场地设施、训练经费等方面均具有突出优势，广东又是经济大省，在引进高水平运动员方面也具有显著优势。

山东是第十一届全运会承办省，其在场地设施、训练经费等竞技体育发展经费投入上具有显著优势，运动员参赛也具有天时、地利、人和的优势。因此，山东、广东2省竞技体育水平超前于国民体质综合指数合乎情理。海南相对滞后的原因在于，海南在地区生产总值、居民消费水平、一二三线运动员总数、教练员数、体育事业投入资金额度等方面均处于东部地区的末位，致使其竞技体育发展水平落后于国民体质综合指数。

（三）东部地区群众体育发展优势分析

1. 群众体育服务体系综合指标优势明显

群众体育发展水平是衡量体育事业整体水平的一项重要指标，也是衡量地区经济、体质健康水平的重要指标。而影响地区群众体育的发展因素是多方面的，我们选取了政府援建体育场地数、群众体育费、公益性社会指导员、累计晨晚练站点数、体育社团数五项数据指标进行分析（见表5—4）。东部地区在政府援建体育场地数、群众体育费、公益性社会指导员和累计晨晚练站点数四项指标的平均值均高于全国平均值。其中政府援建体育场地数，东部地区是全国平均数的2倍以上，群众体育费、公益性社会指导员两方面，东部地区是全国平均数的1.5倍，由此可见，东部地区群众体育发展水平较高，政府给予的有力的基础保障起到了很好的作用。

在群众体育方面，东部地区累计晨晚练站点数在全国也具有很高水平，特别是江苏省在这几个指标上均具有明显的领先优势。在群众体育方面3个直辖市明显处于下游，特别是体育社团数明显低于各省，其原因还需进一步分析。如上海市在开展群众体育方面全力打造并完善具有示范性的全民健身服务体系，全民健身活动的开展处于领先地位，全市经常性参加体育锻炼人数占全市总人数的比例从"九五"末的40%增加到45%。人均预期寿命80.29岁，达到发达国家和地区水平。分析表5—3，上海居民消费水平最高，事业支出用于群众体育费也位居第一，可以说上海市在发展群众体育事业上是十分重视的，虽然表5—4数据显示上海市在群众体育服务体系综合指标上明显低于东部地区平均数，但是就3个直辖市而言，上海市多项指标高于北京市和天津市，具有领先优势。

表 5—4　　　　　　东部地区群众体育服务体系综合指标（2009）

省市	政府援建体育场地数（个）	群众体育费（万元）	公益性社会指导员（人）	累计晨晚练站点数（个）	体育社团数（个）
河北	9302	4262.4	44918	10211	1096
北京	1396	6687.4	32727	5536	381
天津	2648	2124.3	17121	1661	85
山东	103783	4657.8	105336	34208	1216
江苏	72740	14799.6	147248	50811	1758
上海	696	25591.1	25535	8718	377
浙江	26084	11633.6	104933	15769	1590
福建	11683	12911.6	23443	3927	913
广东	16704	12482.9	68242	7438	1361
海南	735	1098.5	3981	1457	376
东部平均值	24577.10	9624.92	57348.40	13973.60	915.30
全国平均值	11838.23	6433.96	35255.26	7690.68	1088.23

数据来源：引自《中国体育事业统计年鉴 2009》。

2. 东部地区群众体育发展能力处于领先位置

全民健身工程是我国群众体育发展的重要里程碑，是一项政府主导性的社会公益性事业，离不开政府的资金投入。"全民健身工程"也主要是满足人数较多、经济收入较低阶层的需要。因此，我们选取了地区人均生产总值、居民消费水平、群众健身场地数，以及用于群众体育的资金投入等几个影响群众体育持续发展因素的指标进行数据分析。

通过对 2008 年上述几项指标的数据统计（见表 5—5）可知，东部地区的几项指标平均值均高于全国平均值。分析其原因，一是居民的经济基础好，表现为人均地区生产总值与地区居民消费支出水平高于全国；二是群众体育健身设施条件好，主要表现为政府命名群众体育场地数多；三是资金投入多，表现为事业支出用于群众体育费用、彩票公益金应用于体育场和群众体育的费用明显高于全国水平。由此可见，东部地区群众体育事业具有良好的经济基础和基本设施保障，对群众体育事业的发展具有重要作用。

表5—5　　　　东部地区群众体育设施与资金投入指标分析（2008）

省市	人均地区生产总值（元）	地区居民消费支出（亿元）	政府命名群众体育场地数（个）	事业支出用于群众体育费用（万元）	彩票公益金应用于体育场费用（万元）	彩票公益金应用于群众体育费用（万元）
北京	61876.28	3385.6	1552	9045.5	659.5	5754.3
天津	54033.84	1603.68	200	18439	3350	4784
河北	23163.58	4576.73	412	6849.5	2694.6	7986.8
上海	72536.09	5122.05	6355	24261.8	3502.8	5214.3
江苏	39483.43	8425.61	739	12412.8	11413.3	27033.1
浙江	41966.64	7071.58	661	8960.5	21667.7	20865.7
福建	30030.83	3722.1	85	6341.2	4054.8	6873.4
山东	32994.9	8991.11	2519	507768.2	3393	11979
广东	37401.99	13665.86	790	15458.8	362077.1	23547
海南	17087	556.46	32	939.7	8048.1	706.9
东部平均值	41057.46	5712.08	1334.50	61047.70	42086.09	11474.45
全国平均值	25614.00	3575.98	591.23	22292.03	18991.72	6899.21

数据来源：引自《中国体育事业统计年鉴2008》。

3. 东部地区群众体育软实力指标分析

地区群众体育的发展不仅仅依靠经济基础和硬件设施保障，同样也取决于服务体系中的软实力，如群众体育工作人员、全民健身活动、社区体育健身俱乐部等。分析表5—6的数据可以看出，东部地区在体育系统机构数、第三批国家级社区体育健身俱乐部、全民健身活动优秀组织奖和先进单位三个方面的指标平均值，均高于全国平均值，但在街道乡镇群众体育工作人员数量上则低于全国平均值。可见东部地区注重全民健身活动组织，但在群众体育工作人员数量上还存在不足的现象。再结合表5—4中体育社团数做进一步分析，东部地区体育社团数均值较小与群众体育工作人员数量少应该具有内在的联系。因此，应在加强体育社团建设的同时，增加街道乡镇群众体育工作人员数量，更好地服务于群众体育事业。

表 5—6　　　　　　　　东部地区群众体育软实力指标分析（2008）

省市	街道乡镇群众体育工作人员数量（人）	第三批国家级社区体育健身俱乐部（个）	全民健身活动优秀组织奖和先进单位（个）	体育系统机构数（个）
北京	183	9	8	127
天津	145	7	8	92
河北	932	5	13	326
上海	162	9	9	163
江苏	1160	9	15	405
浙江	195	6	11	266
福建	172	6	10	247
山东	1290	7	16	284
广东	594	15	373
海南	55	2	6	50
东部平均值	488.80	6.90	11.10	233.30
全国平均值	683.09	4.84	10.48	221.74

　　数据来源：引自《中国体育事业统计年鉴 2008》。

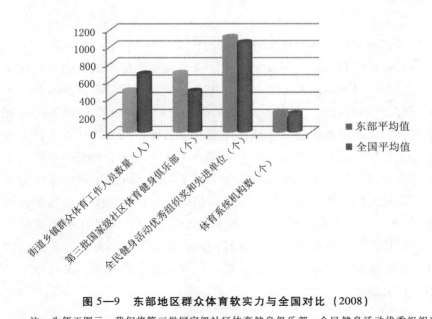

图 5—9　东部地区群众体育软实力与全国对比（2008）

　　注：为便于图示，我们将第三批国家级社区体育健身俱乐部、全民健身活动优秀组织奖和先进单位这两组数据均放大 100 倍使其在图中显现。

　　综上所述，东部地区在群众体育方面具有明显的经济优势，上海、山东基础设施优势突出，江苏、广东在全民健身活动方面表现突出。就整体而言，东部地区群众体育发展水平较高，发展能力强，但是东部区域部分省市群众体育发展还存在差距。从投入水平在全国领先程度来看，群众体育在程度上有待提高。因此，应加快完善东部区域公共体育服务体系，提高公共体育服务水平，从而切实增强人们的身体素质和健康水平，促进东部区域群众体育事业迈上新台阶，实现整体领先发展的优势，为体育强国目标的早日实现作出更大的贡献。

　　世界体育强国的基本特征之一，就是体育俱乐部成为培养体育人口的核心基地。[①] 从经济学的角度上来讲，社会要求提供体育健身、健心、娱乐、训练、竞技、表演、咨询、科普等体育知识产品时，不仅需要提供"供给品种"，而且还需要提供"供给设施"和"供给组织"，并建设制度化、实物化的场所，实现有目的、有组织、有计划地向广大群众提供系统服务。[②] 体育俱乐部是其最佳形式之一。随着我国经济发展和居民收入的提高，社会成员体育需求层面的不断分化，要求更优越的健身条件和享受体育服务的人群逐渐增多。[③] 这也是发达国家大众体育不断发展的成功经验和发展趋势。

三　竞技体育发展实力

　　竞技体育实力分析离不开奥运会、全运会奖牌数，也离不开对竞技体育人力资源的分析。因此对东部10省市竞技体育发展实力分析，主要选取了近两届奥运会、近三届全运会金牌数、奖牌数排名以及一二三线运动员、教练员人数，与全国均值进行比较分析。总体而言，东部地区竞技体育实力雄厚，在奖牌数、人力资源方面东部10省市平均值均高于全国平均值。但东部地区内部各省市竞技体育发展存在着较大差距，表现出不均衡性。

---

　　① 　浙江省体育局群众体育处：《生·动——新世纪浙江群众体育写照》，新华出版社2012年版，第95页。
　　② 　同上书，第100页。
　　③ 　同上书，第101页。

（一）东部地区各省市在近三届奥运会上的奖牌数分析

1. 在 2004 年、2008 年两届奥运会上东部地区奖牌数分析

东部地区 10 省市在 2004 年、2008 年两届奥运会上金牌数实现了 64.86% 的增长，奖牌总数实现了 63.23% 的增长，奖牌总数占全国奖牌总数的 57.06%，为我国竞技体育跻身世界强国行列，位居第一集团作出了突出贡献。除海南省在两届奥运会奖牌数均为 0，没有贡献率不列入分析，其余 9 省市均有奖牌。纵向比较各省市在金牌数、奖牌总数上的涨幅，可以划分为两类：一类为持续增长型，如北京、天津、山东、江苏、浙江、福建、广东；另一类为稳中有降型，如河北、上海（见表 5—7）。

表 5—7　　　　2004 年、2008 年两届奥运会东部地区各省市奖牌统计　单位：枚

省市	2004 年雅典奥运会		2008 年北京奥运会		奖牌总数	地区排位
	金	奖牌数	金	奖牌数		
河北	5	7	4	7	14	5
北京	1	2	3	5	7	8
天津	1.5	2	4	5	7	8
山东	1.5	6	3	11	17	2
江苏	2.5	4	8	12	16	4
上海	3	4.5	2	4	8.5	6
浙江	1	3.5	3	4	7.5	7
福建	4	6.5	5	10	16.5	3
广东	4.5	7.5	5	10	17.5	1
海南	0	0	0	0	0	10
东部总数	24	43	37	68	111	—
全国总数	35	68.5	67	126	194.5	—
东部平均值	2.4	4.3	3.7	6.8	11.1	
全国平均值	2.16	4.06	1.12	2.20	6.27	

注：此数据来源于新浪网体育频道和搜狐体育网经参考当时核算办法整理合成。

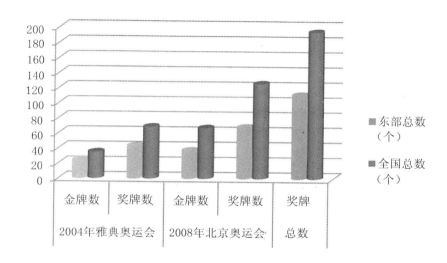

图 5—10 2004 年、2008 年两届奥运会东部地区各省市奖牌与全国的总量对比

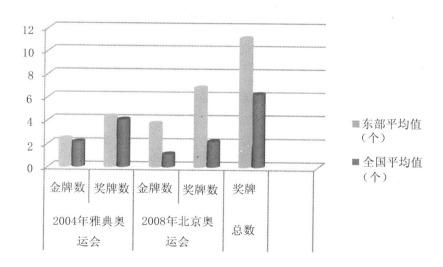

图 5—11 2004 年、2008 年两届奥运会东部地区各省市奖牌与全国的均值对比

从图 5—10，2004 年、2008 年两届奥运会东部地区各省市奖牌与全国的总量对比看，东部在每届运动会上所获得的奖牌数在全国均过半；从图 5—11，2004 年、2008 年两届奥运会东部地区各省市奖牌与全国的均

值对比来看，东部也是相对领先的，特别是在 2008 年奥运会上平均水平达到全国均值的 3 倍。

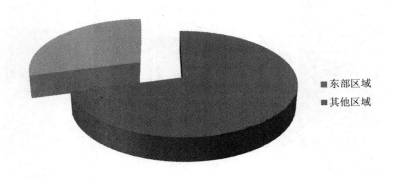

■东部区域
■其他区域

图 5—12　2012 年奥运会东部地区各省市奖牌占全国的比重分析

2. 在 2012 年伦敦奥运会上东部地区奖牌数分析

在 2012 年伦敦奥运会上，中国代表团共获得 38 枚金牌，东部区域共获得 27 枚，占总数的 71%（其中山东 5.5 枚，广东 5 枚，浙江 4 枚，江苏 3.5 枚，上海 3 枚，福建、天津、北京各 2 枚），相对于 2004 年的 68.5%，2008 年的 55.2%，金牌总数的比例有了明显的提升，再一次证明东部区域在竞技体育方面的领先优势，如图 5—12 所示。

（二）东部地区各省市在近三届全运会上的奖牌数分析

东部地区在近三届全运会上取得了令人瞩目的突出成绩，奖牌总数占全国奖牌数的比例依次是 53.74%、60.34% 和 58.32%，占据了全国的半壁江山，充分显示了东部地区在竞技体育方面的绝对领先优势。但是，各省市的奖牌数量内部差距是巨大的（见表 5—8）。

根据 10 省市在三届全运会奖牌数总体排名情况，可以将其划分为 3 个集团：第一集团，平均每届奖牌数为 100 枚以上的，依次是广东、江苏、山东、福建 4 省；第二集团，平均每届奖牌数为 50~99 枚的，依次是河北、上海 2 省市；第三集团，平均每届奖牌数低于 50 枚的，依次是浙江、北京、天津、海南 4 省市。其中海南省与其他省市差距巨大。

表5—8　东部地区各省市在2001年、2005年、2009年三届全运会奖牌统计 单位:枚

省市	2001年第九届全运会		2005年第十届全运会		2009年第十一届全运会		奖牌总数	地区排位
	金	奖牌数	金	奖牌数	金	奖牌数		
河北	23	72.5	32	81.5	30	77	231	5
北京	8	25	15.5	40	22	51.5	116.5	8
天津	12	33	15	35	13	44.5	112.5	9
山东	29.5	83.5	26	118.5	37	112.5	314.5	3
江苏	24.5	71	56	136	46.5	115.5	322.5	2
上海	12.5	42.5	29	61	16	65	168.5	6
浙江	9	30.5	17	43	19	51	124.5	7
福建	22	66	42	98	63	145.5	309.5	4
广东	69.5	169	46	125	37.5	120.5	414.5	1
海南	1	5.5	1	6	0	2	13.5	10
东部合计	211	598.5	279.5	744	284	785	2114	—
全国总数	373.5	1113.5	434	1233	474	1346	3692.5	—

注:此数据来源于新浪网体育频道和搜狐体育网经参考当时核算办法整理合成。

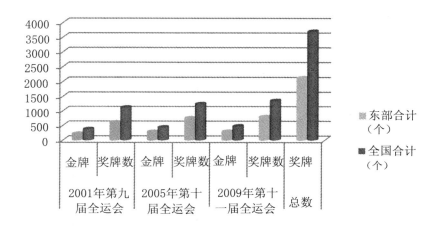

图5—13　东部地区各省市在2001年、2005年、2009年三届全运会奖牌与
全国总量对比

对东部地区 10 省市在 2001 年、2005 年、2009 年三届全运会奖牌数进行横向比较，对于研究各省市在竞技体育持续发展潜力上具有参考价值。分析表明，根据奖牌数变化可以分为以下几种类型：一是奖牌数持续增长型，有北京、天津、浙江、福建 4 省市；二是浮动增长型，指总体趋势呈增长型，而金牌或奖牌数在增长的趋势下有所下降，有河北、山东、上海、江苏、广东 5 省市；三是总体下降型，即海南省，表现为金牌和奖牌数逐届下降。

通过分析可以得出如下结论，东部地区除海南省，其余 9 省市竞技体育具有雄厚的基础和发展优势，在全国连续三届全运会上表现稳定，获得金牌和奖牌总量均在全国达到一半以上，特别是位居第三集团的北京、天津、浙江 3 省市，表现出较好的发展趋势。

（三）东部地区各省市竞技体育人才储备具有明显的优势

运动员和教练员，是竞技体育持续发展最直接、最重要的人力资源保障。竞技体育项目优秀运动员储备越多、优秀教练员以及体育系统科研人数越多，则项目的核心竞争力就越大，夺金点也就越多，同时也能反映出各省市竞技体育的持续发展能力。东部地区的一二三线运动员、一二三线教练员，以及体育系统科研人数的人才储备整体水平高于全国平均值（见表 5—9）。就各省市而言，除北京市外，一二三线运动员人数基本上呈金字塔型。一线运动员、一级优秀运动员人数多的省份有广东、江苏、福建，在东部地区竞技体育中排位居前。就十一届全运会各省市奖牌数比较，除山东是东道主之外，江苏、广东、福建的一线运动员、一级优秀运动员数及一线在聘教练员数上均较高，但奖牌数的产出却没有高出人数较少的上海。可以说，江苏、广东、福建 3 省夺金点的基数较大，从竞技体育发展潜力来说，具有很强的竞争力和发展后劲。

表 5—9　　　　　　　　　一二三线运动员人数统计（2008）

省市	一线运动员（人）	二线运动员（人）	三线运动员（人）	一级优秀运动员（人）	二级优秀运动员（人）
河北	743	4352	8428	322	116
北京	990	877	7798	264	56
天津	694	843	2496	468	6

续表

省市	一线运动员（人）	二线运动员（人）	三线运动员（人）	一级优秀运动员（人）	二级优秀运动员（人）
山东	328	5246	7321	160	316
江苏	1409	4556	14315	376	344
上海	144	1551	10221	131	11
浙江	875	1304	13604	240	143
福建	1109	1370	9112	327	223
广东	1157	5685	12923	330	42
海南	5	635	1451	45	11
东部平均值	745.4	2641.9	8766.9	266	126.8
全国平均值	623.3	2139.9	7232.6	235	110.1

数据来源：引自《中国体育事业统计年鉴 2008》。

　　教练员队伍是培养优秀运动员的最直接、最重要的人力资源保障。通过对东部 10 省市的一二三线教练员人数统计及全国平均值比较分析（见表 5—10），看到东部的一二三线教练员单项及总数四项指标的平均值都高于全国平均值。按教练员人数总体排位与东部地区三届全运会奖牌数排位比较，表明在竞技体育发展上占有领先位置与强大的教练员队伍是分不开的。

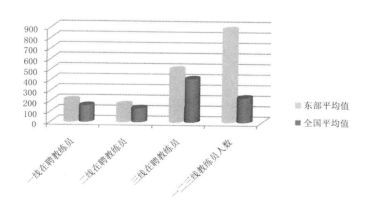

图 5—14　东部 一二三线运动员人数与全国均值对比

综合表 5—8、表 5—9、表 5—10 三项数据指标，位居第一集团的广东、江苏、山东、福建 4 省在运动员人数和教练员人数方面处于领先位置（福建省例外）；位居第三集团的北京、天津、浙江、海南 4 省市在运动员人数和教练员人数方面处于落后位置（参考图 5—14、图 5—15）。

表 5—10   一二三线教练员人数统计（2008）

省市	一线在聘教练员（人）	二线在聘教练员（人）	三线在聘教练员（人）	一二三线教练员人数（人）
河北	120	229	528	877
北京	203	74	446	723
天津	185	43	300	528
山东	204	299	676	1179
江苏	268	256	842	1366
上海	231	136	682	1049
浙江	300	183	370	853
福建	157	80	635	872
广东	410	381	498	1289
海南	17	4	64	85
东部平均值	210	168	504	882.1
全国平均值	159	134	415	236.4

数据来源：引自《中国体育事业统计年鉴 2008》。

（四）以十一运奖牌总数与体育场馆支出费用的相关分析

竞技体育发展离不开训练场地设施的保障，特别是现代竞技体育，科技发展直接影响着竞技体育发展水平，训练环境、训练设施、训练器材等对训练效果均具有积极的意义。体育场馆支出费用的多少对竞技体育训练的影响是直接的（见图 5—16）。十一运奖牌总数与体育场馆支出费用的相关系数：0.879，相关程度较大。说明越重视体育场馆的建设，地区竞技体育水平就越高。可以说，在竞技体育水平较高的东部地区，更加重视体育场馆的建设。

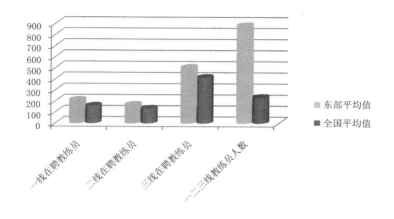

图5—15　东部 一二三线教练员人数与全国均值对比

四　竞技体育持续发展能力

在我国，竞技体育持续发展能力是决定一个地区竞技体育持续发展的关键，这种能力是由多种因素综合构成的，在此我们仅采用地区国家高水平体育后备人才基地（2005—2008周期）、少儿运动学校（业余体校数）等几项指标对竞技体育持续发展能力进行分析。

（一）竞技体育持续发展能力的综合分析

通过表5—11可以看出，东部10省市的国家高水平体育后备人才基地（2005—2008周期）从整体上明显高出全国平均值。如江苏省在十一五期间，创建了40个国家高水平体育后备人才基地（总数居全国第一），50个省高水平体育后备人才基地，42个国家单项基地，6个四星级体校和51个三星级体校，常年坚持业余训练的总人数在2万人左右。广东省拥有各级业余体校174所，传统体校1426所，在训总人数达8万人，全省有28所各级各类体育运动学校被认定为国家高水平体育后备人才基地。可见东部在竞技体育后备力量的发展上具有领先优势。就少儿体育运动学校来说，东部10省市整体水平略低于全国平均值，其中北京、天津、山东、上海、海南5个地区不同程度地低于全国平均值。其他4省的一二三线运动员人数均低于东部地区平均值，可见

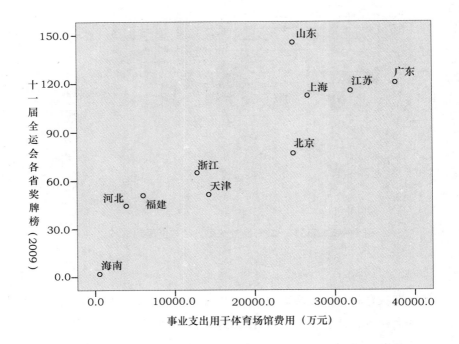

图 5—16 十一运奖牌总数与体育场馆支出费用的相关图

国家高水平体育后备人才基地数与少儿运动学校（业余体校）数对竞技体育人才储备的影响是成正比的。

但是山东省的一二三线运动员人数却高于东部地区和全国平均值，说明在影响竞技体育持续发展能力方面，地区政策优势、承办全运会的机遇优势、地区经济优势等，对竞技体育人才储备有着不可忽略的影响。而海南省由于地域环境、经济投入以及体育人才储备等诸多方面处于国内较低水平，没有建设国家高水平体育后备人才基地，其业余体校数、运动员数均位于东部之末，因而竞技体育发展水平也明显落后于其他省份。

表 5—11　　　　　　　　竞技体育持续发展能力（2008）

省市	国家高水平体育后备人才基地 2005—2008 周期（个）	少儿体育运动学校（业余体校）（个）	一二三线运动员数（人）	一二三线教练员人数（人）	体育系统科研人数（人）
河北	14	73	20394	877	46
北京	13	28	11587	723	85
天津	5	17	5827	528	56
山东	33	40	22635	1179	95
江苏	40	86	26660	1366	126
上海	18	43	12774	1049	79
浙江	14	54	21599	853	28
福建	10	81	14455	872	41
广东	28	66	37070	1289	191
海南	0	18	2381	85	5
东部平均值	18	51	17538.2	882.1	75.2
全国平均值	10	53	14955.87	236.4	43.8

数据来源：引自《中国体育事业统计年鉴 2008》。

（二）竞技体育持续发展能力优势项目群分析

竞技体育的成绩主要归结于优势项目形成的核心竞争力，这充分说明一个地区、一个省份培养优势项目的重要性。打造一个优势项目，就意味着拥有了一支优秀的教练员队伍和运动员队伍，拥有了训练的保障，拥有了一个培养高水平人才的产业链。而一个优势项目所产生的优秀团队的力量，更是竞技体育持续发展的核心动力。

对东部地区竞技体育优势项目的研究，采用杨书彬、张玉超在《第十一届全运会粤鲁苏辽奖牌分布特征及格局分布》中所提出的公式 $Rij = \dfrac{Xij}{Xit} \Big/ \dfrac{Xtj}{Xtt}$，选取第十一届全运会东部 10 省市所取的奖牌成绩，从而计算出东部 10 省市竞技体育项目的优势指数（如果 $Rij \geq 1$ 表示 i 省份在 j 项目上奖牌得分能力高于或等于本省所有运动项目的平均水平，我们就可以说 j 项目为该省的优势项目；如果 $0 < Rij < 1$，则表示 i 省份 j 项目上有一定获得奖牌得分的能力，但在所有运动项目中居于平均水平之下，称之为一般项目）。

表 5—12　　　　　东部 10 省市各全运项目优势指数（Rij）统计

省市 项目	河北	北京	天津	山东	江苏	上海	浙江	福建	广东	海南
棒球	3.56	1.65	2.42		0.65	0.91			1.33	
蹦床			3.27	0.98	1.51	1.58	0.83	6.71	1.61	
短道速度滑冰	1.68				0.55		0.77			
帆板				2.38		0.89	1.83	2.61	2.13	3.98
帆船				2.09	1.65	2.41	2.54	5.43	0.64	5.56
国际式摔跤	1.00	0.81	0.26	1.05	0.48	0.11	0.18	0.14	0.65	
花样游泳		3.16	1.59		1.29	1.58			1.62	
击剑		0.66	2.39	0.25	2.97	1.84		1.80	1.41	
激流回旋				1.19	1.17			4.04	3.07	
举重	0.38	0.47	0.55	0.64	0.78	0.39	0.93	2.77	0.88	
篮球	1.31	0.85	0.28	1.67	1.06	0.41	0.30		1.16	
垒球		1.86	1.68	0.33	1.35	1.00			1.92	
马术		0.48		1.62	0.63	1.80	1.20		3.55	
排球	1.87	0.57	1.73	1.34	1.56	1.19	1.43	1.59	0.05	
皮划艇	0.70	0.81		1.36	0.27	0.48	2.01	1.69	1.67	
乒乓球	0.68	3.45		0.98	0.66	1.16			0.89	
曲棍球	0.52	2.18	2.08	0.87	1.05	0.71	0.44		1.51	
拳击	0.63	0.78		0.63	0.86	0.61	0.30	0.67	0.78	1.82
柔道	0.96	1.58	1.35	1.53	1.09	0.40	0.52		0.42	
赛艇	1.79	0.95		1.20	0.68	1.03	3.24	2.18	1.17	
沙滩排球			1.40	1.01	1.56	2.10		3.03		8.20
射击	1.61	1.17		0.97	1.35	1.04	1.21	1.04	0.59	
射箭				1.46	1.41	1.34	0.54	0.59		
手球	2.50	0.97	0.48	1.12	1.67	1.36			1.34	
水球	1.72	2.24	3.38			1.21	1.30		1.29	

续表

省市／项目	河北	北京	天津	山东	江苏	上海	浙江	福建	广东	海南
跆拳道	1.43	1.74	0.90	0.73	0.69		1.09	0.58	1.00	2.15
体操		1.38	0.88	0.74	1.20	1.40	1.26	0.96	1.88	
田径	1.49	0.43	0.42	1.27	1.31	0.76	1.14	1.27	0.81	0.28
跳水	2.23	1.10	1.04	0.64	0.83	1.16	0.16	0.77	2.23	
网球		1.98	6.37	0.58	1.86	1.39	1.97			
武术散打	0.64	0.71		1.57	0.21	0.90	1.70	1.33	0.65	
武术套路	1.14	1.58	1.86	1.11	0.30	0.30	1.62	2.42	0.99	
现代五项	1.01			0.77	1.20	2.64			2.59	
艺术体操	2.58			0.60	1.38	1.58	4.11		1.01	
游泳	0.51	1.27	1.49	1.61	0.43	2.02	1.98	0.84	0.95	
羽毛球	0.57	0.52		0.27	2.27	0.36	0.75	3.28	1.29	
自行车	2.73	0.75	1.47	2.16	0.83	0.59			0.45	
足球	1.75	1.30	1.81	1.23	1.36	1.66	1.00		1.44	

在表5—12对东部10省市竞技体育项目优势指数统计分析的基础上，结合东部10省市在奥运会上的夺金项目，得出东部10省市金牌项目与优势项目，见表5—13。

表5—13　　　　　　东部10省市金牌项目与优势项目一览

省市	夺金项目	优势项目
河北	田径、自行车、跳水、柔道、射击、跆拳道	棒球、短道速滑、国际式摔跤、篮球、排球、射击、手球、水球、跆拳道、田径、跳水、武术套路、现代五项、艺术体操、自行车、足球

续表

省市	夺金项目	优势项目
北京	赛艇、拳击、跳水、花样游泳、体操、柔道、射击、游泳、跆拳道、武术套路、乒乓球、国际式摔跤	棒球、花样游泳、垒球、乒乓球、曲棍球、柔道、射击、水球、跆拳道、体操、跳水、网球、武术套路、游泳、足球
天津	自行车、跳水、足球、击剑、柔道、游泳、武术套路、网球、排球、水球	棒球、蹦床、花样游泳、击剑、垒球、排球、曲棍球、柔道、水球、跳水、网球、武术套路、游泳、自行车、足球
山东	田径、赛艇、自行车、跳水、足球、花样滑冰、柔道、武术散打、射击、激流回旋、帆板、皮划艇、游泳、跆拳道、铁人三项、武术套路、举重、国际式摔跤、帆船	帆板、帆船、国际式摔跤、激流回旋、篮球、马术、排球、皮划艇、柔道、射箭、手球、田径、武术散打、武术套路、游泳、自行车、足球
江苏	田径、羽毛球、自行车、跳水、足球、击剑、柔道、手球、射击、跆拳道、网球、举重	棒球、蹦床、帆船、花样游泳、击剑、激流回旋、篮球、垒球、排球、曲棍球、柔道、射击、射箭、手球、体操、田径、网球、现代五项、艺术体操、羽毛球、足球
上海	田径、自行车、跳水、马术、足球、击剑、体操、现代五项、武术散打、射击、游泳、武术套路、网球、乒乓球、排球、帆船	棒球、蹦床、帆船、花样游泳、击剑、垒球、马术、排球、乒乓球、射击、射箭、手球、水球、体操、跳水、网球、现代五项、艺术体操、游泳、足球
浙江	田径、羽毛球、赛艇、柔道、射击、游泳、武术套路	帆板、帆船、马术、排球、皮划艇、射击、水球、跆拳道、体操、田径、网球、武术散打、武术套路、艺术体操、游泳、足球
福建	田径、赛艇、沙滩排球、武术散打、武术套路、蹦床、帆船	蹦床、帆板、帆船、击剑、激流回旋、举重、排球、皮划艇、射击、田径、武术散打、武术套路、羽毛球
广东	田径、篮球、赛艇、棒球、跳水、马术、击剑、花样游泳、体操、柔道、现代五项、射击、激流回旋、皮划艇、游泳、武术套路、蹦床、水球、国际式摔跤	棒球、蹦床、帆板、花样游泳、击剑、激流回旋、篮球、垒球、马术、皮划艇、曲棍球、手球、水球、跆拳道、体操、跳水、现代五项、艺术体操、羽毛球、足球
海南	无	帆板、帆船、拳击、跆拳道

通过优势指数计算，从得出的东部 10 省市的优势项目指数，可见东部 10 省市的优势项目具有很大的趋同性，如水上项目有赛艇、皮划艇、帆船、跳水、游泳等，体能类项目有田径、自行车等，技巧类项目有体操、蹦床等，传统项目有武术套路、柔道、摔跤、跆拳道等。东部地区在部分竞技体育项目上，不仅表现为多个省市具有同类项目的夺金优势，优势项目也同样具有这种特点。

综上所述，东部地区竞技体育整体发展水平较其他 3 个地区具有领先优势。东部区域竞技体育在以奥运会为最高层次、以全运会为根本的发展过程中，竞技体育优势项目较为集中，人力资源基础较好，运动员和教练员人数居于国内较高水平。因而，东部地区在打造竞技体育项目核心竞争力方面具有很好的基础条件，易于形成区域网状战略发展模式，大力发展东部地区的夺金项目和优势项目，就能形成具有区域特点的项目优势，领先全国。

五　东部地区体育产业发展优势分析

（一）体育彩票业、体育俱乐部发展领先国内

随着我国经济的发展、经济体制改革的深入、产业结构的调整，体育产业已经成为体育事业的重要组成部分。从体育彩票销售额的数据统计分析来看，东部地区的体育彩票销售额平均值要高于全国平均值 59.6%（见表 5—14），体育俱乐部数与俱乐部会员数平均值也明显高出全国平均值，这不仅说明地区群众的体育消费意识和水平较高，对地区体育产业的发展也具有积极的意义。

分析东部地区诸省市的体育俱乐部与会员数，是分析东部地区体育产业发展的一个衡量指标（见表 5—14）。体育俱乐部数量的多少能间接地说明该地区体育产品制造业和体育产品销售业的水平，包括健身器材、运动服装及其他相关消费品。分析表中的数据，结果表明，东部地区在体育俱乐部与会员数量上的平均值高于全国水平，特别是江苏省具有较高的发展水平，山东、浙江 2 省也较为突出，说明这 3 个省份体育产业发展较好。海南、天津、福建等几个省市在体育产业发展方面需要加强。

表 5—14 东部地区体育彩票销售额与体育俱乐部会员数分析（2009）

省市	体育彩票销售额（万元）	体育俱乐部数（个）	体育俱乐部会员数（人）
河北	165868	350	173420
北京	171030.1	301	470810
天津	112694	75	134434
山东	464108	1774	256384
江苏	683987.8	9079	1595323
上海	120358	242	313146
浙江	452870	1044	134260
福建	348195.9	114	232891
广东	769075.3	624	419140
海南	11320	77	8165
东部平均值	329950.7	2487.27	373797.3
全国平均值	196745.0	601.19	331476.8

数据来源：引自《中国体育事业统计年鉴2009》。

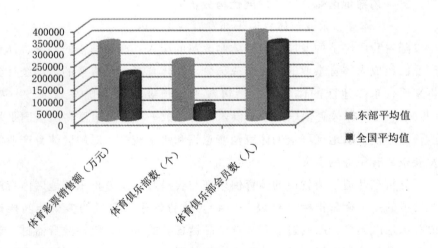

图 5—17 东部地区体育彩票销售额与体育俱乐部与全国的均值对比（2009）

注：为便于图示，我们将体育俱乐部数据均放大100倍以使其在图中显现，能够与全国均值对比。

（二）东部地区体育用品行业发展优势分析

据中国体育用品联合会提供的数字，我国目前具有一定规模从事体育用品的企业为 25000 家左右，我国发达的制造业为世界上几乎所有的体育品牌进行着加工业务，已经成为世界上最理想的加工基地。"中国制造"已占世界体育用品市场份额的 65% 以上。"十一五"时期我国先后建立了深圳、成都温江、福建晋江、北京龙潭湖、浙江富阳和山东乐陵 6 个国家体育产业基地，有效地调动了地方发展体育产业的积极性。①

发展体育产业是建设体育强国的重要内容和途径，通过对 2011 年全国文教体育用品行业百强活力企业、科技进步优秀企业、标准化工作先进企业的统计（见表 5—15）看到，东部地区体育用品企业占全国具有品牌优势的企业总数的 80% 以上，山东、浙江、江苏、福建、上海已经形成体育产业集群优势，肩负起了中国知名体育用品品牌如李宁、安踏、361°等的推广重任。②

表 5—15　东部地区体育用品行业百强活力企业、科技进步优秀企业、
标准化工作先进企业数量统计（2011）

省市	全国体育用品行业二十强企业（个）	全国体育用品行业具有较强成长潜力的企业（个）	全国体育用品行业科技进步优秀企业（个）	全国体育用品行业标准化工作先进单位（个）
河北	0	0	0	0
北京	0	1	1	0
天津	1	1	1	1
山东	6	6	4	7
江苏	2	5	3	4
上海	2	3	0	3
浙江	4	4	3	5
福建	3	3	1	1
广东	1	0	0	3
海南	0	0	0	0

---

① 白春梅：《我国体育用品产业发展的影响因素研究》，载《商业时代》2010 年第 8 期。

② 关于表彰全国文教体育用品行业百强活力企业、科技进步优秀企业、标准化工作先进企业的决定，中文体协字〔2011〕第 41 号。[2012—2—25]

续表

省市	全国体育用品行业二十强企业（个）	全国体育用品行业具有较强成长潜力的企业（个）	全国体育用品行业科技进步优秀企业（个）	全国体育用品行业标准化工作先进单位（个）
东部总数	19	23	13	24
全国总数	20	28	14	28

注：数据来源于"关于表彰全国文教体育用品行业百强活力企业、科技进步优秀企业、标准化工作先进企业的决定"，中文体协字〔2011〕第41号。

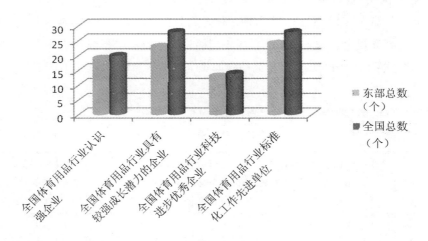

图 5—18 东部体育产业中优秀企业数量与全国总量对比

（三）东部地区旅游产业资源分析

我国东部 10 省市在体育旅游资源方面具有得天独厚的地理、人文环境优势。东部地区山水旅游资源丰富，具有天然的沿海城市优势，而且名山聚集，如北京香山、天津盘山、山东泰山、崂山、江苏花果山、浙江雁荡山，等等。这些山水旅游资源是体育旅游业发展的基础和保障。东部地区在人文景观旅游方面也具有丰富的资源，比如六朝古都、十朝盛会的江苏南京，六朝定都的北京有举世闻名的八达岭长城、故宫、颐和园、圆明园、北海、中南海等人文景观，天津的黄崖关长城，河北的承德避暑山庄、木兰围场，山东的孔府，上海的城隍庙、上海体育场，等等，都是国内外游客不容错过的旅游去处。

以"长三角"为例，"长三角"向来有水乡泽国之称，气候条件适宜。而优越的江岸资源为建设大中型港口、发展临江、临海工业提供了理想的自然条件。"长三角"旅游资源丰富，上海是全国最大的商业购物中心，南京六朝古都，杭州、苏州自古可与天堂媲美。"长三角"在交通方面有沿江港口群，有沪宁和沪杭铁路，长江、大运河和沿江水运航线等，以及围绕"长三角"15个中心城市道路的快速兴建，使"长三角"高速公路形成内外两大环网，也为体育的相互联动提供了更加坚实的物质基础。

东部地区在体育产业方面具有很好的发展基础和条件，居民的体育消费水平整体较高，体育用品制造业品牌优势明显，已初具规模，体育旅游产业的自然资源和人文环境资源丰富。综合以上几点，可以说东部地区的体育产业发展已经具有了领先全国的优势，具备了快速持续发展的基础和保障。

六　小结

综上所述，东部地区在政府支持力、群众体育、竞技体育和体育产业几个方面的整体水平均高出全国平均水平，通过各项数据分析，其整体优势可以归纳为以下几个方面：

东部地区在"改革开放、东部先行"政策指引下，在政策支持、资金投入、人力资源、科技创新等方面获得了国家有力的支持和保障，使东部地区经济基础优势突出，产业结构合理，人力资源充足，科学技术广泛应用于生产，成为中国经济发展的领跑者。东部地区社会经济发展优势对竞技体育发展起到了举足轻重的作用。表现在保障竞技体育持续发展的资金投入上，包括训练场馆建设、训练竞赛费、训练基地建设等方面；政府对体育事业的支持力，如承办大型赛事的资金保障与人力资源投入、对竞技体育人才引进与科研投入等方面的政策与资金扶持，使东部地区竞技体育整体优势明显，具备引领我国竞技体育事业向体育强国发展的示范作用。

东部地区以沿海城市为主要地理特征，占据我国80%的海岸线，构成了一个弧线形漫长的沿海地区，并相对均匀地密集分布着十几个人口数百万的超级大城市和数以百计的中小城市，构成了壮观的海岸城市带，占据了水、陆、空具有开发潜力和远景的重要交通干线，以及紧邻具有国际化优势的大都市香港、澳门。改革开放后，港澳将大量劳动密集型产业转向"珠三角"地区，成为"珠三角"经济发展的源动力之一。优越的区位优势使得东部10省市在体育产品制造业、体育旅游业、体育竞赛表演等方面更具发展潜力和优势，合理应用经济发展模式，将会给东部地区体育产业带来巨大的发展动力。

东部地区已经形成我国多个经济、文化、旅游中心城市，成为我国对外开放和经贸文化交流的中心，成为支撑全国国民经济的主要地区，东部地区人口占全国总人口的不到1/3，面积只占全国的10%，而GDP却占全国的60%。经济文化的发展使东部地区逐步成为国际化交流的聚集地，促使社会文化与环境的发展同国际化接轨，也将有利于促进地区体育文化与环境的发展，带动群众体育快速发展；随着东部地区体育文化与环境建设的不断完善，群众体育活动的开展，体育文化形态的不断丰富，人们的体育健身意识也将不断得到提升和满足，东部地区的群众体育事业也必将走向强盛。

第二节 西部地区体育事业发展的优势与潜力分析

自20世纪80年代初期，广西壮族自治区在奥运会体操项目上获得奖牌后，整个西部地区在奥运赛场上沉寂了近20年。在21世纪的三届奥运会上，在以四川、陕西等省为代表的西部省份终于在奥运赛场上崭露头角，大放异彩，为国家在国际上确立体育大国地位作出了一定的贡献。在构建与实现"体育强国"目标的大背景下，以西部地区所获奥运奖牌为切入点，以研究西部地区各级政府对竞技体育、群众体育事业等经济投入及体育经济、体育文化等为主线，从区域经济学角度，对西部地区的竞技体育、群众体育乃至体育产业的发展进行梳理、归纳和总结，分析西部地区体育事业发展进程中的现状与特点，探讨形成优势与薄弱区域的原因，对于挖掘潜在的能力，确定西部地区体育事业发展新的增长点，构建具有西部特点的、快速缩短差距的协调发展战略具有重要意义。

由于经济、人文以及自然禀赋等因素的影响，西部地区体育事业的发展与我国的东北、东部及中部地区有所不同，着重解决西部地区体育事业的定位、规划、发展战略等问题是当前重要的研究内容。西部地区共有12个省市区，其体育事业的发展好坏，关系到实现体育强国目标的成败。对西部地区进行体育发展战略研究，也是配合西部大开发，提高人民群众生活质量，通过体育文化构建文化强国的现实需要。

一　政府对体育事业的支持力指标构成

体育事业是国家发展建设中不可或缺的部分，目前我国体育事业的发展在相当程度上都要依靠国家、地方政府的支持。政府对体育事业的支持主要体现在财政拨款、人员派送、场地设施的援建等方面。体育事业的发展在相当长的时期内则要求本地区的经济发展条件相匹配。现阶段，体育事业发展所涉及的人力、物力以及财力均是在占有地区国民生产总值一定比例下的资金再分配及支出的结果。政府援建体育场地数量、体育训练费多少、基层组织结构如体育俱乐部及累计晨晚练站点数量、从事指导工作人员如公益性社会指导员，等等，从体育事业发展的各个方面均能反映一个地区的政府对体育事业支持的态度与效果。再者，根据前期对众多评价指标因子的分析筛选，最终确定将地区生产总值、政府援建体育场地数、体育训练费、公益性社会指导员、体育俱乐部数、累计晨晚练站点数六项指标作为评价政府对西部地区体育事业支持力的评价指标。

（一）西部地区各级政府对体育事业支持力指标均值与全国均值比较

政府对体育事业支持力指标，在西部地区12个省市区中，仅有云南高于全国平均值，四川、甘肃、新疆等高于西部地区平均值，其余8个省市区均低于西部地区平均值。

根据对云南、甘肃、新疆等省区的一线运动员、优秀运动员及一线教练员、一二三线教练员数量的统计，三省区运动员和教练员的数量总体上偏少，位居西部地区下游，但上述省区对优秀运动员与教练员的训练费用投入较大，人均训练费高于西部地区其他省市区，训练费总量高于西部地区乃至全国平均值。

在政府援建体育场地数指标上，近10年来，西部地区大兴土木，始终保持着体育场馆设施建设快速发展。内蒙古、四川、云南、重庆、陕西等省市区，为保持竞技体育快速发展，以及满足群众健身需要，经过不遗余力的努力，才形成体育场地建设高于全国平均数的结果。但从人均占有体育场馆数量上看，只略高于西部其他省区，而低于全国指标。

在公益性社会指导员指标上，内蒙古、广西、四川等省区高于全国平均值，陕西接近全国平均值；在体育俱乐部数指标上，仅有四川的数量与全国平均值相接近；在累计晨晚练站点数指标上，仅有广西和四川超过了全国平均值。内蒙古、广西、四川、陕西等在公益性社会指导员、体育俱乐部数、累计晨晚练站点数量上达到或超过全国平均水平，主要是在原有基础上，政府坚持不懈实施、落实全民健身工程的结果，也是相比西部其他省市区高投入、高产出的效果体现（见表5—16）。

表5—16　　　　　　　　政府对体育事业支持力的指标统计

省市区	地区生产总值（亿元）	政府援建体育场地数（个）	体育训练费（万元）	公益性社会指导员（人）	体育俱乐部数（个）	累计晨晚练站点数（个）
内蒙古	9725.78	26673	3337.6	37740	158	3943
广西	7700.36	9952	2085.8	55607	348	8805
四川	14151.3	41788	6685	55371	568	7779
贵州	3887	8531	1541.4	12208	129	2246
云南	6168	38640	9231.5	13487	67	6467
西藏	437	1308	3331	1760	30	29。
重庆	6527	21320	3462.6	19206	173	3311
陕西	8186.65	12514	2556.9	35244	116	4128
甘肃	3380	4346	4303.2	16178	64	2030
青海	1081.27	930	797.2	1437	19	482
宁夏	1334.6	259	1098	3610	73	653
新疆	4270	7277	6425.5	10606	99	2846
西部平均值	5570.747	4550.583	3737.975	21871.17	153.667	3559.917
全国平均值	10555.477	11838.23	8789.435	35255.26	601.19	7690.68
全国总值	327219.8	366985	272472.5	1092913	18637	238411

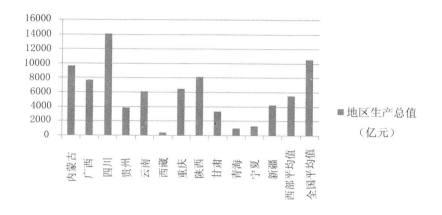

图 5—19　西部各省地区生产总值 GDP（2008）

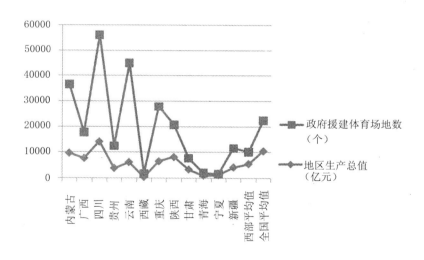

图 5—20　西部地区各省地区生产总值与政府援建体育场地数对比（2008）

　　通过对比，西部地区的落后是显而易见的，特别是 GDP 指标，只有四川省达到全国平均水平之上（见图 5—19）。表 5—16 中，西部地区的体育事业发展，在政府援建体育场地数、体育训练费、公益性社会指导员、体育俱乐部数、累计晨晚练站点数五项政府支持力指标上，四川有三项指标超过全国平均值，云南、内蒙古、广西各有两项指标超过全国平均值，陕西和重庆各有一项指标接近或超过全国平均值。西部地区各级政府对体育事业的支持力，从整体上来说低于全国平均水平，说明西部地区在体育事业发展上，尤其是人、财、物等的投入上确实欠缺。图5—20显示，就西部地区政府对体育场地援建数量指标与当地的经济GDP指标横向对比，基本上波浪曲线相一致。证明了地区经济发展水平与地区对体育投入的水平呈正相关关系。

造成低于全国平均水平的原因，不是西部地区各级政府对体育事业的关注度与投入力度不够，而是由于长期以来受经济发展的束缚，基础薄弱、人口众多、生活水平低、城市化率低、局部地处偏远、体育场馆设施配套少等众多原因造成的。西部大开发10年来，在经济发展形势明显好转的形势下，抓住机遇，励精图治，奋起直追，在短时期内，像四川、陕西、广西、内蒙古等省区在国内的体育事业发展上开始崭露头角，同时在体育事业发展的某一方面占据着全国中游水平的位置，也为西部地区体育事业的发展树立了典范。

（二）西部政府体育事业支出水平相对较低但稳中有升

体育事业支出是指体育事业单位开展专业业务活动及其辅助活动发生的支出，包括工资、补助工资、职工福利费、社会保障费、助学金、公务费、设备购置费、修缮费和其他费用。体育事业支出能够准确反映和科学分析体育事业支出活动的性质、结构、规模以及支出的效益。体育事业支出也能间接反映政府对体育事业发展的支持力度。

对西部地区各省市区2005—2009年体育事业年支出费用的统计，与全国体育事业年支出均值及西部地区内部各省市区相比较的结果，2005年体育事业年支出，四川省高于全国平均值，广西、云南、陕西高于西部平均值；2006年四川、新疆高于全国平均值，云南、陕西高于西部平均值；2007年和2008年，四川高于全国平均值，内蒙古、广西、云南、陕西高于西部平均值；2009年，四川高于全国平均值，内蒙古、广西、云南、陕西、新疆高于西部平均值（见表5—17）。

表 5—17　　　　　西部地区各省市区体育事业年支出统计表　　　单位：万元

省市区	2005 年	2006 年	2007 年	2008 年	2009 年
内蒙古	18119	26418	32447	28183	50910.4
广西	27320	29916	38661	33807	50632.7
四川	67847	79328	105530	89749	126428.8
贵州	6615	22334	23389	21597	27519.9
云南	31678	38241	35545	31918	52766.6
西藏	3646	4060	7573	2533	11715.8
重庆	17687	15503	21147	21269	33852.9
陕西	30009	35273	35416	40676	66035.1
甘肃	20353	24144	29028	14953	25336.9
青海	3065	14749	13299	13077	14516.5
宁夏	7044	10806	13427	11775	18226
新疆	19537	91498	18321	23080	40717
西部平均值	21076.667	32689.167	31148.583	27718.083	43221.55
全国平均值	45826.77	55663.32	67070.838	88010.06	81351.85

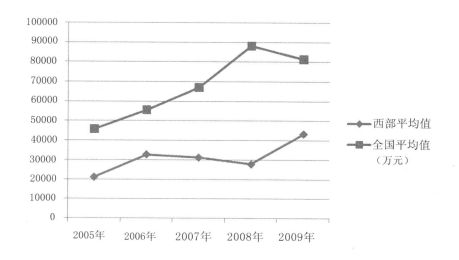

图 5—21　西部地区与全国体育事业年度支出均值对比（2005—2009 年）

综合上述指标，西部地区各省市区政府对体育事业发展在财力上的支持，总体上低于全国平均水平，但与本地区经济发展水平和地区国民生产总值相一致，虽有起伏，但整体还是逐年增加的。整个西部地区在体育事业年支出费用上呈现"波浪逐年高"的走势，相对高支出区域的四川、内蒙古、广西、云南、陕西、新疆等省区。四川是西部地区政府唯一在财政上连年投入高于全国平均值的省份，广西、云南、陕西是政府在财政上连年投入高于西部平均值的省份，内蒙古和新疆是政府对体育事业支持力较高的新增区域。而西藏、青海、宁夏、甘肃等省区由于体育事业发展的基础薄弱，再加上经济条件明显低于上述6省区，致使其在政府支持力各项指标上均低于西部平均值，且存在明显差距，属于体育事业发展的薄弱地区。

根据对西部地区12个省市区的政府对体育事业发展支持力的六项指标以及体育事业支出费的分析，得出西部地区的12个省市区在政府体育事业发展支持力上各有差距且在区域分布上有一定特点可循的结论。西部地区体育事业发展是在经济基础薄弱、体育事业底子薄、多民族文化汇集、民族体育传统各异等基础上发展建设起来的。现在，西部地区体育事业发展较快，其主要原因在于经济实力的增强，政府对体育事业发展的财力投入加大，各类人员培养增多以及西部地区人民群众的体育意识、健身观念的改变。区域分布的不均衡性，主要受各省市区人口基数、体育人口数量、地域地貌、气候、交通等因素的制约。如西藏、新疆、青海等省区地处高山、沙漠等特殊地理位置，气候变化无常，少数民族的游牧生活习惯，形成人口散居多，聚居点相对较少，聚集点间距离相对较远，等等，均不利于集中建设体育场馆。这也恰恰是西部地区政府对体育事业发展支持力的差异性以及西部大多数省区低于全国其他地区、更低于西部其他省区的客观原因。

二　国民体质健康水平

国家强盛不仅表现为国家经济实力的强大，而且也直接反映在国民素质以及国民体质健康水平高低等方面。国民体质综合指数是最能衡量国民体质健康水平高低的一项重要指标，而体育事业发展的最终目的就是运用体育健身手段来提高国民体质健康水平。政府通过下拨包括体育场馆费、群众体育费等财政拨款提供提高国民体质健康水平的财力保障，结合居民消费水平以及人口平均预期寿命等指标间接反映国民体质健康水平及体育事业发展状况。因此，衡量西部地区体育事业发展状况的国民体质健康水平指标选取了国民体质综合指数、人口平均预期寿命、财政拨款额度、体育场馆费、群众体育费、居民消费水平六项指标。

（一）国民体质综合指数与人口平均预期寿命

国民体质综合指数是通过国民体质监测，所取得的身体形态、身体机能、身体素质等数据处理后反映国民体质综合状况的指数。主要用来描述国民体质总体水平、不同年龄段人群总体水平、不同区域体质总体水平。国民体质综合指数是衡量全面健身成果和体育事业发展成就的重要标准。

西部地区作为我国重要发展区域，随着经济形势的不断好转，人民群众的生活质量不断提高，总体国民体质综合指数 2010 年平均 98.65，比 2005 年的 97.92 提高了 0.73，其中 2005 年国民体质综合指数超过 100 的西部地区省区有内蒙古、广西、四川、云南，到 2010 年国民体质综合指数超过 100 的西部地区省市区有内蒙古、广西、重庆，2005 年高于全国国民体质综合指数平均数 100.07 的省区有内蒙古、广西、四川，2010 年高于全国国民体质综合指数平均数 100.39 的省市区有内蒙古、广西、重庆。2010 年与 2005 年相比国民体质综合指数上升的有广西、贵州、西藏、重庆、甘肃、青海、新疆 7 个省市区，其余 5 个省区国民体质综合指数有不同程度的下降。

从整体上看，西部地区的国民体质状况有明显的改善和提高，但与全国相比，西部地区有近 2/3 的省份低于全国国民体质综合指数平均数。从区域分布上看，西部地区国民体质综合指数增长以西南地区的广西、贵州、西藏呈"＼"形省份以及东中部至西北地区的重庆、甘肃、青海、新疆呈"⌣"形为主要增长区域，其他如内蒙古、宁夏、四川、云南、陕西等呈"1"形 5 个国民体质综合指数下降的省区分布在西部地区。

人口预期寿命是指人们在某一年龄时，还可能继续生存的平均年数。一般用刚出生人群可能生存的年数表示，它反映人口身体健康水平和社会的发展状态。

西部地区在男女整体人口平均预期寿命、男子人口平均预期寿命、女子人口平均预期寿命上均低于全国平均预期寿命。在西部地区内部，各省市区的各项平均预期寿命相差近 3 岁，平均预期寿命高的地区多集中在西部地区经济发达的东部省份，而平均预期寿命低的地区多集中在西部地区、经济发展欠发达的中西部及西南部地区（见表5—18）。在表5—18中，四川、重庆、陕西等省市在人口平均预期寿命上均超过了70岁，而上述三省市均是国民生产总值较高的西部地区省份，也是体育事业在人力、物力和财力等方面投入较高的地区以及群众体育事业开展较好的优势区域，这说明了体育事业的发展间接促进了人口预期寿命的提高。

表5—18　　　　　　　　　　国民体质健康水平统计

省市区	人口平均预期寿命（岁）	人口平均预期寿命男（岁）	人口平均预期寿命女（岁）	居民消费水平（万元）	财政拨款额度（万元）
内蒙古	69.87	68.29	71.79	7103	51729.8
广西	71.29	69.07	73.75	7149	46967.3
四川	71.2	69.25	73.39	7577	93372
贵州	65.96	64.54	67.57	7498	16713.9
云南	65.49	64.24	66.89	8285	49645.8
西藏	64.37	62.52	66.15	9040	164
重庆	71.73	69.84	73.89	7959	25681.2
陕西	70.07	68.92	71.3	8234	43885.7
甘肃	67.47	66.77	68.26	7410	22466.3
青海	66.03	64.55	67.7	6947	9816.8
宁夏	70.17	68.71	71.84	7495	9656
新疆	67.41	65.98	69.14	7311	30217
西部均值	68.421667	66.89	70.139167	7667.3333	33359.65
全国均值	71.244	69.5058	73.1394	9085.581	57918.410

（二）群众体育发展相关指标分析

1. 居民消费水平

居民消费水平是指居民在物质产品和劳务的消费过程中，对满足人们生存、发展和享受需要方面所达到的程度。其功能能够反映居民生活消费支出中食品的比例、居民生活消费支出中文化生活服务支出比例、不同质量消费品的消费比例等。影响居民消费水平的主要因素是国民收入水平，而影响体育消费水平的因素主要是个人收入以及当地的体育文化传统。

2. 财政拨款额度

根据资料显示，2005 年、2008 年、2009 年西部地区各省市区体育事业财政拨款额度占国民生产总值百分比平均数分别是 0.067%、0.061%、0.067%。西部地区各省市区的体育事业财政拨款额度在当地国民生产总值中占有很小的比例，受当地经济发展水平的制约，造成了西部地区体育事业财政拨款额度不均，比例失衡。相对体育事业水平较低的省市区来说，往往投入较大，但苦于当年国民生产总值太低而总体远远低于经济相对发达的竞技体育大省的投入。经济发达，国民生产总值较高，相对的体育大省虽然投入的各项比例略高于和低于当年投入百分比，但由于经济基础扎实庞大而远远高于经济相对欠发达、体育事业水平较低省份的投入。

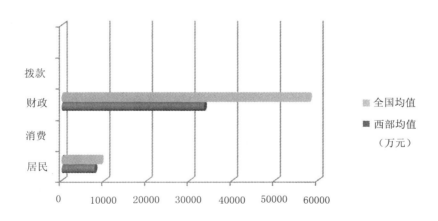

图 5—22　西部地区财政拨款与居民消费与全国均值对比（2005—2009）

3. 体育场馆费用与人均体育场馆费用水平很低

在政府援建体育场馆的同时，2008 年和 2009 年西部地区大部分省市区政府在体育事业费中用于体育场馆费用整体上增长微弱，只有内蒙古情况好些，人均支出增幅接近 6%。

表 5—19 　　　　 2008 年和 2009 年西部地区事业支出用于体育场馆费用与

人均体育场馆费用统计 　　　　 单位：万元

省市区	事业支出用于体育场馆费用		增长率（％）	2008 年人口总数（万人）	2009 年人口总数（万人）	2008 年人均支出（元）	2009 年人均支出（元）	人均增长率（％）
	2008 年	2009 年						
内蒙古	3629	18359.4	111.01	2385	2470	1.52	7.43	5.91
广西	4267.9	5159.6	20.89	4850	4602	0.88	1.12	0.24
重庆	6171.3	7264.2	17.70	2774	2884	2.22	2.52	0.30
四川	21488.2	21214.5	−1.27	8750	8041	2.46	2.64	0.18
贵州	4948.3	4374.4	−11.59	3904	3474	1.27	1.26	−0.01
云南	5242.2	7865.4	50.04	4415	4596	1.19	1.71	0.52
西藏	—	268	—	274	300.2	—	0.89	—
陕西	2662	5425.7	103.82	3705	3732	0.72	1.45	0.73
甘肃	6995	5428.4	−22.39	2619	2557	2.67	2.12	−0.55
青海	378	718.9	90.18	591	562	0.64	1.28	0.64
宁夏	4039	4565	13.02	602	630	6.71	7.25	0.54
新疆	3442.1	8926.8	159.34	1963	2181	1.75	4.09	2.34

注：此表数据主要来源于 2008 年、2009 年体育年鉴及全国第六次人口普查数据。

　　根据表 5—19，2008 年和 2009 年体育年鉴数据统计分析，2008 年与 2009 年事业支出用于体育场馆费用相比，投入超过 100% 增长率的省市区由高到低的排序是新疆、内蒙古和陕西；投入超过 50% 增长率的省市区由高到低的排序是青海和云南 2 省；投入不超过 50% 增长率的省市区由高到低的排序是广西、重庆、宁夏 3 省市区；投入减少呈负增长的省市区由高到低的排序是四川、贵州、甘肃 3 省。

　　4. 群众体育费用与人均群众体育费用

　　2008 年和 2009 年西部地区政府用于群众体育费用与人口信息如表 5—20 所示：

表 5—20　　　2008 年和 2009 年西部地区政府用于群众体育费用与
人均群众体育费用统计

省市区	政府投入群众体育费用		2008 年人口总数（万人）	2009 年人口总数（万人）	2008 年人均群众体育费用（元）	2009 年人均群众体育费用（元）
	2008 年	2009 年				
内蒙古	4001	3142.7	2385	2470	1.68	1.27
广西	4961	7352.2	4850	4602	1.02	1.60
重庆	2700.1	4302.5	2774	2884	0.97	1.49
四川	9025.5	9738.5	8750	8041	1.03	1.21
贵州	2630.6	3477.9	3904	3474	0.30	1.00
云南	2878.7	3304.7	4415	4596	0.65	0.72
西藏	253.6	1029.1	274	300.2	0.92	3.43
陕西	1621.8	4452.3	3705	3732	0.44	1.19
甘肃	2588	7920.2	2619	2557	0.99	0.31
青海	645.8	1028.2	591	562	1.09	1.83
宁夏	3779	10204	602	630	6.28	16.20
新疆	5627.5	6471.6	1963	2181	2.87	2.97

注：此表数据主要来源于 2008 年、2009 年体育年鉴及全国第六次人口普查数据。

由于西部地区各省市区政府对群众工作的重视加强，投入加大，专门用于群众体育经费也是大部分省市区连年增长。通过对 2008 年和 2009 年体育年鉴西部地区群众体育经费的统计分析（见表 5—20、图 5—23），西部地区大部分省市区在群众体育经费、人均群众体育经费上均有提高，有的省市区增加明显。

2008 年与 2009 年的西部地区投入群众体育费用增长率较高的省区有西藏 305.80%、甘肃 206.04%、陕西 174.53%、宁夏 170.02%，其他省市区依次为重庆、青海、广西、贵州、新疆、云南、四川，仅有内蒙古投入群众体育费用降低。

综上所述，西部地区在人口整体体质健康水平的提高以及平均预期寿命上发生的变化，则更能间接反映政府的体育工作效果，说明了西部地区绝大多数人民群众是受益的，带有普遍性。西部地区居民消费水平均低于全国平均水平，这或许与地区的社会质量及经济发展有关联，是西部地区

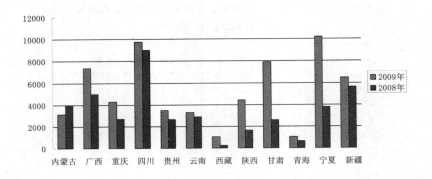

图5—23　西部地区政府用于群众体育费用比较（单位：万元）

发展群众体育事业的不利因素。尽管西部地区在经济条件允许的情况下，尽可能地在财政拨款额度、体育场馆费、群众体育费上连年保持较高的投入，但西部地区拥有近28%的全国人口却使人均体育场馆费和人均群众体育费明显低于全国平均水平。连年的财力投入，尽管增加的幅度较小，但始终保持增加的态势。由此，我们可以看到西部地区各级政府对体育事业的支持仍然是不遗余力，在保障社会发展进步的同时，仍对体育事业的发展相当重视，这为西部地区群众体育事业、体育产业的发展以及协调群众体育、竞技体育、体育产业均衡发展打下了坚实的物质基础。

三　竞技体育发展实力

（一）近两届奥运会与三届全运会西部地区所获奖牌数量及区域分布

如表5—21所示，西部地区中的四川在近两届奥运会和近三届全运会上夺得金牌数、银牌数、铜牌数和奖牌总数均名列前茅，牢牢占据西部地区之首的位置。陕西、广西、云南3省区虽然奖牌数略有不同，但整体实力还是位居西部地区的第2、3、4位。内蒙古作为竞技体育水平快速发展的一个区域，虽然三届全运会奖牌累计总体排名第4位，但奥运奖牌的贡献数量却排在整个西部地区的第7位，位于接近中游的位置，是快速增长中的一极。贵州省则与内蒙古情况相反，整体全运会成绩在中下游，奥运会获奖牌贡献率较高，排西部地区第5位。

在地域上看，四川位于整个西部地区接近中部的地区，也可以说是

"中心极"或者是"极化始发区"。地处我国中部的陕西与西部西南边陲云南和广西形成了一个夹杂重庆和贵州的第二集团三角区。自重庆至甘肃、新疆形成了一个向西北、向西的狭长的第三集团区域，而宁夏、青海、西藏向西南方向也形成了狭长的第四集团区域。内蒙古和贵州作为快速增长的力量掺杂在第二、三集团中间（见图5—24）。

表5—21　　　西部地区各省市区近三届全运会和近两届奥运会所获奖牌综合统计

单位：枚

省市区	第九、十、十一届全运会			奖牌总数	地区排位	雅典奥运会、北京奥运会			奖牌总数	地区排位
	金牌	银牌	铜牌			金牌	银牌	铜牌		
四川	26.5	49	61.5	137	1	5	4	3	12	1
陕西	16.5	16	13	45.5	5	3	2	3	8	2
广西	16.5	19.5	16	52	2	2	0	3	5	3
内蒙古	12.5	11.5	24	48	4	1	0	0	1	7
贵州	4.5	8	9	21.5	8	1	0	2	3	5
云南	13.5	19	18	50.5	3	2	1	0	3	4
重庆	4.5	5.5	7.5	17.5	9	0	0	1	1	9
新疆	5	12	13	30	7	0	1	2	3	6
甘肃	6.5	11	14.5	32	6	0	1	0	1	8
宁夏	1	3	7.5	11.5	10	0	0	0	0	10
青海	0	2	6	8	11	0	0	0	0	10
西藏	0	1	3	4	12	0	0	0	0	10
合计	107	157.5	193	457.5	—	14	9	14	37	—

注：此表依据前表数据并依次考虑奖牌总数、金牌、银牌、铜牌数量因素构成地区排位位次。

从整体上看，西部地区竞技体育水平落后的省市区（重庆、甘肃、新疆、宁夏、青海、西藏）大部分集中在西部地区中的西部，占整个西部地区国土面积的近2/3，这也是西部地区竞技体育水平不高的一个关键性因素。西部地区的竞技体育大省区大多集中在西部地区的东部，如四川、云南、广西、贵州、陕西、内蒙古六省区。从图例上看，西部地区的东部地区的体育竞技水平与实力要明显高于西部地区的西部地区，呈现"东强西弱"的局面。

（二）造成西部地区各省市区竞技体育水平差距的几个重要因素

通过对西部地区各省市区在近几届奥运会和全运会上取得的奖牌数量分析，我们已得出西部地区各省市区目前在竞技体育水平上省份之间差距较大的结论。这种差距局面的形成与地区经济发展、国民体质状况、支撑群众体育开展的财力条件等相关重要因素是否相关，就目前而言，西部地区各省市区十一届全运会奖牌数与当地国民生产总值、当地总体国民体质综合指数双尾检验结果的数值分别为 0.895 和 0.437，表明所对应的指标

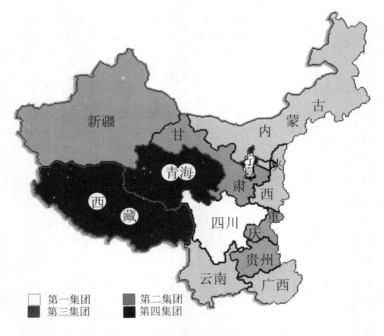

图 5—24　西部地区竞技体育集团划分与地域分布

无意义，即西部地区各省市区十一届全运会奖牌数与当地国民生产总值、当地总体国民体质综合指数无关联，这与我国其他地区十一届全运会奖牌数与当地国民生产总值、当地总体国民体质综合指数高度相关有所不同，不符合当地国民生产总值高、当地总体国民体质综合指数高则地区所获奖牌数多的规律，说明西部地区竞技体育发展在与国民生产总值和总体国民体质综合指数上以另外一种不同于我国其他地区的形式支撑并发展着。

　　这说明事业支出群众体育费投入越多，则代表竞技体育水平高低的奖牌数量也就越多，证明了群众体育的开展促进了当地竞技体育水平的提高，为竞技体育事业的发展提供了较有力度的支持。从图5—25中，我们可以看到：四川、内蒙古、云南、甘肃、贵州、青海、西藏7省区在同一

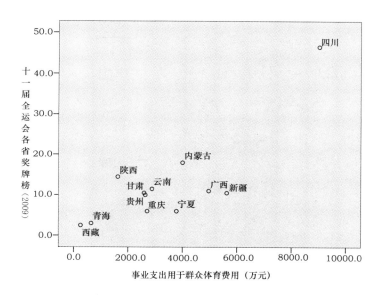

图5—25　西部地区各省市区所获十一届全运会奖牌数与
事业支出群众体育费相关

斜线上，事业支出群众体育费与十一届全运会奖牌数成正比。而新疆、广西、宁夏和重庆4市区也近似与前面的7省区排列斜线的平行线上，也可以说是事业支出群众体育费与十一届全运会奖牌数成正比。陕西省则比较特殊，它游离在上述11个省市区之外，做到了在事业支出群众体育费投入相对少却在十一届全运会奖牌数上产出多，竞技体育水平上排在四川、内蒙古2省区之后，其竞技体育水平明显高于其他西部地区9个省市区。

　　综上所述，四川和内蒙古在竞技体育事业发展上给予的群众体育事业发展以及体育场馆建设的高投入（见图5—26），所带来的竞技体育水平的提高是理所当然的，也显现了明显的优势。尽管其他省市区由于受经济发展状况、从事竞技体育专业人力资源、地理位置与环境、竞技

体育专项经费投入和其他经费投入等因素的制约，竞技体育水平也有不同程度的提高，但其提高幅度与速度并不明显，其中西藏、宁夏、青海竞技体育水平不仅在西部地区排名在末位，而且在全国也是最为薄弱的地区。

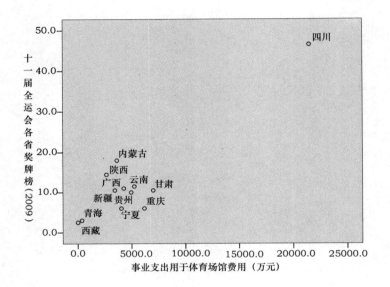

图 5—26　西部地区各省市区所获十一届全运会奖牌数与
事业支出体育场馆费相关

（三）西部地区竞技体育优势项目与优势区域

西部地区各省市区在近两届的奥运会和全运会上努力拼搏，为国家荣誉和本省（市/区）提高体育竞技水平作出了贡献。衡量竞技体育水平高低最终是靠大赛的金银铜牌综合数量来体现的，各个竞技体育项目是否具有优势及潜在优势决定了奖牌数量及夺标可能性。在现有竞技体育投入条件下，如何利用有限的投入，通过发挥优势项目，挖掘潜在优势以发挥最大奖牌效益，确保竞技体育水平提高，发挥着至关重要的作用。优势是相对的，优势项目这里是指在国内外重大比赛中相对能够获得奖牌或得分能力较强，或者说是夺标概率较高的运动项目。

从总体上看，西部地区各省市区优势项目主要集中在部分田径、球类、游泳、搏击对抗、竞速、技巧、射击类等 36 个项目上。就西部地区各省市区而言，四川的优势项目分布较广且种类与数量多，在全运会上得分点多，这也是四川能够保证其西部地区竞技体育"领头羊"地位的先决条件。相反，西藏和青海优势项目分布较窄且种类与数量不多，这也是造成了其与西部地区其他省市区形成巨大差距的原因之一。相比四川、西藏和青海，其他西部地区 9 个省市区在优势项目上虽分布较广，种类与数量一般，但夺金实力与能力参差不齐，多项目、多人次的奖牌质量不是很高，大多数拥挤在部分单一项目上，正是由于竞争激烈，所以这 9 个省市区竞技体育水平相互间差距不大，这对于提高整个西部竞技体育水平来说十分不利。纵观西部地区各省市区的优势项目，由于受生活习惯、地域特点、民族文化的影响，部分项目对竞技体育水平的提高产生了积极的推动作用，并形成了特色优势项目，为以后的发展打下了良好基础，例如：具有地域特点的内蒙古速度赛马、射箭，西藏的赛马、马术等，这些明显带有地域民族传统基础特点的优势项目对本地域扩展优势项目、扩大得分点，增强夺金能力，显然是"走冷门，跑偏锋"正确思路的结果。

西部地区各省市区在十一届全运会上所获的金牌项目绝大多数集中在田径、马术、柔道、射箭、体操等 17 个项目上，从分布上考虑，各省市区金牌项目分布较为零散，部分省份金牌项目数量最多的是 7 个，各省市区金牌项目数量近乎以两个项目的 7、5、3 的等差数列排列。西部地区各省市区在西部大开发后，优势项目及金牌项目与前几届全运会相比有明显的增多，但分布失衡，具体表现在四川的一枝独秀，西部地区东部及北部的大部分地区分布较多，而西部的中部及西南部分布较少。有些优势项目，如激流回旋、现代五项、沙滩排球等现代新兴项目在竞技体育水平薄弱的地区发展较快，逐渐成为部分省市区夺金得分的杀手锏。

通过梳理，在奥运会及全运会比赛夺得奖牌的项目种类上各个省份分布不均衡，且项目数量有一定的差距。这种项目分布的不均衡性以及夺金点项目的多少也就决定了竞技体育水平的高低与差距的产生，所以以四川、广西、内蒙古、陕西等省区现已成为西部地区的竞技体育大省。另外，从地域分布上看，西部地区的传统优势项目和突出优势项目区域以新疆—内蒙古—陕西—重庆—贵州—广西一线呈数字"7"形排列，外加地处西部近中部的四川为中心的特点分布。西部地区的优势项目和潜在金牌优势项目区域分布在各省市区，尽管有的省份表现比较突出，但仍隐现"网格型"分布（见图5—27）。

图5—27 西部地区竞技体育优势项目地域分布

（四）西部地区竞技体育发展实力的其他指标分析

1. 体育竞赛费

根据2005—2009年西部地区政府在体育竞赛费投入的基础上，随机选取2005年、2008年、2009年西部地区各省市区体育竞赛费数据与当年体育事业拨款额度相比较，通过分析，2005年、2008年、2009年西部地区各省市区用于体育竞赛的支出占体育事业财政拨款额度百分比平均数分别是14.34%、17.38%、23.88%。2005年西部地区各省市区用于体育竞赛支出费用占体育事业财政拨款额度百分比最高的是宁夏回族自治区，为54.53%，达到2586万元（当年体育事业财政拨款4742万元）；最低的是重庆市，为0.95%，达到149万元（当年体育事业财政拨款15604万

元）。2008 年西部地区各省市区用于体育竞赛支出费用占体育事业财政拨
款额度百分比最高的是青海省，为 39.01%，达到 4469.8 万元（当年体
育事业财政拨款 11457.6 万元）；最低的是重庆市和甘肃省，同为
0.67%，分别达到 1488.4 万元和 1536.3 万元（当年体育事业财政拨款分
别是 22298.5 万元和 23020.2 万元）。2009 年西部地区各省市区用于体育
竞赛支出费用占体育事业财政拨款额度百分比最高的是西藏自治区，为
133.23%，达到 218.5 万元（当年体育事业财政拨款 164 万元）；最低的
是云南省，为 3.05%，达到 1512.6 万元（当年体育事业财政拨款
49645.8 万元）。

　　从整体上看，西部地区各省市区政府从 2005 年、2008 年、2009 年在
体育竞赛经费使用上是连年增加的，对于竞技体育水平较低的省市区来
说，往往投入较大，但苦于当年国民生产总值太低并且总体远远低于经济
相对发达的竞技体育大省的投入。经济发达，国民生产总值较高，相对的
竞技体育大省虽然投入的各项比例略高于和低于当年投入百分比，但由于
经济基础扎实庞大而远远高于经济相比欠发达、竞技体育水平较低省份的
投入。所有数据都表明了西部地区当地政府对竞技体育的重视程度。

　　2. 运动员与教练员

　　竞技体育事业的发展离不开运动员的储备与培养，教练员的投入，培
养载体以及科研单位与人员的鼎力支持。竞技水平的高低与能力最终是靠
运动员和教练员的展现来反映。通过比对，在西部地区各省市区注册的一
线运动员和优秀运动员数量上仅有内蒙古自治区、四川省高于全国平均
值，其他 10 个省市区均低于全国平均值；从 2005—2009 年西部地区各省
市区一线运动员发展的变化上看，各省市区一线运动员在连续发展上均存
在增减现象，一线运动员队伍均处于波动与不稳定状态（见表 5—22、表
5—23、图 5—28、图 5—29）。造成这种差距以及波动具体体现在后备人
才储备存在不足、现有人才水平不高以及现有对应项目偏少，等等。通过
前面的西部地区竞技体育优势项目分析的结果，四川省有 18 个竞技项目、
广西壮族自治区则有 9 项、新疆维吾尔族自治区和内蒙古自治区有 6 项可
以在国际、国内赛场上摘金夺银，而云南有 4 项，贵州省、重庆市有 3 项
偶露峥嵘，说明运动员在运动技能水平的差距以及在有限优势项目上的发
挥空间狭小。

表 5—22　　　　　　　　竞技体育发展专业人员实力统计　　　　　　单位：人

省市区	一线运动员	优秀运动员	一线教练员	一二三线教练员
内蒙古	768	885	59	415
广西	582	582	135	629
四川	963	1124	219	1090
贵州	187	220	66	110
云南	357	357	108	377
西藏	134	134	31	48
重庆	270	377	62	238
陕西	225	293	132	721
甘肃	528	552	151	457
青海	299	299	39	158
宁夏	260	379	0	152
新疆	434	435	65	498
西部平均值	417.25	469.75	88.916667	407.75
全国平均值	604.16	721.29	152.71	668.71

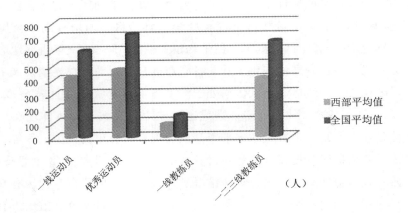

图 5—28　西部竞技体育发展实力与全国平均水平对比

表 5—23　　　　　一线运动员 2005—2009 年的数量变化统计

省市区	2005 年	2006 年	2007 年	2008 年	2009 年
内蒙古	568	526	557	750	768
广西	658	688	472	606	582
四川	1219	663	762	851	963
贵州	227	264	137	226	187
云南	474	482	328	483	357
西藏	135	140	64	127	134
重庆	477	299	348	304	270
陕西	359	363	274	340	225
甘肃	583	601	346	523	528
青海	284	276	65	283	299
宁夏	236	236	94	260	260
新疆	367	352	225	429	434
全国平均值	685.322	660.806	561.548	623.387	604.16

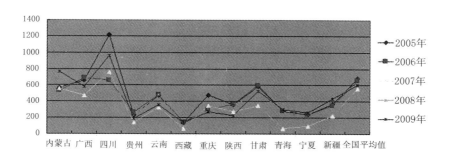

图 5—29　一线运动员 2005—2009 年的数量变化对比图

通过进一步比对，在一线教练员数量上仅有四川省高于全国平均值，从 2005—2009 年西部地区各省市区一线教练员发展变化上看，四川省也是唯一高于全国平均值的省份；在一二三线教练员数量上四川省、陕西省高于全国平均值，且总体呈现不同省份间等距差值接近的状况（见表 5—24、图 5—30）。在西部地区各省市区间，四川省、陕西省、广西壮族自治区的在聘教练员总数要明显高于宁夏回族自治区、青海省、西藏省3省区，但陕西省、广西壮族自治区的在聘教练员总数略有减少，这有可能是重新调整和整合优化教练员资源的结果，通过国内外重大比赛的结果发现，教练员的局部减少并未影响竞技体育成绩的取得，相反奖牌数还有不同程度的增长。宁夏回族自治区、青海省、西藏省3省区由于运动员的储备不足，加上教练员编制的限制，在教练员的搭配。运动员与教练员的比例上还是相对平衡的，具体的运动员总数直接决定了教练员的配备数量，所以上述3省区在聘教练员数量总体上不多。

根据运动员与教练员整体上分析结果，我们能够总结说明西部地区在夺取竞技体育奖牌制高点上的运动员与教练员群体储备上大多数省份低于全国水平，这也是西部地区竞技体育发展落后的一个原因。

表5—24　　　　　　　　　　一线教练员情况统计

省市区	2005 年	2006 年	2007 年	2008 年	2009 年
内蒙古	86	87	86	57	59
广西	112	113	120	148	135
四川	241	267	236	231	219
贵州	65	73	74	49	66
云南	91	93	78	80	108
西藏	26	22	24	30	31
重庆	44	44	46	62	62
陕西	76	73	80	120	132
甘肃	89	93	99	161	151
青海	31	35	33	30	39
宁夏	24	24	24	.	0
新疆	52	55	56	59	65
全国平均值	132.838	131.3548	137.129	159.2	152.7096

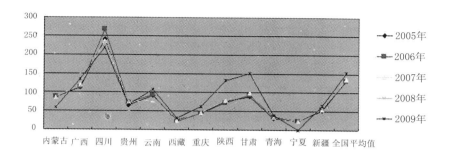

图 5—30　一线教练员情况对比

四　竞技体育持续发展能力

通过前期的因子分析，选取一二三线运动员数量、一级运动员发展数、2005—2008 周期国家高水平体育后备人才基地、业余体校数等指标对西部地区竞技体育持续发展综合能力进行评价。

表 5—25　　　　　　　　竞技体育持续发展能力统计表

省市区	一二三线运动员合计（人）	一级运动员发展数 2009（人）	国家高水平体育后备人才基地 2005—2008周期（个）	业余体校数（个）
内蒙古	16010	85	1	49
广西	17020	154	9	87
四川	43374	117	15	177
贵州	10717	21	1	2
云南	7632	43	1	28
西藏	635	1	0	6
重庆	11423	65	4	22
陕西	18950	114	6	73
甘肃	11878	106	0	18
青海	3479	28	0	15
宁夏	1941	11	0	7
新疆	11615	37	1	68
西部平均值	12889.5	65.17	3.17	46
全国平均值	14955.87	148.61	10.00	53.548

（一）一二三线运动员总量分析

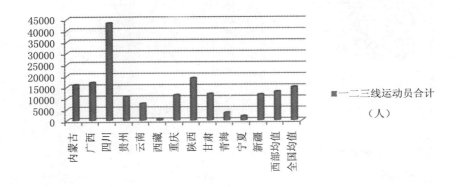

图5—31   西部一二三线运动员各省分布对比

在一二三线运动员总量上（见图5—31），西部地区的四川、陕西、广西、内蒙古等省区高于全国平均值；在一级运动员发展数上仅有广西高于全国平均值；表5—25中，在2005—2008周期国家高水平体育后备人才基地上仅有四川高于全国平均值；在业余体校数上，广西、四川、陕西和新疆高于全国平均值。从整体上看，四川和广西在竞技体育持续发展综合能力上比较强，陕西与之接近，内蒙古和新疆在竞技体育持续发展综合能力上提升较快。

（二）一级运动员数量分析

一级运动员发展数量代表高水平运动员的后备力量。通过对2009年西部地区一级运动员培养数量分析（见图5—32），西部地区各省市区在近5年内数量上是增加的，但整体低于全国平均水平，仅有广西在2009年一级运动员培养数量上高于全国平均水平。西部地区内只有四川、广西、内蒙古、重庆、陕西、甘肃几省区明显高于西部平均值。显而易见，宁夏、西藏、青海以及贵州在国际和国内大赛上摘金夺银的能力与水平远远低于西部地区其他省市，这也就造成了这几个省区竞技体育水平相对落后的局面。

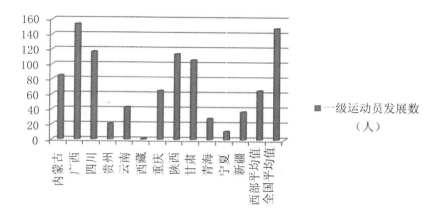

图 5—32 西部一线运动员各省分布对比（2009）

（三）业余体校数情况

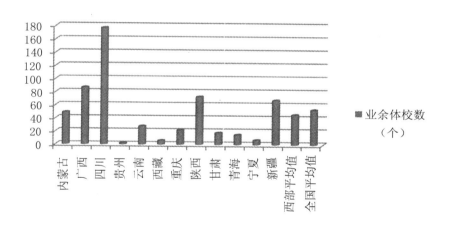

图 5—33 西部业余体校各省分布对比（2009）

作为培养运动员的载体，业余体校承担着培养、输送运动员的艰巨任务。在全国范围内，2005—2009 年全国业余体校平均数逐年减少，西部地区除广西、四川、新疆 3 省区外，其他 9 个省市区均有不同程度地减少。图 5—33 中，2009 年西部地区业余体校数量均高于全国业余体校数量平均值的省区是广西、四川、陕西以及新疆，内蒙古接近全国平均水平。其他省市区均低于当年全国业余体校数量平均值。造成这种现象的原因，可能是随着生活条件的改善，观念的影响，参与竞技体育的人越来越少，同时运动员的分流与交流以及以后的就业问题。由此我们认为，业余体校数量的逐年减少会对西部地区竞技体育人才培养产生很大的影响，如何使具有竞技体育才能的人投身到竞技体育事业中来，保证培养与输送竞技体育后备人才质量，是当前西部地区竞技体育事业发展急需思考与解决的问题。

综上所述，西部地区竞技体育事业可持续发展是竞技体育后备人才、教练员、培养载体的筹备与提升问题。从整体上看，西部地区的竞技体育持续发展能力低于全国平均水平，但四川、陕西、内蒙古、广西在西部地区竞技体育持续发展能力上高于其他8个省市区，地区集体化明显，且西部地区内部竞技体育持续发展能力上实力差距悬殊，造成这种局面的主要原因在于体育后备人才的储备不够，各级各类体育专业人员的匮乏以及现实中的人员比例失调。更为深层次的原因在于竞技体育人才后勤保障、升学、退役就业等方面的政策缺乏以及从业人员的担忧考虑，还有竞技体育人才的流动问题以及生活水平的提高，成才率低、吃苦性强的行业特点，都给竞技体育事业的发展带来了不利影响，这一切都最终体现在竞技体育后备人才的储备上。为避免西部地区两极分化，保证西部地区各省市区竞技体育事业可持续、协调发展，构建竞技体育强省是西部地区各级政府必须深思、破解的问题。

五　西部地区体育产业发展

（一）我国西部地区体育产业发展迅速

1. 体育建筑业发展迅速

根据2008年、2009年体育年鉴统计，2008年政府援建西部地区体育场馆总计37139个，各省市区平均为3095个，2009年政府援建西部地区体育场馆总计54607个，各省市区平均为4551个，整体平均增长47.04%。2009年西部地区拉动政府援建体育场地投入173538万元，各省市区平均投入14661.5万元。2009年政府援建体育场馆平均每个体育场地拉动近3.18万元的政府投入。如果按1万元解决一个就业岗位计算，西部地区在体育建筑业方面就能解决至少17万个就业岗位，同时体育场馆的使用会使上百万人从中受益。从政府援建体育场馆数量上看，西部地区除青海和宁夏在 2009 年略有减少外，其他 10 省市区在 2008 年的基础上均有大幅度的增建，其中陕西增建数量最多，西藏增建数量最少。从政府援建体育场馆投入资金上看，四川、云南和内蒙古在 2009 年中投入较多，西藏、青海、宁夏投入较少（见图 5—34）。

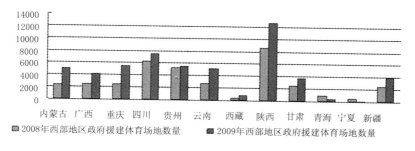

图 5—34 2008 年和 2009 年西部地区政府援建体育场地数量比较 （单位:个）

2. 全民健身活动设施增建与投入带动体育用品制造业发展

为推动本地区群众体育开展，吸引更多的人民群众参与到体育锻炼与体育健身活动中来，同时满足人民群众健身的需要，西部地区各地政府为营造群众体育氛围，实施全民健身计划，针对城市和农村广泛开展体育健身惠民工程。这些工程的重点就是增建和扩建全民健身活动设施。全民健身活动设施建设包含室外全民健身公园与广场、室内全面健身中心和青少年俱乐部，以及相关配套的健身路径、小篮板、乒乓球台、部分球类项目用房、健身房和游泳池，等等。2009 年西部地区各省市区共建设全民健身活动设施 90406 个，拉动政府投资 300 亿元，这为西部地区的体育制造业提供了一个广阔的市场空间，也为当地的体育生产厂家带来巨大的经济效益（见表 5—26）。

表 5—26 　　2009 年西部地区各省市区全民健身活动设施建设与
国家及各级政府投入统计

省市区	全民健身活动设施建设数量（个）	国家、省、地、县投入统计（万元）
内蒙古	1353	21252
广西	2988	10112
重庆	28053	227773
四川	8355	36792
贵州	2142	228179
云南	980	10598
西藏	352	341
陕西	3171	9332
甘肃	40538	45847
青海	936	2406325
宁夏	1220	3304
新疆	318	1975

3. 体育彩票发行增长快速

体育彩票作为新兴的"无烟"产业，在西部地区内由不被熟知到迅
猛发展只经历了短短五年的时间。资料显示，在"十五"期间，西部地
区各省市区五年累计发行额与 2009 年西部地区部分省市区体育彩票发行

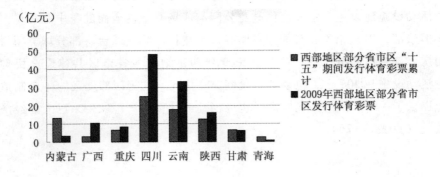

图 5—35　西部部分省区"十五"期间发行体育彩票累计与 2009 年发行
体育彩票比较

额相比，西部地区部分省市区一年的体育彩票发行额超过前五年的发行总额，预计"十一五"期间西部地区五年体育彩票发行总额将明显超过上个五年，且可能成倍增长（见图5—35）。体育彩票发行的快速增长不仅使彩民受益，而且体育彩票的大部分收入也用于扶持其他体育事业，对发展西部地区体育事业起到了极大的助推作用。

4. 体育产业经营实体初具规模并显现经济效益

西部地区体育产业是伴随着改革开放由公有经营开始并统领体育产业市场。根据国家政企分开、事企分开的要求，一些体育事业单位的下属体育产业经营单位才剥离母体，进入体育产业市场，同时一些个体私营业户抓住时机也开始进入体育产业市场。在"十五"和实施西部大开发的初期，即2000年，西部地区的体育产业经营实体还处于萌发阶段和比较薄弱的状态，但均表现出了顽强的生命力和勃勃生机，由西部地区不同省市区的百余家、千余家经营户，创造了促进就业，产出值高的业绩，实现了"小业户，大效益"的良好局面。以2001年的西藏为例：5家业户创587万元、就业292人，平均每家业户创收117.4万元，平均每人2万元，这在当时的西部地区尤其是西藏是惊人的；再有云南2001年平均每家体育产业经营业户创收191万元，平均每个从业人员创收近30万元。广西体育产业经营业户通过近10年的发展壮大，2009年已达到3000余家，创收10亿元，平均每户体育产业经营业户达到33.3万元（见表5—27）。这些数据表明：西部地区的体育产业空间正在逐步扩大，体育产业经营业户逐渐增多以及搏击体育产业市场能力的增强，也从侧面证明了体育产业市场正在逐步走向成熟。

表5—27　　西部地区部分省市区不同年份经营企事业单位社会和经济效益对比

省市区	专营兼营单位数（户）	经济效应（万元）	从业人员数（人）	备注
内蒙古	2946	51900	14661	2004年数据
陕西	2000余	200000余	5000余	2007年数据
西藏	5	587	292	2001年数据
云南	848	162803.2	5519	2001年数据
重庆	1875	37536	9367	2002年数据
广西	3000余	100000余	—	2009年数据

（二）西部地区尚待急切开发的体育旅游资源

西部地区自实施大开发战略以来，已基本形成体育产业市场红火、主体产业突出、社会与经济效益明显的快速发展态势。从目前来看，西部地区体育产业的发展，还是以围绕竞技体育、全民健身与娱乐等方面所需要的硬件建设为主。西部地区拥有广博的地貌与人文资源，西部地区现已成为国内重要的旅游资源地，这对当地的经济发展起到了极大的推动作用。借助体育事业发展，依托体育平台，开发体育旅游业已在西部地区部分省市区初现端倪。

体育旅游业作为体育产业的重要组成部分，其发展是受社会经济发展水平与国民收入制约的，是借助体育文化活动与旅游资源的完美结合与优化组合的渐变历程。部分旅游资源可能为某一地区独有或由多个地区所共有，这样就为单一地区的旅游形成特色以及多个地区构建旅游一体化提供了先决的基础条件。体育旅游业也可以单点、多点、点线上的旅游资源进行多种形式的开发与利用。

西部地区拥有 71.1% 的国土面积，南北跨越 28 个纬度，东西横贯 37 个经度，地貌地形与自然条件纷繁复杂，同时还拥有众多的江河、山脉、举世闻名的人文景观。这些资源都为体育旅游业的发展提供了其他地区无法比拟的资源优势。

西部地区的体育旅游资源可分为自然旅游资源和人文旅游资源两大类。自然旅游资源，可分为以山、川、地质公园等地表类以及以江、河、湖、温泉等水质类两个基本类型。在地表类体育旅游资源中，可设计登山、野营、山地自行车等体育旅游产品；在水质类体育旅游资源中可设计漂流、游泳、划船、垂钓等体育旅游产品。人文旅游资源又可分为历史遗迹类、宗教类、少数民族类和人造物类四个体育旅游资源类型。在这些类型中既可以打造溯源、游历、宗教文化、武术、民族传统体育、休闲娱乐等单一的体育旅游产品，又可以通过组合产生复合、衍生的体育旅游产品（见表 5—28）。

根据江河流域、山脉连绵情况，可以充分利用体育旅游资源设计点点连线、点线连线、线线交叉的跨地区的体育旅游产品，从而构建西部地区体育旅游的联动与一体化区域，进而更加丰富西部地区体育旅游内容。

表5—28　西部地区体育旅游资源构成及可持续开发体育旅游资源产品示例

资源类别	基本类型	体育旅游资源	可开发体育旅游资源产品示例
自然 旅游 资源	地表类	山、川、地质公园	登山、攀崖、狩猎、滑翔、野营、 山地自行车、冰雪节等
	水质类	江、河、湖、温泉	漂流（节）、冲浪、游泳、垂钓、 龙舟、划船、沐浴疗养等
人文 旅游 资源	历史遗迹类	都江堰、三星堆、黄龙溪等	溯源踏青、游历节等
	宗教类	峨眉山、青城山、宗教寺庙等	登山、宗教文化溯源、武术节等
	少数民族类	壮族、藏族、蒙古族等	赛马、射箭、斗牛、火把游行等
	人造物类	欢乐谷、高尔夫等	攀岩、蹦极、热气球、高尔夫球等

六　小结

西部地区共有12个省市区，由于经济、人文以及自然禀赋等因素的影响，西部地区体育事业的发展与我国的东部、东北及中部地区有所不同，作为经济总体上欠发达的地区，其政府投入和民间体育场地场馆建设等都受到较大的制约，西部地区体育事业发展是在经济基础薄弱、体育事业底子薄、多民族文化汇集、民族体育传统各异等基础上发展建设起来的。区域分布的不均衡性，主要受各省市区人口基数、体育人口数量、地域地貌、气候、交通等因素的制约。如西藏、新疆、青海等省区地处高山、沙漠等特殊地理位置，气候变化无常，少数民族的游牧生活习惯，形成人口散居多，聚居点相对较少，聚集点间距离相对较远等特点，这均不利于集中建设体育场馆。这也恰恰是西部地区各个政府对体育事业发展支持力的差异性以及西部大多数省区低于全国其他地区、更低于西部其他省区的客观原因。但是，西部体育发展战略仍然有其独特的潜力和优势值得探索。

财政支持水平虽低但有上升趋势。综合对西部的分析，西部地区各省市区政府对体育事业发展在财力上的支持，总体上低于全国平均水平，但与本地区经济发展水平和地区国民生产总值相一致，虽有起伏，但整体还是逐年增加的。西部地区的12个省市区在政府体育事业发展支持力上各有差距且在区域分布上有一定特点可循。现在，西部地区体育事业发展较快，其主要原因在于经济实力的增强，政府对体育事业发展的财力投入加大，各类人员培养增多以及西部地区人民群众的体育意识、健身观念的改变。四川省在西部是经济实力比较强，也是政府投入高于全国平均水平的省份，四川省在西部各省的带动作用和示范作用是西部各省的榜样，这种示范效应的外溢，无疑会给西部各省带来积极的影响作用。

西部地区竞技体育"东强西弱"。从整体上看，西部地区竞技体育水平落后的省市区（重庆、甘肃、新疆、宁夏、青海、西藏）大部分集中在西部地区中的西部，占整个西部地区国土面积的近2/3，这也是西部地区竞技体育水平不高的一个关键性因素。西部地区的竞技体育大省大多集中在西部地区的东部，四川、云南、广西、贵州、陕西外加内蒙古6省区形成"凹"梯形区域。从整体上看，西部地区的竞技体育持续发展能力低于全国平均水平，但四川、陕西、内蒙古、广西在西部地区竞技体育持续发展能力上高于其他8个省市区，地区集体化明显，且西部地区内部竞技体育持续发展能力上实力差距悬殊，西部地区的东部体育竞技水平与实力要明显高于西部地区的西部，呈现"东强西弱"的局面。我们相信这种情况是可以实现由东向西的梯度推进战略，以实现"东强"对"西弱"的有效带动作用。

我国西部地区体育产业发展迅速。西部地区体育产业是伴随着改革开放由公有经营开始并统领体育产业市场。根据国家政企分开、事企分开的要求，一些体育事业单位的下属体育产业经营单位才剥离母体，进入体育产业市场，同时一些个体私营业户抓住时机也开始进入体育产业市场。在西部大开发的初期，即2000年，西部地区的体育产业经营实体还处于萌发阶段和比较薄弱的状态，但均表现出了顽强的生命力和勃勃生机，由西部地区不同省市区的百余家、千余家经营业户，创造了促进就业，产出值高的业绩，实现了"小业户，大效益"的良好局面。

西部体育产业的潜质在于：体育建筑业发展迅速；全民健身活动设施增建与投入带动体育用品制造业发展；体育彩票发行增长快速；体育产业经营实体初具规模并显现经济效益；西部地区尚待急切开发的体育旅游资源也将形成一定的市场需求，从而带动体育产业的发展。

第三节 东北区域体育事业发展的优势潜力分析

在前期关于我国四大板块省域体育事业发展水平的综合研究中，不难发现东北地区对我国体育发展具有特殊的贡献，从整体上看，东北体育事业排名在全国处于中等偏上位置。但是，就竞技体育而言，不论是夏季奥运会，还是冬季奥运会，东北区域在全国都具有举足轻重的战略地位。因此，分析东北体育事业发展的优势和潜力，制定适合东北体育发展的战略，不仅对现实东北老工业基地振兴背景下体育事业全面振兴具有积极的作用，同时可以通过东北区域体育事业均衡、全面的发展，进一步提升东北三省乃至全国体育事业发展的竞争力，具有重要的战略意义。当然，这对于面临发展机遇的东北体育事业也是一个极大的挑战。

此外，从综合因子排名上看，辽宁、黑龙江都在全国的前 10 位，而吉林排到了第 20 位。东北三省在地理环境、人口素质等方面都极其相似，为何吉林出现了如此大的差距？辽宁、黑龙江体育事业的发展是否还有前进的空间？以及东北三省是否能够齐头并进？东北三省的潜力、优势有哪些？解决好这些问题，将对东北体育事业的整体发展有很大突破，而在这些之中对东北地区体育事业的优势、潜力的分析，成为解决这些问题的重中之重。故充分对东北区域体育事业的现状进行全面分析，发现和发挥东北三省各自的优势，更好地定位东北三省体育事业目前的状况，并挖掘东北三省的潜力，整合东北地区资源，为东北地区体育事业整体的发展明确方向。

一 政府对体育事业的支持力

体育事业是国家发展建设中不可或缺的部分，我国体育事业的发展离不开国家、地方政府的支持，政府支持力度的强弱是影响当地体育事业蓬勃发展的重要因素之一。通过因子分析发现，政府对体育事业的支持主要体现在财政拨款、人员派送、场地设施的援建等方面。表 5—29 是东北三省政府 2009 年对体育事业支持力，各方面的数据与全国平均值的对比表。

表 5—29　　　　　　　2009 年东北地区政府对体育事业支持力统计

省份	地区生产总值（亿元）	政府援建体育场地数（个）	体育训练费（万元）	公益性社会指导员（个）	每万人拥有公益性社会指导员（个）	体育俱乐部数（个）	累计晨晚练站点数（个）
辽宁	13461.57	12578	20827.5	47537	11	469	8702
吉林	6424.06	3121	7997.4	9683	3.5	775	7389
黑龙江	8310	2588	15332.2	18210	4.8	165	5080
东北平均值	9398.54	11005.33	14719.03	25143.33		469.67	7057
全国平均值	10555.477	11838.23	8789.435	35255.26		601.19	7690.68
全国总值	327219.8	366985	272472.5	1092913		18637	238411

为了进一步挖掘这些数据的内涵，从以下几个方面进行比较分析：

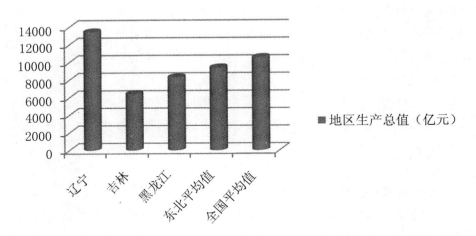

图 5—36　2009 年东北地区生产总值指标与全国均值的对比

（一）政府支持力与地区生产总值

东北地区政府的支持力受到地区生产总值的制约。政府援建体育场地数、体育训练费、体育俱乐部数、累计晨晚练站点数、公益性社会指导员五

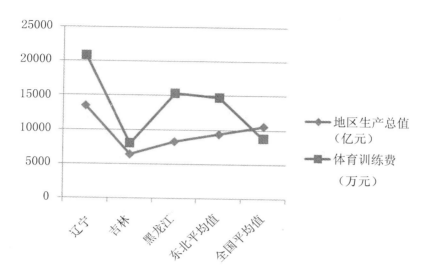

图 5—37　2009 年东北地区生产总值与体育训练费指标与全国均值的对比

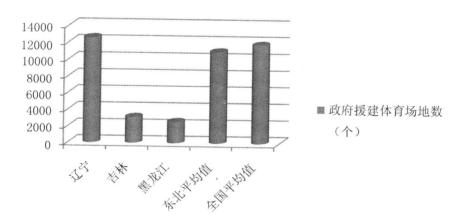

图 5—38　2009 年东北地区政府援建体育场地指标与全国均值的对比

个指标变化的趋势，几乎都趋向地区生产总值的走向。辽宁地区生产总值最高，人均生产总值也最高，在其余指标中的投入上都略高于其他两省，黑龙江在人均上低于吉林，但总值略高于吉林，在整体指标走向上也高于吉林。东北体育事业在振兴东北老工业基地的背景下复苏，在新一轮的"十二五"经济规划中，国家又进一步提出加大对东北老工业基地振兴的

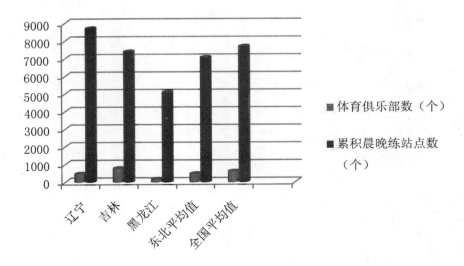

图5—39　2009年东北地区对体育俱乐部与累计晨晚练站点指标与全国均值的对比

支持，东北地区经济将会有更进一步的发展，这将带动政府对于体育事业的支持力度，成为东北体育事业发展的潜在优势。

（二）东北平均值与全国平均值的对比

通过七个指标的对比表明（见表5—29），在政府支持力上，东北地区在全国体育事业竞争中并不占有优势。首先，东北平均值整体低于全国平均值。数据显示东北三省除体育训练费用上高于全国平均值，在地区生产总值、公益性社会指导员、体育俱乐部数、累计晨晚练站点数等方面都远低于全国平均水平。其次，东北平均值低于东部平均值。2009年东部体育训练费15972.19万元，公益性社会指导员人数57348.40位，政府援建体育场地数24577.1个，累计晨晚练站点数13973.60个，体育俱乐部数915.30个，均高出东北平均值很多。这些数据，一方面证明了东北地区在政府支持力度上的差距，另一方面也充分证明了我国体育事业发展的不均衡现象。对于这种不均衡现象，以韩佐生等学者为代表的诸多学者认为，地缘因素、经济发展和市场经济面临的不同起点、非均衡发展的经济战略等，是我国地区间体育发展不平衡的成因。

（三）东北三省内部的比较

通过对2009年数据的分析，东北三省政府支持力度不均衡现象表现突出。辽宁在三省中处于明显的优势地位，在六项指标中除体育俱乐部数量低于吉林，其余几项都以明显优势超出其他两省，并且辽宁的各项指标都与全国指标接近，甚至超出全国的平均值。黑龙江与吉林在政府支持力上不分伯仲，黑龙江在体育训练费、公益性社会指导员两个指标中以超出 2 倍的数量高于吉林，黑龙江每万人拥有 4.8 个公益性社会指导员，吉林有 3.5 个，辽宁有 11 个。吉林体育俱乐部数量以 775 个领先于黑龙江、辽宁两省，此外，吉林还在累计晨晚练站点数、体育场地援建数上高于黑龙江。辽宁每平方公里晨晚练站点数是 0.6 个，吉林是 0.4 个，黑龙江是 0.1 个。三省政府体育支持力度的不均衡原因是多方面的。首先，经济方面，三省经济的不均衡导致政府所能投入的资金额度不同，导致资金的投入有偏颇。其次，政府的支持侧重点不同，辽宁在 2009 年获得十二届全运会的承办权，黑龙江举办了世界大学生冬季运动会，两省需要对举办赛事给予财力支持。吉林举行重大赛事较少，凸显出支持力度较弱。尽管如此，三省在政府支持力度上整体是有待提高的，而吉林在政府支持力上更是提高的重点。

（四）指标内部比较

政府支持力度包括六个指标，其中公益性社会指导员、累计晨晚练站点数、援建场地数均为政府对群众体育的支持，而体育训练费为政府对竞技体育的支持。东北地区在体育训练费上平均值高出全国平均值，并超过全国平均值的 67%，而在群众体育的支持力上远低于全国的平均值。辽宁、黑龙江在体育事业"十二五"规划中分别提到了"'十一五'期间政府向人民群众提供公共服务职能尚未发挥，财政对全民健身事业投入不足"①，都充分说明了政府在内部指标支持力上分配的不均衡。东北地区对我国竞技体育的贡献率大，若在此基础上加大对群众体育的支持力度，将有利于东北体育事业的稳步前进。

（五）体育事业年支出

政府对体育事业支持力还有一个直接的影响指标——体育事业年支

---

① 黑龙江体育局：《体育事业"十一五"规划》，2006。黑龙江体育局：《体育事业"十二五"规划》，2011。辽宁体育局：《体育事业"十一五"规划》，2006。辽宁体育局：《体育事业"十二五"规划》，2011。

出。体育事业年度支出可以看出当年政府对体育事业的总投入，这也可以从另一个侧面反映出政府对体育事业的重视程度。

表5—30　　　2005—2009 年体育事业年支出统计　　　　单位：万元

	2005 年	2006 年	2007 年	2008 年	2009 年
辽宁	53538	54838	90867	60116	92569
吉林	36450	20571	31284	35687	31151
黑龙江	41367	52177	48173	70975	97498
东北平均值	43785	42528.666	56774.666	55592.66	73739.43
全国平均值	45826.77	55663.32	67070.838	88010.06	81351.85

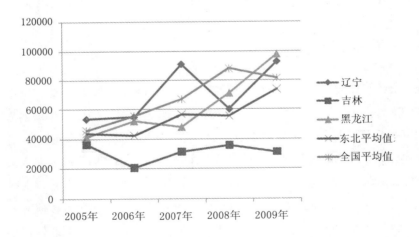

图5—40　东北地区 2005—2009 年体育事业年支出统计对比

通过图表（见表5—30、图5—40）数据对比，不难看出东北对体育事业的支出虽为曲折前进，但从 2005—2009 年均低于全国平均值，还有相当差距。从 3 个省份内部分析，辽宁省 2009 年体育事业年支出占地区总产值的万分之七，吉林占万分之五，黑龙江占万分之十一。在某种程度上说明了政府的支持力度。辽宁对于体育的投入与东北平均值线一致，2007 年、2009 年辽宁体育事业出现两次大投入。这两次大投入与辽宁省 2007 年开始申办全国第十二届全运会和 2009 年获得举办权有密切联系。黑龙江发展迅速，2007—2009 年 3 年间有一个很大的突破，与筹备举办 2007 年全国冬运会和 2009 年世界大学生冬运会这两大赛事有关，成为黑龙江体育事业支出的重点。吉林对于体育事业的支出远低于辽宁、黑龙江，离东北平均值有一定距离，投入的资金较少，不利于该省体育事业的发展，同时也影响到东北整体的平均值。通过上述分析，大型体育赛事的申办与举办有助于政府对体育事业的投入，带动体育事业的整体发展。东北三省将迎来第十二届全国运动会，辽宁为主会场，吉林、黑龙江为冬运会分会场，这次机遇将使东北地区体育事业的发展迈出一大步。

综上所述，东北地区政府对体育事业的支持力，不论在地域上还是体育事业内部，都体现着不均衡。东北三省内部，辽宁最强，对体育事业的支持力度也较平稳，黑龙江逐渐向辽宁靠近，逐步增加对体育事业的投入，吉林对体育事业的支持一直处于比较弱的状态，是地域不平衡的主要原因。东北地区对群众体育投入弱于竞技体育投入，体现了体育事业内部支持力的不均衡。当代体育的发展受到国情的影响，是一个由不均衡转向均衡发展的过程。随着经济的发展，地区生产总值的提升，区域之间的相互影响，以及重大赛事的举办，政府对体育事业的支持力将成为东北体育事业发展的潜在优势。

二　国民体质健康水平

国民体质健康水平是一个国家综合国力和国家竞争力的重要组成部分，是国家可持续发展的根本。主要体现的是东北地区人口素质，以及群众体育发展状况。本书主要从财政拨款、国民体质指数、人均寿命、群众体育费、体育场馆费、居民消费水平等方面进行探讨。表 5—31 所体现的是东北地区国民体质的总体情况。

表 5—31　　　　　　　　　东北地区国民体质健康水平统计

省份	2009 年国民体质指数	人口平均预期寿命（岁）	人口平均预期寿命男（岁）	人口平均预期寿命女（岁）	2009 年居民消费水平（元）	2009 年财政拨款额度（万元）	2009 年体育场馆费（万元）	2009 年群众体育费（万元）
辽宁	100.4	73.34	71.51	75.36	8688	64619.2	6582.5	3961.5
吉林	100.01	73.1	71.38	75.04	7556	29367.2	5109	1886
黑龙江	100.53	72.37	70.39	74.66	6958	72644.6	16264.9	3208.2
东北平均值	100.313	72.94	71.09	75.02	7734	55543.67	9318.8	3018.57
全国平均值	100.0774	71.244	69.5058	73.1394	9085.581	57918.410	12026.558	6433.955

（一）东北地区人口素质分析

东北地区拥有良好的人口素质。2000 年国民体质测试结果显示，辽宁人 20～54 岁年龄段人群的身高高于全国平均值 2 厘米，体重比全国平均值男子重 2 公斤，女子重 3 公斤，辽宁人肺活量比全国平均值高出 200 多毫升。反映身体素质的其他指标也高于全国平均指标，在对灵敏度、反映测试中，辽宁人与全国水平相差不多，握力较全国平均水平差，表明辽宁人小肌肉群力量差。身高体大的体质特点决定辽宁人的耐力好，适合大级别、长距离、力量型、耐力型的运动。[1] 通过上述数据也可以看出，东北人不论是在国民指数，还是寿命上，均高于全国平均水平。东北地处我国最北部，冬天较为寒冷且持续时间长，人们需要有强健的身体对自然进行抵抗。另外，东北地区物产丰富、土壤肥沃等外部环境，也成为东北人体质好的一个重要原因。良好的体质不论对于竞技体育还是群众体育的发展，都打下了良好的身体基础。

（二）群众体育发展分析

对于群众体育发展的分析，主要是居民消费水平、财政拨款额度以及体育场馆费、群众体育费四个指标，从整体上看，东北平均值低于全国平均值，特别是群众体育费用指标，3 个省均低于全国平均值。由此可以看出，在群众体育费用上，三省政府应有所重视，加大对群众体育费用的投入。

---

① 邹师：《辽宁竞技体育人才成长环境的教育学分析》，载《第八届全国体育科学大会论文摘要汇编（一）》，2007 年。

　　在居民消费水平上，东北三省之间差距较小，但均低于全国水平。王学民对我国各省居民消费性支出进行了集团划分，辽、吉、黑3省均属于第三集团，属于消费能力较弱的地区。体育从消费的角度上隶属于教育文化娱乐服务，它的健康发展与居民的消费水平是不可分的。在当今大力发展经济的背景下，体育产业成为体育事业发展的重要方面之一，体育产业的最终形成需要广大居民进行体育消费，而体育消费的支出是与居民总消费水平成正比的，东北地区居民消费水平低于全国均值，这对东北体育事业的整体发展有一定的影响。

　　财政拨款额度、体育场馆费、群众体育费，是反映政府对群众体育投入的重要指标。从表5—31可以看出，辽宁、黑龙江在这3个指标上处于较高水平，吉林以29367.2（万元）的投入处在底层，且远低于全国平均水平，说明吉林应整体提高投入。从比例上分析，吉林财政拨款额度的6.4%花费在群众体育上，黑龙江仅有4.4%花费在群众体育上，辽宁有6.1%花费在群众体育上，这一数据表明，尽管吉林省财政拨款额度低，但对于群众体育却较为重视，辽宁、黑龙江财政拨款额度高，但对于群众体育应加大重视，增大对群众体育的投入比例。

　　综上所述，东北三省有着共同优秀的人口素质（身体素质），这不论对于东北竞技体育的发展还是群众体育的发展都是一个很好的基础，也是东北体育事业发展的最大优势之一。对于群众体育发展，东北地区各项指标稍弱，3个省份都有提高的空间。政府应从总体上加大对群众体育的重视，对群众体育给予更大的支持。这不论对于地区群众体育的发展，或者是全国群众体育的均衡发展都是有利的。

三　竞技体育发展实力

　　竞技体育发展实力是东北较之全国的强项，也是体育事业中的优势。其中最明显的体现就是东北地区竞技体育贡献率大，在全国体育事业综合实力中排在中上层次，其中辽宁排名第1、黑龙江第3、吉林第15。除此之外，优秀运动员、教练员的数量也在全国领先。

　　（一）全运会、奥运会奖牌分析

　　东北三省作为竞技体育强省，在全运会、奥运会上所取得的成绩将是最能展现其实力的标志。表5—32是东北三省在九运会、十运会、十一届全运会上取得的金牌、奖牌的排名。

表5—32　　　　　东北三省全运会金牌、奖牌排名统计（名次）

省份	九运会金牌数（2001）	九运会奖牌总数（2001）	十届全运会金牌数（2005）	十届全运会奖牌总数（2005）	十一届全运会金牌数（2009）	十一届全运会奖牌榜（2009）
辽宁	2	2	5	5	3	2
吉林	11	10	16	14	19	16
黑龙江	14	14	9	11	7	7

表5—33　　　　　东北三省奥运会、世界冠军排名统计（名次）

省份	北京奥运会各省金牌数（2008）	北京奥运会各省奖牌总数（2008）	中国运动员获世界冠军（2008）
辽宁	2	2	2
吉林	6	9	3
黑龙江	7	10	10

从表5—32来看，辽宁在全运会上有明显的优势，排名在15年之中变化不大。黑龙江算是后起之秀，从一个中等的竞赛水平，发展到排名第7，吉林处于中下层次，呈下降趋势。但从表5—33来看，吉林在奥运会的竞技水平中优于黑龙江省。

从东北地区分析，辽宁综合竞技水平保持较好，竞技实力不论是在全国还是在东北三省都处于"辽老大"的位置，如2008年北京奥运会上，辽宁取得8金，共25枚奖牌，创造了参赛人数、金牌数、奖牌数三项全国第一；在刚刚结束的2012年伦敦奥运会上，辽宁获得2枚金牌；十一届全运会上辽宁获得48枚金牌、127枚奖牌，列全国第三；第十六届广州亚运会上，辽宁所获金牌、奖牌数均列全国第三。黑龙江在体育事业"十一五"规划中，在竞技体育发展中提出一系列改革措施，例如：优化调整项目结构，按照优势项目、重点项目、潜在优势项目和一般项目实行动态分类管理，加强高水平优秀运动队建设，发挥优势，形成合力等。经过这一系列的措施，黑龙江省竞技实力明显攀升，"十一五"期间，在世界高水平比赛中共获51枚金牌，温哥华冬奥会上夺得4金2银4铜，十一届全运会名列第七，目前在全国竞技实力中处于中上地位。吉林竞技体育实力开始逐年下降，全运会奖牌从第 10 位下降到第 16 位，目前的综合竞技水准在全国处于中下水准，在东北三省中处于最低的状态。吉林在 2008 年奥运会的成绩和获世界冠军的排名，仅能说明吉林省内部个别运动员成绩突出，并不能反映吉林省整体的竞技实力。

通过上述分析可以看出，东北地区的整体竞技实力是东北区域体育事业的一大优势。辽宁一直处于领先形势，黑龙江经过一系列的改革，经济实力也是突飞猛进，吉林却有落后的趋势。从目前来看，吉林成为区域中的薄弱环节，但是吉林高竞技能力仍然存在，通过改革和投入的加大，吉林必将成为东北区域竞技实力的"潜力股"。

（二）东北三省优势项目分析

按照本章第一节对优势项目的分析方法，我们将东北的优势项目指数列入表 5—34。分析如下：

表 5—34　　　　东北三省各全运项目优势指数（Rij）统计

项目	辽宁	黑龙江	吉林
田径	1.29	1.23	0.27
羽毛球	1.17		
赛艇	0.91	0.07	
自行车	1.01	0.88	1.69
足球	1.67	0.30	
击剑	1.46		
自由式滑雪	5.48	7.43	9.62
曲棍球	2.27		
柔道	1.47	1.01	0.49
艺术体操	2.29		
射击	1.06	0.80	0.56
垒球	1.84		

续表

项目	辽宁	黑龙江	吉林
帆板	0.82		
皮划艇	0.64	0.16	
游泳	1.02	0.29	
乒乓球	1.89	0.39	2.55
国际式摔跤	1.35	0.91	0.34
花样滑冰	0.69	12.2	6.85
速度滑冰	0.21	10.3	10.7
短道速度滑冰		8.53	15.1

通过表5—34的计算，我们可以分析得出东北三省的优势项目（见表5—35）。

表5—35　　　　　　东北三省金牌项目与优势项目一览

省份	夺金项目	优势项目
辽宁	田径、羽毛球、赛艇、自行车、足球、击剑、自由式滑雪、曲棍球、柔道、艺术体操、射击、垒球、帆板、皮划艇、游泳、乒乓球、国际式摔跤	田径、羽毛球、自行车、足球、击剑、自由式滑雪、曲棍球、柔道、艺术体操、射击、垒球、游泳、乒乓球、国际式摔跤
黑龙江	田径、花样滑冰、射击、速度滑冰、短道速度滑冰、举重、国际式摔跤	田径、自由式滑雪、柔道、花样滑冰、速度滑冰、短道速度滑冰
吉林	田径、自行车、花样滑冰、速度滑冰、举重	自行车、自由式滑雪、乒乓球、花样滑冰、速度滑冰、短道速度滑冰

从东北三省优势项目的分析来看，三省之间有共性也有其个性发展的特色。从上述分析结果来看，冰雪项目是东北三省主要的优势项目，黑龙江、吉林分别都有四个优势项目涉及冰雪，辽宁也有一个涉及冰雪项目；从优势项目的分布数量和种类来看，辽宁的优势项目分布较广且数量多，在全运会上得分点多，能达到处处开花的效果；黑龙江和吉林优势项目较为单一，除冬季项目外，黑龙江仅有田径和柔道是优势项目，吉林仅有自

行车、乒乓球是优势项目。

从分析上看，东北三省冰雪项目已成为一个特色优势项目，从三省之间的对比来说，辽宁项目极点发展较为均衡，极点分布各类项目；黑龙江、吉林优势项目偏少且集中，非均衡发展较为明显。非均衡发展理论认为在国家经济发展的早期阶段，区域间差距将会扩大，即倾向不均衡增长，之后随着经济的发展，区域间不平衡将趋于稳定；当达到成熟阶段后，区域间发展差异则逐渐趋缩小，即倾向均衡发展。辽宁在长期竞技体育发展中在全国都处于领先地位，优势项目逐渐区域均衡；黑龙江、吉林目前在竞技体育上需要在稳固自己地位的情况下向上发展，处于中期发展阶段，因此黑龙江、吉林要取得竞技体育发展需要在优势项目上更进一步的培育潜优势项目，最终实现项目的均衡发展。

（三）竞技体育发展实力其他指标分析

竞技体育发展实力除了从所取得的竞技成绩上能充分体现，另外一线运动员、优秀运动员、一线教练员是竞技体育实力得以保证的人才基础，同样是竞技体育发展得以充分体现的重要指标。

表5—36　　　　2009年东北三省竞技体育发展人才实力统计　　　单位：个

	一线运动员	优秀运动员	一线教练员	一二三线教练员
辽宁	1392	1392	541	1322
吉林	595	601	124	634
黑龙江	1188	1195	235	1050
东北平均值	1058.3	1062.6	300	1002
西部平均值	417.25	469.75	88.91	407.75
全国平均值	604.16	721.29	152.71	668.71

通过表5—36和图5—41、图5—42的对比，从整体上看，东北三省的竞技实力储备处于一个较高的水平。东北三省一线运动员、优秀运动员、一线教练员、一二三线教练员的指标都高出全国平均值许多，相比较西部的平均值，东北地区更是高出2倍以上，充分体现了东北地区在竞技

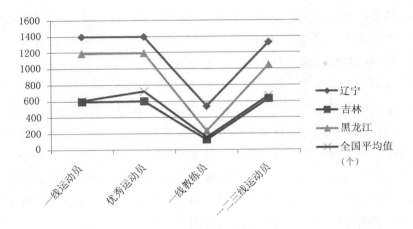

图5—41　东北地区运动员、教练员拥有量与全国平均值对比

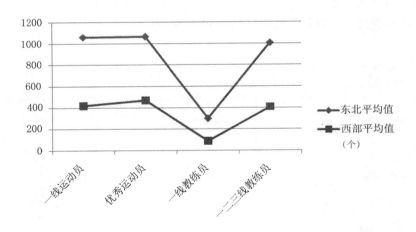

图5—42　东北地区运动员、教练员拥有量平均值与西部平均值对比

体育人才上实力的雄厚，也说明了东北地区在竞技体育发展实力上人才方面有较大的优势。从三省内部来看，辽宁、黑龙江的竞技体育人才优势要明显高于吉林，人才是竞技体育成绩的保障基础，吉林在竞技体育人才上的落后也成为吉林竞技体育成绩在东北三省中处于较低地位的原因之一，

吉林省要想在竞技体育上有所突破,优秀人才的培养和引进将是要解决的重要方面之一。从四个指标内部变化来看,三省都各自面临着机遇和挑战。

1. 一线运动员数量分析

一线运动员是一个地区参与各大竞赛的主干力量,代表的是竞技能力的最强力量和地区的最高水平。东北三省的一线运动员数量几乎每年都高于全国平均水平,其中黑龙江、辽宁更是有已超过半数的优势,体育人才大省的优势明显,吉林虽然较之黑龙江、辽宁一线运动员数量相差较远,但与国家平均线持平。从整体上看,东北三省整体一线运动员数量在全国占有一定的优势。但在有优势的同时也看到,人力资源投入较多,在同样的资金投入下,人均享受的待遇就相对较低,这也是辽宁人才流失的原因之一。

表5—37　　　东北三省2005—2009年一线运动员数量变化统计　　　单位:个

	2005 年	2006 年	2007 年	2008 年	2009 年
辽宁	1186	1446	1393	1377	1392
吉林	674	605	425	661	595
黑龙江	1319	1092	1159	1379	1188
全国平均值	685.322	660.806	561.548	623.387	604.16

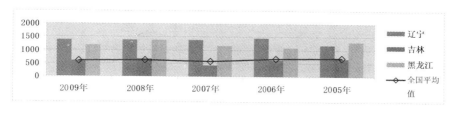

图5—43　东北三省一线运动员2005—2009年的数量变化对比

上述图表是东北三省2005—2009年一线运动员的变化数量图表。从图5—43、表5—37上看,三省5年一线运动员变化曲线并不大,与全国数量变化保持一致。辽宁、黑龙江一线运动员数量5年变化不大,交替领先,一线运动员对保证其优秀的运动成绩起到了一定的稳定作用。吉林5年数量变化也较稳定,但吉林作为一个竞技实力较弱的省份,经过5年的发展，一线运动员甚至低于最初数量，这将不利于其竞技体育实力的提升。一线运动员是一个省竞技高水平的代表，它在数量上的稳定，对省份竞技体育发展有着一定的意义，东北三省要提升目前的优势，就需要在保证目前一线运动员的数量上，加大吉林一线运动员的培育，使区域内实现平衡。

2. 一线教练员、一二三线教练员

表5—38　　　　　2005—2009 年东北三省一线教练员情况统计　　　　单位：个

	2005 年	2006 年	2007 年	2008 年	2009 年
辽宁	168	158	183	520	541
吉林	131	111	126	169	124
黑龙江	279	238	290	243	235
全国平均值	132.838	131.3548	137.129	159.2	152.7096

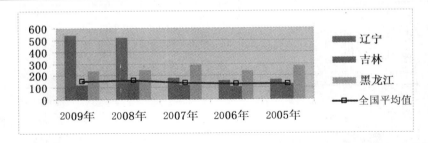

图5—44　2005—2009 年东北三省一线教练员情况对比

教练员的数量和水平是一个地区对竞技体育的支持力度和竞技实力重要体现之一。辽宁在教练员的数量上占有较大的优势。例如，2009 年辽宁一个一线教练员平均要带 2.5 个一线队员，吉林一个教练得带 4.8 个学生，黑龙江一个一线教练得带 5 个学生。从变化曲线上看，辽宁从 2005 年到 2007 年运动员数量波动较小，2008 年辽宁一线教练突增至 520 个。2007 年辽宁省发布体育事业"十一五"规划，其中提出建立国家级训练基地，巩固优势项目，提升教练员的素质等。这一系列的改革变化，也是致使这一突增现象的原因之一，也为 2009 年辽宁在第十一届全运会取得优秀成绩打下了一定的基础。

除了一线教练员所起的作用外，二三线教练员的贡献率也是不容忽视的。东北三省总的教练员数量比全国平均值高出许多，5 年变化并不大，三省内部中辽宁明显优于其他两省，吉林处于最低层次。另外对比一线教练员数量（见表 5—38、表 5—39），辽宁 2008 年一线教练员数量提升，但其在总教练员的数量上并未有明显的变化，也就说明，辽宁在 2008 年加大了对一线运动员的培养力度，为取得优秀竞技成绩改变了训练策略。黑龙江、吉林在这一点上无明显的变化，从 2008 年、2009 年辽宁取得的成绩来看，辽宁省这种策略是值得借鉴的。

表 5—39　　　　2005—2009 年东北三省一二三线教练员情况统计　　　单位：个

省份	2005 年	2006 年	2007 年	2008 年	2009 年
辽宁	1305	1267	1276	1332	1322
吉林	761	783	728	695	634
黑龙江	1039	979	1084	1041	1050

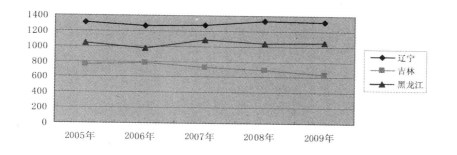

图 5—45　2005—2009 年东北三省一二三线教练员变化

（四）东北三省竞技体育发展实力小结

第一，从全运会、奥运会所获金牌、奖牌排名来看。东北三省的整体水平处于全国的中等偏上水平，具有一定的优势。三省内部实力的不均衡是导致排名仅为中等偏上的主要原因。其中辽宁竞技实力在全国处于上游水平，黑龙江处于中上游水平，而吉林竞技实力逐年下滑仅处于下游偏上的水平。吉林成为东北三省竞技体育实力提升潜力方面的主要对象。

第二，从项目上看，冰雪项目是东北地区的共有特色优势项目，但三省在其他优势项目的分布上处于非均衡的现象，其中辽宁不论在项目种类还是数量上都优于黑龙江、吉林两省，黑龙江、吉林两省的潜在优势项目发展并不明显，这将造成整个东北三省出现夺金点少的现象。故在未来的发展中两省应注意优势项目与潜优势项目的结合发展，在优势项目稳固的基础上，发展潜在优势项目，最终达到项目的均衡发展，实现金牌的多突破。

第三，从一线运动员、优秀运动员数量上看，东北三省拥有较好的优秀人才储备。从三省内部看，辽宁、黑龙江这两个指标明显优于吉林，也是保证两省在奥运会、全运会取得优异成绩的人才保障，吉林基本持平于国家平均线，但却与其他两省相差甚远，造成东北三省在这两个指标的内部数量的不平均，同时也要求吉林省应对此加以重视，提高东北的整体水平。

第四，从教练员上看，教练员数量基本与运动员的发展成正比，从整体上看，东北教练员数量较之中西部地区有一定的优势。但三省内部之间的教练数量相较，数量参差不齐，其中辽宁最多、黑龙江次之、吉林相差较远。东北作为一个整体，吉林应加大对竞技体育的重视，同时，在必要情况下，辽宁、黑龙江可在教练员上对吉林进行支持，从而拉动整个东北区域的竞技实力。另外，辽宁在 2008 年加大一线教练员投入所取得的优秀成绩也是其他两省应当借鉴的。

四　竞技体育持续发展能力

竞技体育持续发展能力是一个地区竞技体育实力的保证。本书从一二三线运动员数量、一级运动员发展数、国家高水平体育后备人才基地 2005—2008 周期、业余体校数几个方面对竞技体育持续发展能力进行分析。

（一）竞技体育持续发展能力的综合分析

东北地区竞技体育持续发展能力底蕴深厚，整体指标均高于全国水平（见表5—40）。2009年一二三线运动员总数上，辽宁远高于全国平均值，并在东北三省中遥遥领先。这个数量也在一定程度上反映了辽宁良好的三级训练网。辽宁的三级训练网保证了不同层次运动员的供给，也为选拔优秀人才打下了良好的制度基础。吉林运动员数量远低于全国平均水平，竟然不到辽宁的1/3，看出吉林后备人才的缺乏。另外，一级运动员发展数量在一定程度上反映了该省的优秀竞技水平的后备力量，2009年一级运动员发展数量黑龙江、辽宁两省远高于全国平均水平，也领先于吉林。

在2005—2008周期国家高水平体育后备人才基地中，吉林高于黑龙江，这与吉林2008年获得奥运和世界冠军在全国的排名相符（2008年东北三省获得奥运会、世界冠军在全国的排名中，吉林排名第3，黑龙江排名第10）。吉林虽然整体竞技实力较弱，但是吉林有自己明显的拳头项目，国家需要对其进行特殊扶持。而这种国家的扶持也恰恰是吉林竞技体育持续发展的重要保障之一。一方面，可巩固已有的拳头项目，另一方面，可起到示范作用，带动其他项目的发展。

表5—40　　　　　　2009年东北地区竞技体育持续发展能力统计　　　单位：个

	一二三线运动员合计（人）	一级运动员发展数（人）	国家高水平体育后备人才基地2005—2008周期（个）	业余体校数（个）
辽宁	20425	254	24	63
吉林	6114	69	12	68
黑龙江	16621	372	9	88
全国平均值	14955.87	148.61	10.00	53.548
全国总值	463632	4607	310	1660

（二）一二三线运动员合计数量分析

一二三线运动员反映了一个省份三级训练网的情况，是直接反映竞技体育持续发展实力的重要指标之一。从图表能够很直观地反映出东北三省2005—2009年运动员数量的变化。2005—2007年，东北三省中，辽宁和吉林两省2005—2007年都出现略微下降，2008年东北三省运动员数量陡

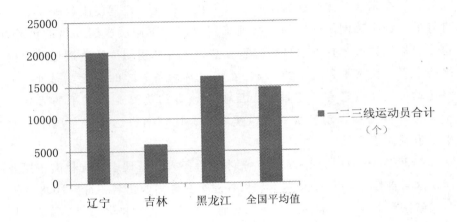

图 5—46   2005—2009 年东北三省一二三线运动员与全国平均值对比

降，出现 5 年中的最低谷，2009 年三省运动员的数量都明显回升，辽宁、黑龙江两省更是有所突破，达到 5 年中的最高峰，而吉林仅有略微的回升，整体运动员数量呈下降趋势发展。一二三线运动员数量的稳定发展是保证竞技体育良好运行的保证，由于国家赛事或者战略需求，数量会有所波动，但并不影响全局，东北地区 2005—2009 年运动员数量一直保持着一个平稳发展的水平，这将是东北竞技体育能够可持续发展的最好证明之一。

表 5—41   2005—2009 年东北三省一二三线运动员情况统计   单位：个

省份	2005 年	2006 年	2007 年	2008 年	2009 年
辽宁	19643	18409	18298	11513	20425
吉林	10497	10204	8352	4050	6114
黑龙江	14340	13472	14424	11743	16621

（三）一级运动员发展数量

一级运动员发展数量代表高水平运动员的后备力量。表 5—42、图 5—47 反映的是 2005—2009 年东北三省一级运动员发展数量的变化。从图表上看，2009 年均不是数量的最高峰，数量均有下降，其中吉林下

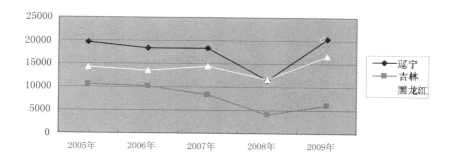

图5—47　2005—2009年东北三省一二三线运动员情况变化

降的最为明显，辽宁次之。从5年的变化来看，2006年是全国一级运动员发展的高峰，这其中原因可能是多元的。而后2007—2009年各省的运动员发展数量都有所下降，不同的是黑龙江省，还出现了一个发展小高潮，一级运动员达到5年中的最高峰。从整体上来看，一级运动员的数量呈下降的趋势，其中原因可能是国家加大对一级运动员发展数量的管理，对一级运动员质量要求更高，管理更加完善。除去这些外部因素是否也能反映出目前运动员质量有所下降，高水平运动员的后备人才变少？如果这一假设成立，应当引起相关部门的重视。

表5—42　　　　　2005—2009年东北三省一级运动员发展情况统计　　　单位：个

	2005年	2006年	2007年	2008年	2009年
辽宁	296	432	361	299	254
吉林	130	190	110	148	69
黑龙江	192	331	262	407	372
全国平均值	147.548	192.678	173.2	183.194	148.612

（四）业余体校数量分析

从图表来看，不论是全国的业余体校数量，还是东北三省的业余体校数量都处于一个下降的趋势，尽管如此，东北三省的业余体校的数量，2005—2009年都一直领先于全国平均水平，也表明东北地区基础训练层

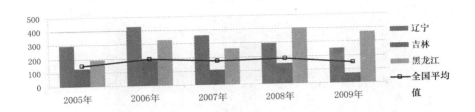

图5—48   2005—2009年东北三省一级运动员发展情况对比

具有一定的优势。

　　如果用这一指标与运动员数量进行比较，尽管业余体校数量在减少，但运动员数量却没有变动。造成这种现象的原因，相关研究认为，随着生活条件的改善，运动员素质差及以后就业率低等问题被社会关注，参与竞技体育的人越来越少，业余体校生源受到影响，同时针对这一现象的"体教结合"措施得到部分的实施，从而业余体校的减少并不能代表后备人才的减少。尽管如此，据有关调查，业余体校生源的逐年减少，对竞技体育后备人才是有很大影响的。所以，如何让有竞技才能的人科学地参与训练，保证竞技后备人才的输送，成为研究者的重要课题。

表5—43　　　　2005—2009年东北三省业余体校数情况统计　　　　单位：个

	2005 年	2006 年	2007 年	2009 年
辽宁	81	84	81	63
吉林	77	74	73	68
黑龙江	106	90	102	88
全国均值	68.25	67.58	66.94	53.54

　　（五）小结

　　竞技体育持续发展能力的主要问题就是后备人才的问题，在上述分析中，东北三省整体的后备人才均高于全国水平，这也让东北三省竞技体育持续稳定的发展有了人才的保障，也为构建良好的三级训练网提供了坚实的后盾，这也是东北竞技体育发展的一大优势。微观层面上进行分析，我

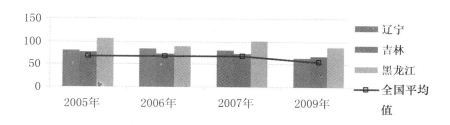

图 5—49　2005—2009 年东北三省业余体校数情况对比

们发现其中也存在部分问题，这些问题也就构成了东北竞技体育发展的空间。首先，三省内部发展极不平均。辽宁在四项指标中除业余体校外，均高于其他两省，吉林在运动员数量和一级运动员发展数量上与辽宁相差甚远。竞技体育持续发展能力的不平均也在一定程度上造成了三省竞技实力的相差悬殊。其次，吉林体育的发展有很大的提高空间。吉林在国家高水平体育后备人才基地上有一定优势，吉林若能借助国家对其优势项目的重视，东北三省将能实现进一步的发展。最后，后备人才数量的下降已成为全国的趋势，如何在这一点上做好预防，保证东北区域竞技体育的持续发展，是值得深思的问题。

五　东北区域体育产业的发展分析

随着时代的发展，体育产业也成为体育事业中的一部分。而在体育产业中，体育旅游是体育产业发展的主要方面之一。各地充分挖掘本地区的体育旅游资源，为当地的旅游和体育事业作出贡献。关于东北地区体育旅游的研究并不少见，但从东北整体对其体育旅游资源进行整合的思考较少。

本文从东北的体育自然资源和体育人文资源对东北体育旅游进行分析。东北体育自然资源主要是指供体育项目开展的地理资源、气候状况等。体育人文资源主要是指由人类改造自然创造的本土体育项目、体育文化等。

（一）东北区域体育自然环境分析

辽宁、吉林、黑龙江处于我国的东北部，在自然环境上尤其有共性的地方，在这些共性之下，其个性特征也十分突出。

从上述三省的自然资源比较来看。首先，三省均与邻国有所接壤，这对于三省当地文化有所影响，也更容易给当地发展带来机遇和挑战，特别是为境外体育的开展提供了机遇。其次，三省从地形上看都由丘陵山地、平原、海域组成，其中丘陵山地所占比例较大，森林覆盖面积广，良好的自然环境，对于东北地区开展户外运动，各类极限运动等都提供了良好的基础。最后三省自然环境在一定角度上有一致性，同时也实现了资源的互补。三省的一致性体现在三省均适合冰雪运动的开展。三省冬季温度较低，雪量丰富，而且多山地丘陵，这些都是良好滑雪地区所必备的条件，但受地理位置的影响，三省滑雪期也有很大的不同。资源的互补主要体现在辽宁拥有丰富的海域，气温在夏季较之其他两省高，海上运动成为特色；吉林素有"林海"之称，长白山是吉林一大特色，这对于吉林开展户外运动、森林探险提供了很好的环境基础；黑龙江是三省气温最低的省份，冰雪是黑龙江的象征，同时黑龙江与俄罗斯接壤面积大，境外交流频繁，境外体育也成为一大特色。

(二) 东北区域体育人文资源分析

据现代科学研究证明，生活在寒冷地带的人，一般具有较强的控制自己情绪的能力，有着较强的忍受力和耐心，山民们多诚实爽快，草原牧民多豪放热情，温暖宜人的滨海居民多机敏而善感，等等，从而形成不同地域的人的各种不同的性格特征。东北具有山水丰富的优越的地理环境和自然条件，形成了以农业、牧业、渔业，以及狩猎为主的多种生活生产方式，这使东北民族传统体育得以丰富和强盛，对促进体育的发展有着直接的关系。从一个地域长久的历史发展来看，气候条件的因素的确又会对这一地域的人的整体性格产生不可忽视的影响力。东北人强壮的体魄，顽强的意志和较强的适应和征服自然环境的耐受力和精神，都受到东北地区特定的地理气候环境的影响。

从民族构成来看，东北既有关内以汉民族为主形成的儒家文化的主流形态，又有满族、蒙古族、朝鲜族、回族、锡伯族等43个少数民族文化发展的轨迹，汉民族与繁衍生息在这里的其他少数民族在长期的共同生产和生活中以及彼此文化的融合相通，形成了具有鲜明的多元民族构成的特征。在长期生产、生活的过程中，也形成了众多具有浓郁民族气息和地方特色的传统体育项目，如满族的"采珍珠"、"双飞舞"、"溜冰车"、"雪地走"，朝鲜族的"顶罐走"、"荡秋千"、"压跳板"，锡伯族的"打螃蟹"等，这些都为东北体育可持续发展提供了良好的体育氛围和体育资源。①

从文化构成来看，首先，在中国人的心目中，被誉为"天下第一关"的山海关从来就是一个很重要的地理概念，同时也是一个文化上的概念。以它为标志，人们习惯将它的两边称为关内与关外两个部分。从文化的概念上讲，它连接着中国的华北文化圈和以黑土地为象征的东北文化圈。东北文化圈在地理位置上，它又具有最接近华北文化圈的特点。在地形上，东北与华北平原通连一体，没有明显的地理阻隔，和中原文化得以便利地交流。这就在东北的黑土地文化、东北人的性格成分中，深沉而久远的浸润和渗透进了"齐鲁文化"和"燕赵文化"的成分，使这个文化边缘的东北地区，孕育了一种兼具学习引进与向外开放的特点，使东北人具有较高的体育认可度，同时也给东北的体育文化增添了刚强、大气却不缺乏细节的体育文化底蕴，形成了东北独有的体育文化。其次，东北三省处于东北亚与多国接壤，并在第二次世界大战时受到俄罗斯、日本等国的侵略，但也留下了许多国外的文化。同时在当今文化交流频繁的年代，东北更是受到韩国、日本、俄罗斯等国文化的冲击，文化的多元化也在一定程度上成就了部分体育文化的发展。如跆拳道运动，东北就成为韩国宣传的第一站等。

从上述分析来看，东北虽只有3个省，却有着丰富的民族体育资源和深厚的体育文化内涵。丰富多彩的民族体育项目承载着多元的体育文化，充分挖掘东北三省的体育文化资源，也将是让大家了解东北、认识东北的一个很好的途径。

（三）东北体育旅游特色分析

通过上述自然环境和人文环境的分析。笔者认为东北三省可以从以下几个方面发展东北的体育旅游。

首先，冰雪旅游成为主导。东北的冰雪旅游目前已被各省发现并充分利用。黑龙江省现已形成以"哈尔滨国际冰雪节"为龙头，以亚布力国

---

① 赵忠伟等：《东北少数民族传统体育发展研究》，载《体育文化导刊》2009 年第 3 期。

际滑雪场为基地，以现有 45 家滑雪场为基本依托，以"冰雪王国"哈尔滨为重点，已构成"一个主中心、一个次中心、两大冰雪旅游板块、两条冰雪生态旅游观光带"的基本框架，为建成世界冰雪旅游名城打下了良好基础。但黑龙江冰雪旅游"一枝独秀"的局面正逐步被打破，辽宁、吉林等省也相继打出冰雪品牌，一个多元的"诸侯割据"的冰雪旅游市场正在形成，冰雪资源不再是黑龙江的独有优势。① 具有东北特色的体育冰雪旅游，在东北的旅游市场中已经占据了较大的份额，东北体育冰雪旅游有其资源优势、客源优势和交通优势，相应的也有其劣势和威胁。要保证体育冰雪旅游的可持续发展，应做到体育冰雪旅游的生态效益、文化效益、社会效益的协调发展。

其次，境外体育成为时尚。辽宁、吉林和黑龙江 3 省，有大、小兴安岭，长白山，黑龙江，松花江等。古迹、冰雪、湖泊、森林、民俗、海洋"六大奇观"构成了独特的旅游景观，别具北国风采、塞外情韵。东北地区地处东北亚，与蒙古、俄罗斯和朝鲜接壤，由于其独特的地缘优势，在旅游产品开发建设上，可以优势互补，形成产品组合，提高竞争力。又由于有多个边疆口岸，具有发展边贸旅游和跨国旅游的优势，能适应不同阶段国家旅游产品更新换代的要求，对国内和国外游客具有很强的吸引力。

最后，以民族体育、体育赛事为主的竞赛表演业初见成效。民族体育旅游是东北独特文化的体现。东北三省都有丰富多彩的民族体育项目，其中，"溜冰车"、"雪地走"等民族体育项目对于旅游者是一种极大的吸引，不仅让他们体验到体育的快乐，更加体验到当地的民俗文化。东北地区的体育文化内涵深厚，而充分挖掘民族体育内涵，形成丰富多彩、独具文化特色的体育旅游，将是民族体育文化旅游的关键，也会在国内外游客思想上产生最长远的影响。东北竞技水平高，且有全国最适宜的开展冰雪比赛的场地，冰雪赛事也将是体育旅游的一个潜力项目。此外，辽宁即将举行第十二届全国运动会，这可能为东北体育赛事带来的体育旅游作出贡献。

---

① 唐云松：《我国滑雪产业发展战略研究》，载《成都体育学院学报》2007 年第 6 期。

六　小结

在东北三省的政府体育事业支持力上，充分体现了体育事业发展的地域不平衡、事业内部存在不均衡现象，其中主要是吉林省在政府体育事业支持力上远低于全国水平。在具体的竞技项目上也存在不均衡现象。另外受到地区生产总值等方面的影响，在这一项上虽然不能成为东北三省体育发展的优势或者潜在优势，但在目前发展的基础上吉林省政府应加大对于体育事业的支持，这将有助于东北三省整体水平的提高。

国民体质健康水平。东北三省的人均寿命等一系列指标远高于全国的平均值，也在一定程度上说明了东北人的身体素质较好，这是东北三省体育发展的基础优势。但在分析中东北三省的居民消费水平、财政拨款额度、体育场馆费、群众体育费离全国的水平还有一点差距。但从另一方面看，如加强这些方面的投入，东北三省的国民体育健康水平将能在身体素质好的基础上更好地保持与发展，从而遥遥领先于全国。

竞技体育发展实力。东北三省的竞技实力是体育事业发展中的优势之一。辽宁、黑龙江、吉林 3 省在世界各类比赛中频频为国争光。在优秀运动员、教练员数量上，东北三省也远远高于全国水平。但在这些优势下，也有不足的地方，吉林的运动成绩逐年下降且在其他指标上都远低于辽宁与黑龙江，这些方面都有待加强。体育竞赛费用低也在一定程度上阻碍了东北竞技体育发展实力的提高。在运动优势项目上，冰雪项目是东北地区较为绝对的优势项目。除此之外，辽宁在田径、羽毛球、乒乓球等项目上都有夺金实力，夺金点多。在潜在优势项目上，黑龙江与吉林也处于比较弱的位置。故在运动项目上，东北应在稳固冰雪竞技实力的基础上，培育其他的夺金点，使三省竞技体育力保上游。

竞技体育持续发展能力。在这一方面东北三省是具有很强优势的，一二三线运动员、一级运动员发展数、业余体校数量都高于全国平均水平，吉林、黑龙江在全国也处于领先地位。良好的三级训练网支撑着强有力的竞技体育持续发展能力。但目前全国都面临着底层后备人才缺乏的问题，东北三省也有类似的发展趋势，须引起重视。

体育旅游。一是东北的体育旅游独具特色，滑雪运动、境外体育、东北民族传统体育项目的体验都是东北体育旅游可发展的独有资源。二是东北竞技体育竞赛能力强，体育竞赛表演可成为开发点。辽宁即将承办第十二届全运会，吉林将承办其中的冰雪比赛，此外黑龙江也有承办冰雪赛事的记录，这都将成为体育竞赛表演的开始。体育赛事的开发将成为东北未来体育旅游的优势、潜力开发项目。三是境外体育成为东北体育旅游的有力潜在优势。

第四节　中部区域体育事业发展的优势与潜力分析

中部地区包括山西、江西、安徽、河南、湖北、湖南6个省份，其承东启西，连接南北的地理位置为中部地区的发展提供了优越的条件，尤其是在"中部崛起"的背景下，国家更是注重中部地区的发展，政府不断加大对中部地区的投入，中部地区不断吸引先进的企业及优秀的人才等落地于此，这不仅促进了中部地区的发展，也为中部地区体育事业的发展提供了难得的机遇。

目前，在课题组前期研究成果《我国四大板块省域体育发展水平的综合研究》中可以看出中部6省在体育事业发展综合排名上大多处于中游位置，其中河南、湖北、湖南排名分列第11、13、14位，而山西、江西、安徽分列第18、21、22位，不难看出，山西、江西、安徽3省的综合排名相对河南、湖北、湖南较靠后。通过对中部6省体育事业发展的研究，6个省份的体育事业的发展状况存在着差距，总体来说，在竞技体育方面，湖北、湖南、河南3省的整体实力要领先于其他3省，但每个省又有着自己的特点和优势，比如河南的武术散打、武术套路，湖南的举重、体操等项目一直都是本省的优势项目，长期在全国处于领先地位；在群众体育方面，中部6省在新的发展思想下，以城市群为依托，通过构建不同层次的体育生活圈，促进群众体育的快速发展；在体育产业方面，中部6省拥有着优越的体育旅游资源，体育竞赛表演业也开展得有声有色，其有着很大的发展潜力。

本部分试图通过对中部6省体育事业优势以及潜力的分析，得出一些结论，这些结论可以帮助中部6省认清本省体育事业发展中的优势、潜力以及所存在的问题，中部6省只有充分了解本省体育事业的发展状况，才能清楚地知道要大力发展什么项目，充分挖掘什么项目，以及要尽力弥补体育事业发展中所遇到的不足。另外，这些结论旨在为中部6省制定体育事业发展提供服务以及为体育事业发展战略的制定提供一定的支持，从而试图改变中部体育事业发展落后的局面，让中部 6 省体育事业进入一种全面、合理、高效的发展状态，进而提升中部 6 省体育事业在全国体育事业发展中的地位。

一　政府对体育事业支持力

政府支持力是指政府对另一事物所产生的力的作用。体育事业是中部 6 省发展中的重要组成部分，而体育事业的发展在很大程度上都依靠政府的支持。在我国举国体育事业发展的背景下，政府对体育事业的支持起着重要的作用，尤其是在竞技体育、群众体育方面表现得尤为明显，正是有了政府的强大支持力，我国的体育事业才取得了快速的发展。政府对体育事业的支持主要体现在地区生产总值、政府援建体育场地数、体育训练费、公益性社会指导员人数、体育俱乐部数量、累计晨晚练站点数这几个方面。

表 5—44　　　　　　　政府对体育事业支持力统计（2008）

省区	地区生产总值（亿元）	政府援建体育场地数（个）	体育训练费（万元）	公益性社会指导员人数（人）	体育俱乐部数量（个）	累计晨晚练站点数（个）
山西	6938.73	9458	8908.9	17723	31	6245
安徽	8874.17	3129	2815.7	21349	262	3341
江西	6480.33	3011	4634.5	8426	48	5379
河南	18407.78	17315	2140.5	36532	252	11525
湖北	11330.38	8791	1099.1	28407	131	6062
湖南	11156.64	970	3059.5	32227	610	3492
中部平均值	10531.34	7112.33	3776.37	24110.67	222.33	6007.33
全国平均值	10555.48	11838.23	8789.44	35255.26	601.19	7690.68

数据来源：国家体育总局体育经济司，《体育事业统计年鉴》（2008 年）。

图 5—50、图 5—51 显示了中部的河南、湖北和河南 3 省虽然 GDP 相对来说高于全国平均水平，在中部也明显高于其他几个省份，但这 3 个省的体育训练费投入却明显低于其他中部省份，也低于全国水平。未来应对此加以重视，提高的空间很大。

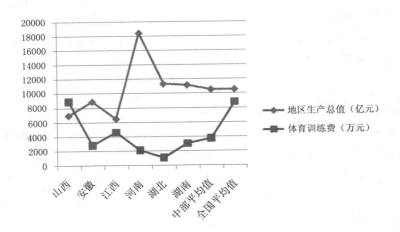

图5—50　中部地区生产总值与体育训练费投入与全国平均水平比较

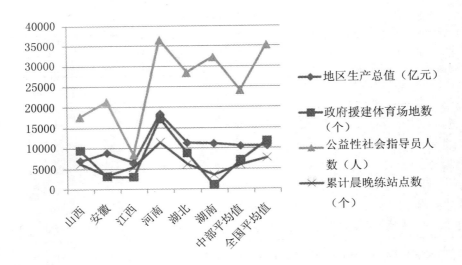

图5—51　中部地区六省 GDP 与政府对体育场地等投入对比

图5—51 揭示：中部 6 省 GDP 在各省的分布情况与各省在援建体育场地、公益指导员人数，累计晨晚练站点数几个指标上的分布基本一致，说明经济发展水平的决定作用。

（一）中部 6 省政府对体育事业支持力平均值与全国平均值比较

从表 5—44 中可以看出，中部 6 省政府对体育事业支持力的六项指标中，除了生产总值接近全国平均值外，其他全部低于全国平均值。政府援建体育场地数、体育训练费、公益性社会指导员人数、体育俱乐部数量、累计晨晚练站点数这几个方面是政府对体育事业支持力的一个直观体现，在这几项指标中，除了河南在政府援建体育场地数、山西的体育训练费数、河南的公益性社会指导员人数、湖南的体育俱乐部数量、河南的累计晨晚练站点数略高于全国均值外，整体中部 6 省的均值都低于全国平均值很多。

一个地区体育事业的发展须根植于现实的经济基础之上，受社会经济状况的影响制约，经济状况决定了其发展所需物质条件和资金保证。政府对体育事业支持力在很大程度上取决于地区的生产总值，中部 6 省的地区生产总值普遍低于全国平均值，政府对体育事业的支持力受到区域经济的制约。体育事业的发展想获得更多的政府支持须依靠地区生产总值的提高。

（二）中部 6 省政府对体育事业支持力的区域内比较

在体育事业的发展过程中，在有一定经济扶持的情况下，政策的导向作用也显得尤为重要。从中部 6 省内部来看，在六项指标上的比较，可以看出，河南省除了在体育训练费、体育俱乐部数量上低于全国平均值外，但体育俱乐部数量高于中部平均值，而其他的四项都高于全国平均值，更值得一提的是，河南省在公益性社会指导员这一指标上不仅高于全国平均水平，而且还远远地领先于其他 5 省，可见河南省政府对体育事业的支持力度很好。从总体上来说，河南省在政府对体育事业支持力上，要领先于中部的其他 5 省，湖北、湖南 2 省次之，而江西、山西、安徽 3 省则处在后列。分析其原因可能与上述原因相似，河南、湖北、湖南 3 省的 GDP 比江西、山西、安徽 3 省要高，而且是后 3 省的 2～3 倍，也高出了全国平均水平，这样政府在有限的资金内才能更多地投入到体育事业中来支持当地体育事业的发展，河南、湖北、湖南 3 省在政府对体育事业支持力度上要高于其他 3 省。

（三）中部 6 省体育事业年支出情况比较

除了上述六项指标外，政府对体育事业支持力还有一个直接的影响指标，体育事业年支出。体育事业年支出可以看出当年政府对体育事业的总投入，也可以看出政府对体育事业的重视程度。

表 5—45　　　　　　　　体育事业年支出统计　　　　　　　单位：万元

省份	2005 年	2006 年	2007 年	2008 年	2009 年
山西	40121	58984	133493	52774	47041.2
安徽	35210	38093	44651	39807	58814
江西	32335	26497	39509	53143	47042
河南	42020	55214	58393	58860	81089
湖北	49636	72298	91375	76986	107900
湖南	35279	53881	49336	55612	56090
中部平均值	39100.17	50827.83	69459.50	56197.00	66329.377
全国平均值	45826.77	5566.32	67070.84	88010.06	81351.85

数据来源：国家体育总局体育经济司，《体育事业统计年鉴》（2008 年）。

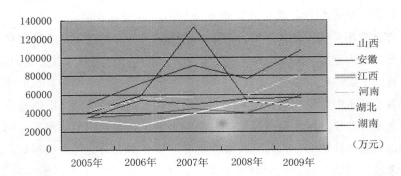

图 5—52　中部 6 省 2005—2009 年体育事业年支出变化

　　从表 5—45 和图 5—51、图 5—52 的数据结合图像显示，中部 6 省体育事业年支出的平均值 2005—2009 年体育事业年支出整体上在逐年提高，但到了 2008 年又都有所下降。从中部 6 省的平均值来看，基本比较稳定上升，波幅比全国平均值要小，只在 2006 年高于全国平均值，2007 年基本持平，其余 3 年都低于全国平均值，分析其原因是，2008 年在我国举办奥运会，全国各省、直辖市为了配合办好奥运会，纷纷加大了对体育事业的支出，用来建设体育场地设施，开展体育活动、比赛等。从这 5 年看

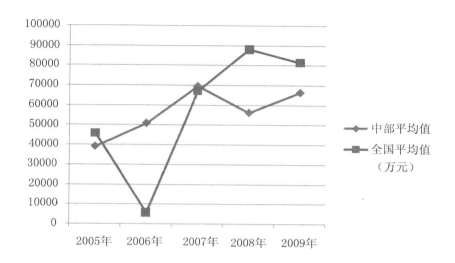

图 5—53 中部 6 省 2005—2009 年体育事业年支出平均值与全国平均水平的比较

来，政府对体育事业的年支出费用在逐年增加，可见政府每年用在体育事业发展上的费用也在逐年增加，反映出政府日益重视体育事业的发展，这种观念上的转变，无疑为中部体育事业的发展带来了良机。

综上所述，目前在政府对体育事业支持力上，中部 6 省整体上低于全国水平，在中部 6 省中，河南、湖南和湖北在政府对体育事业支持力上高于山西、江西、安徽 3 省，这与 6 省在 GDP 上的排名相吻合。总之，中部 6 省政府还应大力加强对体育事业的支持力度。

二 国民体质健康水平

国民体质综合指数往往被用来描述国民体质总体水平、不同年龄段人群体质总体水平、不同区域体质总体水平，被作为人群总体体质水平的综合评价工具广泛使用，而居民消费水平能够从侧面反映出居民的体育消费能力。体育事业的发展与人口身体素质有着密切的关联，因此选用了国民体质综合指数、人口平均预期寿命、居民消费水平、体育场馆费、群众体育费用等与国民体质健康水平相关的因素进行分析，见表5—46。

表 5—46 国民体质健康水平统计

省份	国民体质综合指数	人口平均预期寿命（岁）	人口平均预期寿命 男（岁）	人口平均预期寿命 女（岁）	居民消费水平（元）	体育场馆费（万元）	群众体育费用（万元）
山西	100.78	71.65	69.96	73.57	6187	2727	2593.9
安徽	99.23	71.85	70.18	73.59	6377	2052.3	2647.4
江西	102.05	68.95	68.37	69.32	5753	14402.5	3645.6
河南	98.51	71.54	69.67	73.41	5877	6784.3	4241.7
湖北	101.34	71.08	69.31	73.02	7406	8510.7	6128.7
湖南	100.9	70.66	69.05	72.47	7145	6514.1	9244.6
中部平均值	100.47	70.96	69.42	72.56	6457.5	6831.81	4750.31
全国平均值	100.08	71.24	69.51	73.14	8689.16	9714.90	22292.03

数据来源：国家体育总局体育经济司，《体育事业统计年鉴》（2008 年）。

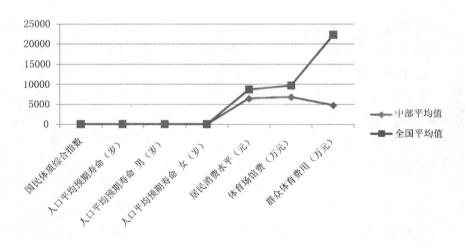

图 5—54 中部各省平均国民体质健康水平指标与全国平均值的对比

　　不同区域的国民体质综合指数存在着差别，在身体形态、身体机能和身体素质方面有着明显的差异，正如我们常说的"东北人，人高马大"是对东北人体质的最好形容，而中部地区在人口身体素质等方面相对可能不如东北人，准确掌握中部 6 省的国民体质综合指数来充分认识中部地区的人口身体素质，对中部地区的竞技体育的发展有很好的指导意义。但是通过表5—46、图5—59中的数据可以看出中部6省的国民体质综合指数、人口平均预期寿命的平均值要略高于全国平均值，这说明中部6省的人口素质与其他省份在竞技体育的较量中，可能并不处于劣势，像湖北省、江西省的国民体质综合指数远高出全国平均值，分别为101.34、102.25，又如我国的体育强省辽宁省的国民体质综合指数为100.4，浙江省为101.98，广东省为100.78，这些省份的国民体质综合指数与中部地区一些省份相比都不相上下，但是中部地区体育事业的发展相对这些体育强省表现较差，这就与地区之间的经济发展水平以及观念上的认识等多方面综合因素相关。

从中部6省居民消费水平、体育场馆费、群众体育费用来看，要远远低于全国的平均值，有的省份甚至与全国平均值相差数倍。尤其是在群众体育费用上，与全国平均值相差甚远，这些境况可能与中部6省经济的发展水平有着密切的关联。虽然中部崛起促进了中部6省经济的快速发展，但是用于群众体育的投入还很有限，比如河南4241.7万元、山西2593.9万元与经济发达的省份江苏12412.8万元、浙江8960.5万元、广东15458.8万元相差甚远，由于政府用在群众体育事业发展上的费用较少，就可能导致群众体育事业缓慢发展。政府在这方面要进一步加强。分析中部6省居民的消费水平，江西省最低，只有5753元，要低于全国平均值3000多元，居民的消费水平只有5000多元，这样就很少有可能把资金投入到体育健身上，再加上居民的体育参与意识不强、体育场地设施的限制等原因，这都能影响到居民参与体育锻炼的热情和居民的体质水平。

另外，居民的消费水平与居民的收入水平有着密切的关联，根据马斯洛需求理论可知，人的需求是由低级逐渐向上发展到高级的，只有居民的收入水平提高了，在满足物质需求后，居民才有可能拿出更多的资金投入到体育中来，进而提高国民的体质，可见提高居民收入对提高国民体质水平起着重要的作用。从对群众体育费和体育场馆费的分析来看，中部平均值远远低于全国平均值，这两项费用是群众体育建设的直接体现，而群众体育的发展在一定程度上又是国民体质健康水平的间接体现。中部6省用于群众体育的费用与全国平均值都相差数倍，可见中部6省在群众体育费用的投资上还需要很大的提高，进而改善中部6省群众的体质。

三　竞技体育发展实力

在前期《我国四大板块省域体育发展水平的综合研究》中，对中部6省竞技体育发展实力做出了分析，得出安徽、山西、江西、河南、湖北、湖南6省的排名分别为第12、19、16、6、13、21位，由此可以看出，中部6省的竞技体育发展实力处在全国的中下游水平，以下是对中部6省竞技体育的具体分析。

（一）全运会、奥运会奖牌分析

全运会、奥运会的金牌、奖牌数是衡量一个地区竞技体育实力重要的标志，也是一个地区综合实力的重要体现。表5—47、表5—48是近几届全运会、奥运会中部6省所获得的金牌、奖牌排名统计。

表5—47　　　　中部6省近三届全运会金牌、奖牌排名统计　　　　单位：枚

	第九届全运会金牌数	第九届全运会奖牌数	第十届全运会金牌数	第十届全运会奖牌数	第十一届全运会金牌数	第十一届全运会奖牌数
山西	16	22	18	19	17	17
安徽	23	18	19	21	14	13
江西	25	21	16	18	16	18
河南	19	12	12	11	20	19
湖北	10	16	20	20	15	14
湖南	8	8	14	15	10	15

表5—48　　　中部6省北京奥运会金牌、奖牌及世界冠军排名统计

	北京奥运会各省金牌排名	北京奥运会各省奖牌排名	中国运动员获世界冠军2008年各省排名
山西	22	22	20
安徽	19	15	22
江西	15	13	14
河南	23	16	18
湖北	4	4	8
湖南	12	14	16

全运会是以省域为单位举行的运动会，不仅仅是省域之间竞技体育的较量和竞争，更是省域之间综合实力的比拼，每个省份都会举全省之力争取在全运会上取得好成绩，来证明本省的体育实力，对于省域来说，在一定程度上对全运会的重视要高于奥运会。表5—47数据显示：首先，由中部6省在近三届全运会上所获得奖牌在全国的排名来看，中部6省竞技体育处在全国中下游水平，这与前期课题分析的体育事业综合实力结果相符；其次，安徽省和江西省在全运会奖牌上的排名从第九届全运会到第十一届全运会处在稳步上升的状态，其金牌排名都提升了9个名次，可见两省在这十几年来，一直在不断加大对竞技体育事业发展的投入，使两省的竞技体育不断地向前发展；第三，山西省的排名波动不大，处在20名左右；第四，河南省、湖北省、湖南省的排名波动较大，并且湖南省的排名还呈现出下降的局面。

从表5—48来看，湖北省在北京奥运会上所获得的金牌排名为第4名，湖北省运动员在2008年获得世界冠军的各省排名为第8名，这都处在全国的前列，也拉开了与中部其他5省的差距。虽然湖北省在北京奥运会跻身于全国的前列，但是从其获得的金牌项目来看，只有体操项目和举重，绝大部分金牌来源于体操，除了优势项目外，无其他项目收获奖牌，由此来看，湖北省的竞技体育项目略显单一，湖北省的竞技体育实力还不算强，还有很大的发展空间。从上述的分析来看，中部地区竞技体育整体实力处在全国的中游水平，湖南、湖北、河南3省略强于其他3省，但是安徽省、江西省的竞技体育发展迅速，有着强劲的上升势头。伦敦奥运会刚刚落下帷幕，中部6省的运动员在本届奥运会上有着精彩的表现，为祖国争得了荣誉。6省虽然各自都有金牌获得，但是并没有进入全国前10强，这与上届奥运会相比，总体上稍显逊色。从中部6省在伦敦奥运会所取得成绩来看，中部6省的竞技体育水平仍然停留在全国中游水平，并没有明显的提升，依然呈现出湖南、湖北、河南3省略强于其他3省的局面。

（二）竞技体育优势项目分析

按照本章第一节对优势项目的分析方法，我们对中部的优势项目进行了分析（见表5—49、表5—50）。

表 5—49　　　　　　　中部 6 省各全运项目优势指数（Rij）统计

项目	湖北	湖南	河南	山西	江西	安徽
体操	1.37	1.49	0.31	0.48	2.43	1.48
举重	1.81	5.77	0.52	1.33	1.76	0.77
跳水	1.92	1.04		0.62	1.24	1.99
跆拳道			1.74	2.41	1.70	1.32
赛艇	1.71	1.33	0.72		4.07	1.22
皮划艇	1.08	1.87	1.83		5.78	1.30
武术散打			4.43	0.86	1.20	4.71
武术套路	0.86		3.44	2.69	1.73	2.40
国际式摔跤	0.84	0.57		4.96	1.70	2.44
速度赛马	14.29					
射击	0.41	1.87	1.87	0.33	1.49	1.41
游泳	0.95	1.59	0.82	1.01	0.42	0.51
田径	0.33	0.71	0.91	1.10	0.93	0.34
柔道	0.76	1.43	0.45	1.40		0.68
蹦床		1.33		10.24		
拳击	0.79		1.77			2.20
自行车			2.28	1.80		0.32
射箭				4.37		
击剑	1.26			1.33		3.07

另外，结合奥运会夺金项目得出中部 6 省优势项目。

表 5—50　　　　　　　中部 6 省金牌项目与优势项目统计

	夺金项目	优势项目
湖北	速度赛马、射击、游泳、国际式摔跤	体操、举重、跳水、赛艇、皮划艇、速度赛马、击剑
湖南	田径、皮划艇、游泳、赛艇、射击、举重	体操、举重、跳水、赛艇、皮划艇、射击、游泳、柔道、蹦床
河南	田径、举重、自行车、武术散打、跆拳道、举重	跆拳道、皮划艇、武术散打、武术套路、射击、拳击、自行车

续表

	夺金项目	优势项目
山西	射箭、田径、自行车、柔道、跆拳道、蹦床、国际式摔跤	举重、跆拳道、武术套路、国际式摔跤、游泳、田径、柔道、蹦床、自行车、射箭、击剑
江西	赛艇、体操、皮划艇、跆拳道、武术套路、国际式摔跤	体操、举重、跳水、跆拳道、赛艇、皮划艇、武术散打、武术套路、国际式摔跤、射击
安徽	田径、赛艇、拳击、击剑、体操、武术散打、射击、武术套路、国际式摔跤	体操、跳水、跆拳道、赛艇、皮划艇、武术散打、武术套路、国际式摔跤、射击、拳击、击剑

通过对十一届全运会优势指数的计算得出了中部6省的优势项目指数，通过优势指数，可以直观地看出中部6省的优势项目，不难看出体操、举重、跳水是湖南的优势项目，再结合对以往几届全运会的观察，发现在这几个项目上湖北省、湖南省有着较好的竞技体育基础，一直以来都是夺金重点项目，具有相对的优势。

1. 湖北省品牌项目表现出"水、小、轻、灵"的地域特点。第一，水上项目：赛艇、皮划艇、游泳；第二，小球项目：网球、乒乓球、羽毛球；第三，轻级别项目：女子举重、拳击等；第四，灵巧性项目：体操、跳水。

2. 河南省是全国人口第一大省，总体上看河南省竞技体育发展态势，自行车、赛艇和皮划艇、武术、射击已经形成全运会传统优势。拳击、跆拳道和散打成为河南省竞技体育的后起之秀。其中武术、跆拳道、拳击是河南省的优势项目，这与河南省浓厚的历史文化氛围息息相关，因为河南省有着较好的武术氛围，素有"武术之乡"之称，这就造就了河南省在这些项目上有着较好的优势。

3. 皮划艇、赛艇是江西省的优势项目，江西省在这些项目上的实力甚至要超过东部一些发达的省份，在国内属于一流水平，有着较强的竞争力，因为江西省多湖泊，有着优越的自然资源条件为赛艇、皮划艇项目提供便利的训练场所等。

4. 山西省竞技体育在目前经济欠发达的情况下只能走集约型、优势互补型的发展道路。目前山西省已拥有了自己的优势项目群。自行车、摔跤、柔道、体操、武术、射击、射箭等项目的许多单项在国内、国际的比赛中都具备了夺取金牌、奖牌的实力，而这些项目大多又是山西省传统的优势项目，如国际式摔跤一直以来都是山西省的强势项目，并且具有国内一流的水平。

5. 安徽省竞技体育项目以武术、摔跤、射击三大项，游泳（跳水）、体操、水上项目中个别小项为主，竞技体育总体成绩与先进省市相比仍有明显差距。中部6省应该认清本省的优势项目，挖掘潜在优势项目，大力发展本省的优势项目，争取让这些优势项目在全国处于领先的地位。

从伦敦奥运会中部6省的夺金项目来看，河南省的举重项目、湖南省的羽毛球和举重项目、安徽省的平衡木项目、湖北省的羽毛球项目、山西省的蹦床项目、江西省的跆拳道项目获得了金牌，这与上文中所得出的各省优势项目几乎相吻合，依然是6省各自的传统优势项目体现出较强的竞争力，但是像河南省的跆拳道、拳击，江西省的皮划艇等项目并没有发挥传统项目的优势。

尤其要值得注意的是，在这届奥运会上并没有出现新的夺金点，仍然是这些传统的项目取得了好成绩，中部6省缺乏新项目的突破。

（三）竞技体育发展实力其他指标分析

衡量一个地区的竞技体育发展实力是多元的，奥运会、全运会金牌、奖牌数量虽是重要标志，但不是唯一标志。竞技体育发展实力除了直接从成绩上反映外，一线运动员、一级优秀运动员、一线在聘教练员等也能反映出竞技体育的发展实力。一线运动员、一级优秀运动员、一线在聘教练员是竞技体育的人才基础，只有拥有了大量的优秀运动员和教练员才能保证竞技体育的人才供应链，才能促进竞技体育的长盛不衰。表5—51是竞技体育发展实力其他指标的概况。

表5—51　　　　竞技体育发展实力其他指标统计（2008）　　　　单位：人

省区	一线运动员	一级优秀运动员	一线在聘教练员
山西	320	98	104
安徽	543	201	90
江西	549	223	98

续表

省区	一线运动员	一级优秀运动员	一线在聘教练员
河南	627	258	201
湖北	708	203	143
湖南	525	159	86
中部平均值	545	190	120
全国平均值	623	235	159

数据来源：国家体育总局体育经济司，《体育事业统计年鉴》（2008年）。

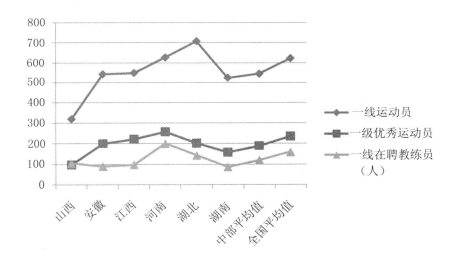

图5—60　中部6省竞技体育发展实力图

从表5—51和图5—60中可以看出，一线运动员、一级优秀运动员、一线在聘教练员人数的中部平均值均低于全国平均值。运动员人数是获得好成绩的基础，有了大量的运动员和教练员才能为获得好成绩提供有力的保障，可见中部6省在这三方面做得还不够完善，还有很大的发展空间，通过加大对一级优秀运动员、一线运动员的培养力度，加大二线、三线运动员向更高水平的输送力度，通过体育人才的交换增加一线、一级优秀运动员和教练员的比例，进而增加竞技体育发展的实力。在中部6省中，湖

北省和河南省在一线运动员、一级优秀运动员、一线在聘教练员人数上都
处于 6 省的前列，山西省的发展相对来说比较滞后，整体来说处于 6 省的
后列。另外，选取 2005—2009 年的一二三线运动员合计人数并对其数量
上的变化进行分析，可见一二三线运动员是竞技体育人才的储备力量，并
反映出中部六省体育人才储备力量与竞技体育发展之间的关系。

表 5—52　　　　2005—2009 年一二三线运动员统计（2008）　　　　单位：人

省区	2005 年	2006 年	2007 年	2008 年	2009 年
山西	10668	11317	12396	9155	11278
安徽	14965	13495	13607	6279	14356
江西	9723	9643	14092	10373	9908
河南	21537	19978	17973	9431	22414
湖北	17602	16085	17452	12191	14907
湖南	13270	12626	12375	12781	17553

数据来源：国家体育总局体育经济司，《体育事业统计年鉴》（2008 年）。

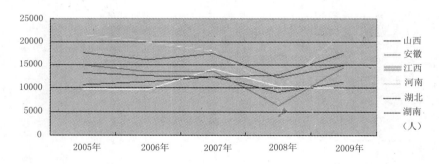

图 5—61　中部 6 省 2005—2009 年一二三线运动员数量变化

从表 5—52 和图 5—61 可以看出，中部 6 省在 2005—2006 年间一二
三线运动员的总数保持稳定，到了 2007 年有所波动，但是波动范围并不
太明显，随着 2008 年北京奥运会的结束，一二三线运动员的数量急剧下
降，奥运会结束后大量运动员选择了退役，导致了运动员数量下降，到了
2009 年，数量又有所增加。从中部 6 省内部来看，除了 2008 年，其余 4
年河南省的一二三线运动员的数量都要高于其他 5 省，这刚好与河南省竞

技体育处在中部6省前列相吻合。例如，在2005年第十届全国运动会上，河南省获得的金牌数和奖牌总数都位于6省之首，又如在2009年第十一届全国运动会上，河南省的综合得分稍稍低于湖北省，在6省之中排名第二。

综上所述，通过中部6省竞技体育优势指数的计算，可以看出每个省的优势项目，从而大力发展优势项目，充分挖掘潜优势项目，另外，通过中部6省2005—2009年一二三线运动员数量的变化趋势来看，也从侧面反映出河南、湖北、湖南3省的竞技体育实力处在中部6省的前列。通过竞技体育的优势分析可为中部6省竞技体育的发展指明方向。

四 竞技体育持续发展能力

竞技体育持续发展能力是从长远的角度出发来考虑竞技体育的发展。本书从不同等级运动员发展人数（包括国际级运动健将发展人数、国家级运动健将发展人数、一级运动员发展人数、二级运动员发展人数）、国家高水平体育后备人才基地数（2005—2008周期）、少儿运动学校（业余体校）数等几个方面对竞技体育持续发展能力进行分析。

表5—53　　　　　　　　竞技体育持续发展能力统计（2008）

省区	国家高水平体育后备人才基地数（2005—2008周期）	少儿体育运动学校（业余体校）数
山西	3	63
安徽	8	19
江西	7	82
河南	11	25
湖北	13	74
湖南	10	102
全国平均值	10	53
中部平均值	9	61

数据来源：国家体育总局体育经济司，《体育事业统计年鉴》（2008年）。

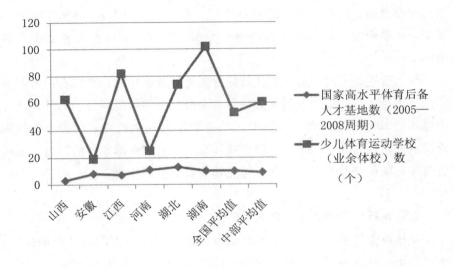

图 5—62　中部 6 省竞技体育持续发展能力图

　　由表 5—53 和图 5—62 的数据结果显示，中部 6 省在国家高水平体育后备人才基地数（2005—2008 周期）和少儿体育运动学校（业余体校）数这两方面，从整体上来说接近全国水平甚至还要略高出全国平均值，这些数据反映了中部 6 省在竞技体育后备力量的发展上做出了很大的努力，就少儿体育运动学校来说，中部 6 省中的 4 省少儿体育运动学校的数量都高于全国平均值，例如，湖北省 74 所、山西省 63 所都高于全国平均值 53 所，而湖南省和江西省远远高于全国平均值，分别为 102 所和 82 所，湖南省的少儿运动学校数量将近是全国平均值的 2 倍。可见，湖南省、湖北省较注重竞技体育持续发展。

　　另外，运动员发展人数的数量是竞技体育的后备力量，后备运动员发展数量会对竞技体育产生重要的影响。本文选取 2005—2009 年中部 6 省不同等级运动员发展人数，来分析中部 6 省竞技体育可能发生的变化。

表 5—54　　　　　　　不同等级运动员发展人数统计表　　　　　　单位：人

省区	2005 年	2006 年	2007 年	2008 年	2009 年
山西	1017	1182	1238	1271	1084
安徽	1405	1406	1288	1410	1997
江西	776	518	399	370	354
河南	2624	2816	2166	3138	3408
湖北	1081	1576	1335	1644	1508
湖南	1939	2568	1755	1515	1537

数据来源：国家体育总局体育经济司，《体育事业统计年鉴》（2008 年）。

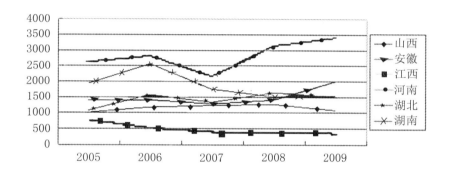

图 5—63　中部 6 省 2005—2009 年不同等级运动员发展人数变化

由表 5—54 和图 5—63 可以很明显地看出，从 2005 年到 2009 年河南省的不同等级运动员发展人数上都比其他 5 省要高，而且要高出很多，这与河南省是人力资源大省有着密切的关联，而江西省一直处在中部 6 省最后，而且还逐年减少，通过数据比较河南省比江西省要高出 3～5 倍，可见江西省在不同等级运动员发展人数上的投入力度还不够强，江西省一定要加强对竞技体育后备力量的投入力度，从而提升本省竞技体育的发展实力。河南省不同等级运动员发展人数从 2007 年到 2009 年大力地发展，人数不断地增多，并还有不断上升的趋势，这为河南省竞技体育的发展提供了充足的后备力量。

综上所述，竞技体育持续发展能力主要就是后备人才的问题，在上述分析中，中部 6 省整体的后备人才低于全国水平，可见中部 6 省对竞技体育的持续发展不够重视，政府应重视竞技体育后备力量的培养。但从中部6省来分析，也发现其中存在一些问题，河南、湖北、湖南3省在竞技体育后备力量发展上要高于其他3省，对于江西省来说，无论是在不同等级运动员发展人数上，还是在国家高水平体育后备人才基地上，都处于中部6省的最末，可见，对于竞技体育持续发展力，江西省还有很大的提升空间。

五　体育产业

随着我国经济的发展，经济体制改革的深入，体育产业作为我国新兴的产业门类，正逐渐成为新的极具潜力的社会经济增长点，如今体育产业已成为推动体育事业可持续发展的重要力量。体育产业是一个集体育产品生产制造业、体育用品销售业、体育旅游、体育服务等为一体的综合领域。中部各省经过不断的发展和壮大，体育产业效益成绩斐然，取得了快速的发展，然而体育产业的快速发展离不开体育产业资源作保障，对现有体育产业资源的认识是体育产业快速发展的前提，以下就以体育彩票为观测点看中部体育产业的发展状况。

体育彩票充分利用市场经济的优势和自身的魅力，不断发展和翻新，越来越受到人们的关注。我国的彩民队伍日渐庞大，运营彩票所产生的资金，很大一部分作为体育事业的公益金，在一定程度上推动了体育产业的发展。

表 5—55　　　　　体育彩票销售额（2008）　　　　　单位：万元

省区	体育彩票销售额
山西	120496.3
安徽	211143.8
江西	65093.1
河南	32453.6
湖北	168023.1
湖南	86577.9
全国平均值	73106.6
中部平均值	113964.6

数据来源：国家体育总局体育经济司，《体育事业统计年鉴》（2008 年）。

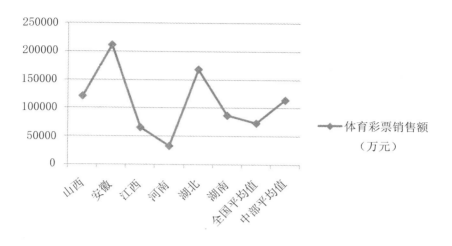

图5—64 中部6省体育彩票销售额

由表5—55和图5—64可以清晰地看出，在体育彩票销售额上中部6省平均值要高于全国平均值，在2008年，安徽省的体育彩票销售额居6省之首，湖北省次之。虽然安徽省的体育彩票销售居于6省之首，但是安徽省政府对体育事业支持力度却处在6省的后列，安徽省应加大体育彩票的销售额在体育事业发展上的投入。

六 中部地区体育产业发展的资源潜力分析

中部6省独特的地理位置、丰富的自然资源、优美的风景、悠久的历史、浓厚的人文等优越条件成为中部6省体育产业开发的重要物质载体和基础。

（一）自然资源

中部地区拥有优越的体育自然资源，这为体育产业的发展带来了无限的契机。中部6省土地面积102万平方千米，占全国的10.7%；区域整体轮廓大体上呈水滴状，其西部和南部为山地丘陵，区域中部与东部为平原和盆地，从总体上看，中部6省区主要以平原为主，其次为山地和丘陵，比较有利于农业的发展。中部地区位于我国内陆腹地，具有望北向南、承东启西的区位优势。中部地区拥有太行山、伏牛山、武夷山、秦岭等山脉，长江、黄河、淮河等水系横贯其中，洪湖、鄱阳湖等湖泊星罗棋布，土地资源、矿产资源、动植物等资源丰富多样，气候主要是湿润性气候，光能充足、雨水充沛、无霜期长，中部6省交通便利，四通八达的水、陆、空交通网络已经初步形成。总体来说，区域内丰富的自然资源、人力资源、便捷的交通为体育用品的制造、运输、销售提供了便利的条件；区域内优越的自然环境为体育旅游的开发提供了物质基础等，中部地区优越的体育自然资源为体育产业多元化发展提供了良好的条件。

（二）传统文化资源

中部地区历史悠久、人文气息浓郁，这为中部地区体育文化产业的发展提供了有利的条件。中部各省曾经有过繁荣昌盛的时代，河南的洛阳、开封、安阳都为知名古都，中国最早的王朝也在河南建立，黄帝、炎帝的故里也坐落在中部。中部6省有28个国家历史文化名城，8个历史文化名镇，13个历史文化名村，362个全国重点文物保护单位。中部经济区文化十分多元，有中原文化、楚文化、湖湘文化、吴文化、徽文化和越文化等。中部地区涌现出许多历史名人，像屈原、白居易、齐白石、毛泽东等。宋代四大书院——河南应天书院、河南嵩阳书院、湖南岳麓书院、江西白鹿洞书院，全部位于中部省份。中部地区山西的晋商和安徽的徽商尤为出名。明朝时期经济繁荣的四大名镇有3个（景德镇、朱仙镇、汉口镇）就在中部地区。清朝和民国的四大米市也有3个（长沙、九江、芜湖）在中部。从地区历史文化传统的影响来看，中部6省区主要受黄河中游的中部文化、南方的楚文化的影响。中部文化的内涵是崇尚"中庸"的孔孟哲学。在人生观上虽然讲入世，但在社会理念上却是重道德轻律法、重政治轻经济、重义轻利（否定或忽视"利"来之艰辛，理想主义色彩浓厚），在经济政策上又主张"以农为本，以商为末，重农抑商"，等等，整个入世的经济社会思想与现代市场经济意识有极大的反差。南方的楚文化比较注重实效、崇尚真理的精神内涵（以屈原精神为代表），是推进当地经济发展的一股强大的力量。特别是近年来，在"文化搭台，经济唱戏"的活动中，楚文化中的优秀传统得到不断发扬和光大，对地方经济发展的促进和带动作用也越来越大。

（三）独具特色的传统体育文化资源

独特的梅山体育文化：梅山体育文化是梅山文化现象中的一种独特的

原始体育现象，在古代刀耕火种，以驯养家禽、家畜，养鱼，狩猎为生的日常生活和劳动中，具有强健的身体是人们生存、繁衍和发展的基本条件和基本需要，所以利用一切机会和闲暇时间进行健身、习武、娱乐、嬉戏，以丰富和提高自己生存与生活质量。它是我国长江中、上游地区古代荆、楚一带，现尚保留在民间的一种体育文化现象，这种体育文化古朴、纯真、典雅、威猛，以防身、健身、民俗、礼仪、表演为主要特点，充分反映了当时我国湘、鄂一带乡民以狩猎、农耕、渔牧生活为主体的山地文明形态。梅山体育文化带有浓厚的民族、民俗气息，是一种古老的民族文化，这种文化具有很大的文化价值，因此要加大对梅山体育文化产业化的开发，从而促进体育事业的发展。[①]

鄂西生态文化旅游圈：包括宜昌、恩施、荆州、荆门、十堰、襄樊、神农架、随州 8 个市州林区构成的圈域，规划面积 127848 平方千米。是集炎帝神农文化、楚巴文化、三国文化、土（家）苗民俗文化、山水文化、宗教文化等为一体的特色文化圈。

特色鲜明的山寨文化：湘鄂渝黔边山寨民族体育文化是指苗族、土家族、瑶族、侗族、回族、白族等十多个少数民族在湘鄂渝黔边这方以大山为主的土地上，由于生存区域，生存环境，生产和生活方式、文化积累和传统等的不同而导致产生不同于其他区域和民族的，利用各种身体练习来提高人的生物学和精神潜力的范畴、规律、制度和物质设施的总和。这种文化也具有浓厚的民族、民俗特色，因此，加大对山寨文化中体育元素的开发，利用有利的体育环境开发出独具特色的体育旅游业。

（四）体育旅游资源

中部地区旅游资源丰富，自然景观独特，民俗传统体育文化多样，具有发展体育旅游得天独厚的优势。湖南体育旅游已经具有一定基础，如猛洞河国际漂流节、南岳国际高空走钢丝大赛、汨罗江龙舟赛、湘西溶洞探险、张家界飞机穿越南天门、法国蜘蛛人在湖南琅山与天门山的攀岩表演赛和中国首届"鸟人"飞行大赛等；湖北的"抢渡长江天险"、"三峡龙舟赛"、"清江国际漂流闯滩节"等；河南的"郑州国际少林武术节"、

---

① 陈文卿：《我国湘、鄂、川、黔、渝、桂地区梅山体育文化的研究》，载《娄底师专学报》2001 年第 4 期。

"中国焦作国际太极拳年会"、"西峡漂流"等。另外，中部6省体育旅游品牌效应日渐扩大，如河南体育品牌赛事中原武术文化享誉国内外，宜昌龙舟节已成为中国体育旅游20个著名活动之一，为湖北省体育旅游品牌起到了示范作用，这些体育旅游品牌吸引了大量的国内外游客前来参观，带动了体育产业的发展（见表5—56）。

表5—56　　　　　　　中部地区体育旅游部分开发项目分布情况

省份	已开发体育旅游项目
山西	森林探险、漂流、狩猎、滑草、自行车、登山、滑雪、攀岩、高尔夫球、滑翔、热气球、马术、温泉康体、社火、高跷、旱船、背冰亮膘等民俗民间体育活动
安徽	滑草、滑翔、野外生存、登山、垂钓、游泳、滑水、划船、漂流、定向越野、龙舟竞渡、保健气功、帆船、赛艇、温泉疗养、探险活动
江西	登山、密林探险、攀岩、滑草、蹦极、漂流、划船、野外生存、定向越野、游泳、垂钓、溪降、自行车游、自驾车游、红色体育旅游、民俗特色体育项目
河南	登山、定向、汽车旅游、探险、攀岩、滑翔、汽车拉力赛、龙舟、皮划艇、摩托艇、滑水、漂流、少林武术节、世界传统武术节、太极拳
湖北	水上运动、漂流、溜索、蹦极、徒步游、攀岩、滑雪、野外生存、武当拳国际联谊大会、龙舟节、山地摩托、国际杂技艺术节
湖南	登山、攀岩、蹦极、漂流、探险、潜水、滑水、冲浪、帆船、龙舟、摩托艇、沙滩排球、骑马、射箭、射击、南岳国际高空走钢丝赛、名人故里、飞机穿越张家界南天门、民族体育活动

总之，从中部6省体育产业资源来看，其资源具有发展优势，这为体育产业的腾飞奠定了重要的物质基础，再加上政府机构的统筹规划，从而共同促进中部地区体育产业的快速发展。

七　小结

中部6省在政府对体育事业的支持力整体上低于全国水平。由于中部6省GDP在全国排名并不处在前列，而且中部6省的GDP总量相对不高，这就有可能导致中部地区政府没有更多的资金投入到体育事业发展中来，若要改变目前这种状况，只有从根本上加快经济的发展，政府才有更多资金投入到体育事业支持上。另外，在中部 6 省中，河南省、湖南省和湖北省在政府对体育事业支持上高于山西、江西、安徽 3 省，这也与 6 省的 GDP 总量和排名相吻合。

中部 6 省竞技体育综合实力具有一定的提升空间。通过优势项目指数的计算、竞技体育持续发展能力的分析等，在优势项目上，体操、举重、跳水是湖北省、湖南省的优势项目，武术、跆拳道、拳击是河南省的优势项目，皮划艇、赛艇是江西省的优势项目，山西省和安徽省的优势项目是国际式摔跤，值得一提的是，皮划艇、赛艇、国际式摔跤甚至超过了东部发达省份，在国内属于一流水平，有着较强的竞争力。在竞技体育持续发展能力上，中部 6 省低于全国水平，这说明中部 6 省在竞技体育后备人才上还不够重视，要加大对后备人才的培养，加大竞技体育的可持续发展能力。尤其是江西省比较滞后，有很大的提升空间。

中部 6 省体育产业具有一定的规模并呈多样化趋势。从体育彩票销售额来看，中部 6 省平均值要高于全国平均值，在 2008 年，安徽省的体育彩票销售额居 6 省之首，但是安徽省政府对体育事业支持力度却处在 6 省的后列，可见安徽省政府部门把体育彩票的收入用于体育事业发展上的程度还不够。从体育旅游来看，中部地区地理条件优越、旅游资源丰富、历史文化浓厚，具有大力发展体育产业的优势。目前，中部地区体育旅游开展得有声有色，像"郑州国际少林武术节"、"中国焦作国际太极拳年会"等享誉国外，这些体育旅游都能够推动体育产业的发展。

主要参考文献

［1］体育事业统计年鉴 2005—2009。

［2］中国统计年鉴 2010 ［EB/OL］，http：//www. stats. gov. cn/tjsj/ndsj/2010/ indexch. htm。

［3］关于表彰全国文教体育用品行业百强活力企业、科技进步优秀企业、标准化工作先进企业的决定，中文体协字〔2011〕第 41 号［2012 - 2 - 25］。

［4］田世昌、饶远等：《我国东部地区体育产业发展分析》，《体育文化导刊》2009 年第 11 期。

［5］童莹娟、丛湖平：《我国东部地区体育产业发展的社会经济"外环境"区位比较优势及发展方式的选择》，《中国体育科技》2002 年第 11 期。

［6］丛湖平、张爱华、朱建清：《论我国东部省份体育产业区域发展模式的构建》，《体育科学》2004 年第 12 期。

［7］国家体育总局体育经济司，2005—2009 年中国体育年鉴［M］，中国体育年鉴出版社 2011 年版。

［8］国家体育总局，2005 年国民体质监测报告［R］，2006。

［9］国家体育总局，2010 年国民体质监测报告［R］，2011。

［10］国家体育总局，2004 年、2008 年奥运会奖牌榜［EB/OL］，2008.10。

［11］国家体育总局，第九、十、十一届全运会奖牌榜［EB/OL］，2009.10。

［12］杨书彬、张玉超：《第十一届全运会粤、鲁、苏、辽奖牌分布特征及格局分布》，《北京体育大学学报》2011 年第 3 期。

［13］辽宁体育局，体育事业"十一五"规划［R］，2006。

［14］吉林体育局，体育事业"十一五"规划［R］，2006。

［15］黑龙江体育局，体育事业"十一五"规划［R］，2006。

［16］辽宁体育局，体育事业"十二五"规划［R］，2011。

［17］黑龙江体育局，体育事业"十二五"规划［R］，2011。

［18］董新光：《"十二五"群众体育发展规划研究》，国家体育总局政法司编，2011 年。

［19］高雪峰：《"十二五"竞技体育发展规划研究》，国家体育总局政法司编，2011 年。

［20］邹师：《走向振兴老工业基地中的辽宁体育发展战略》，《北京体育大学学报》2004 年第 4 期。

［21］韩佐生、张鸽、李鹏等：《社会主义初级阶段我国地区间体育发展不平衡成因剖析》，《哈尔滨体育学院学报》1999 年第 4 期。

［22］李卫：《中国竞技体育区域发展的理论与实证研究》，《北京体育大学》2003 年第 1 期。

［23］聂华林：《区域发展战略学》，中国社会科学出版社 2006 年版。

［24］李雪芹、谭伟东：《大冬会对扩大我国冰雪运动影响的综合效应》，《冰雪运动》2009 年第 4 期。

［25］赵忠伟、郑鸿：《东北少数民族传统体育发展研究》，《体育文化导刊》2009 年第 3 期。

［26］王诚民：《体育冰雪旅游资源探析》，《商场现代化》2007 年第 8 期。

［27］闫育东、赵晶：《以冰雪体育产业带动东北老工业基地经济增长的战略研究》，《武汉体育学院学报》2006 年第 9 期。

［28］王士君、宋飏：《中国东北地区城市地理基本框架》，《地理学报》2006 年

第 6 期。

[29] 王学民：《我国各地区城镇居民消费性支出的分析研究》，《财经研究》2002 年第 1 期。

[30] 刘贤龙：《体育与经济关系的统计分析》，《体育科学》1989 年第 1 期。

[31] 姚士谋、陈爽、陈振光：《关于城市群基本概念的新认识》，《城市研究》1998 年第 6 期。

[32] 邹师、李安娜：《区域体育发展差异与其战略选择——基于政府职能转型的视角》，《成都体育学院学报》2012 年第 1 期。

[33] 陈文卿：《我国湘、鄂、川、黔、渝、桂地区梅山体育文化的研究》，《娄底师专学报》2001 年第 4 期。

[34] 厉以宁：《区域发展新思路》，经济日报出版社 2002 年版。

[35] 高洪深：《区域经济学》，中国人民大学出版社 2010 年版。

[36] 聂华林、高新才等：《区域发展战略学》，中国社会科学出版社 2006 年版。

[37] 李建平、李闽榕等：《中国省域经济综合竞争力发展报告（2008—2009）》，社会科学文献出版社 2010 年版。

[38] 杨必球：《长株潭城市社区居民体育消费特征的调查研究》，《体育世界》2006 年第 8 期。

[39] 麻智辉：《环鄱阳湖城市群发展战略构想》，《江西社会科学》2006 年第 3 期。

[40] 李淳、任永岗：《构建"大太原"经济区加快太原都市圈发展》，《太原城市职业技术学院学报》2008 年第 5 期。

[41] 周广仁：《芜湖市发展体育旅游的 SWOT 分析》，《安徽师范大学学报》2010 年第 3 期。

[42] 陈林祥、梅跃长：《武汉城市圈体育旅游发展战略》，《武汉体育学院学报》2008 年第 6 期。

第六章　我国区域体育发展战略形成的理论基础与理论创新

第一节　区域经济学理论原理及模式

区域经济学是由经济地理学演绎而来的，区域经济学以空间资源配置的合理性为基础，寻求效率最大化。生产资源是有限的，但有限的资源优化组合，可以获得更多的产出。由于对区域内资源配置的重点和布局主张不同，以及对资源配置方式的不同选择，形成了不同的区域发展模式。

区域经济分析与一般经济分析的不同之处在于：一般经济分析考虑的是一个点的问题，即一个国家的经济增长和发展是在一个点上的增长和发展，而区域经济学是从空间分析来考虑资源配置的。

一　古典区位理论：以成本—收益分析为方法揭示资源空间分布的内在联系

（一）农业区位理论模式。冯·杜能基于对运输费用最小的农业最佳布局的思考，于 1826 年完成了《孤立国与农业和国民经济的关系》一书。本书揭示了当生产成本一定时，离中心城市越近，追加的运费越低；边际产量需偿付的越少，规模经济的可能性就越大①。该书还创建了著名的农业圈层理论，证明了决定各地区农业布局最佳类型的是级差地租，而非自然条件。

（二）工业化区位理论模式。基于韦伯等对工业运输成本最小化的厂商最优定位问题的思考，劳恩哈特第一个系统完整地建立了工业区位理

①　冯·杜能 1826 年出版的《孤立国与农业和国民经济的关系》，引自 MBA 智库百科，http：//wiki. mbalib. com/wiki。

论，在此基础上，韦伯的工业区位理论"以成本—收益分析为研究方法，以成本最小为目标，从运输指向、劳动力指向和集聚指向三个方面研究了资源空间配置的决策过程和生产力合理布局的过程"。①

二　近代区位理论：以利润最大化为方法揭示市场空间的内在联系

（一）贸易区边界区位理论模式。来自美国经济学家费特从市场空间视角对市场竞争力的分析。费特认为，运输费用和生产费用越低，市场空间就越大，市场竞争力就越强，工业企业的生存和获利的空间就越大。

（二）区域分工贸易理论模式。俄林以资源禀赋为前提对工业区位形成的思索。俄林认为所有的商品价格和生产要素价格都是由它们各自的供求关系决定的。需求方面包含：消费者的欲望、要求和爱好及生产要素所有权的分配状况；供给方面包含：生产要素的供给，即资源禀赋状况以及生产物质条件表现出要素密集的性质。这就形成了国内外各地区生产要素价格的差异。国际贸易商品可以大致分为劳动密集型、资本密集型、土地密集型、资源密集型和技术密集型商品。

（三）中心地理论模式。瓦尔特·克里斯塔勒用城市层级对中心地空间分式的研究。一定的生产地必将产生一个城镇，以这个城镇为中心向周围地区提供所需的商品和服务。

（四）市场区位理论模式。廖什以市场需求作为空间变量对市场区位体系的解释。市场区位理论将空间均衡的思想引入区位分析，研究了市场规模和市场需求结构对区位选择和产业配置的影响。

三　现代区域经济理论：以竞争优势的形成研究区域发展一体化

（一）梯度转移理论模式。源于弗农提出的工业生产生命周期阶段理论。该理论揭示：工业部门及其产品，都处于生命周期的不同发展阶段，即经历创新、发展、成熟、衰退四个阶段。② 梯度理论认为，创新活动是决定区域发展梯度层次的决定性因素，而创新活动大都发生在高梯度地

---

① 韦伯1909年出版的《工业区位论》，引自百度百科，http://baike. baidu. com/view。

② 王素娟：《西方区域经济理论综述》，载《赤峰学院学报》（自然科学版）2009年第9期。

区。生产活动从高梯度地区向低梯度地区转移，而这种梯度转移过程主要是通过多层次的城市系统扩展开来的。梯度转移理论主张发达地区应首先加快发展，然后通过产业和要素向较发达地区和欠发达地区转移，以带动整个经济的发展。

（二）累积因果论。缪尔达尔于 1957 年提出的。他揭示市场力的作用在于扩大而不是缩小地区间的差别的认识。那么，一个地区的发展速度一旦超过了平均发展速度，与那些发展缓慢的地区相比，它就可以获得累积的竞争优势，从而进一步遏制困难地区的发展，造成不发达地区不利于发展的因素越积累越多。①

（三）增长极理论模式。最早由佛朗索瓦·佩鲁提出，汉森进行了总结。该理论的主要观点是，区域经济的发展主要依靠条件较好的少数地区和少数产业带动，所以应培育成经济增长极。② 通过增长极的极化和扩散效应，影响和带动周边地区和其他产业发展。增长极的极化效应主要表现为资金、技术、人才等生产要素向极点聚集；扩散效应主要表现为生产要素向外围转移。在发展的初级阶段，极化效应是主要的，当增长极发展到一定程度后，极化效应削弱，扩散效应加强。

（四）点轴开发理论。最早由波兰经济学家萨伦巴和马利士提出。点轴开发理论是增长极理论的延伸，但在重视增长极作用的同时，还强调"点"与"点"之间的"轴"即交通干线的作用，认为连接地区的人流和物流迅速增加，生产和运输成本降低，形成了有利的区位条件和投资环境。产业和人口向交通干线聚集，使交通干线连接地区成为经济增长点，沿线成为经济增长轴。在国家或区域发展过程中，大部分生产要素在"点"上集聚，并由线状基础设施联系在一起而形成"轴"。③

（五）网络开发理论模式。是点轴开发理论的延伸。该理论主张，一个地区形成了增长极（即各类中心城镇）和增长轴（即交通沿线），增长极和增长轴的影响范围不断扩大，在较大的区域内形成商品、资金、技术、信息、劳动力等生产要素的流动网及交通、通信网。在此基础上，网

---

①　王万鹏：《西方区域经济理论综述》，载《合作经济与科技》2010 年第 4 期。

②　赵欣：《西方区域经济理论综述》，载《内蒙古民族大学学报》2010 年第 6 期。

③　魏红立：《区域经济协调发展国内外研究综述》，载《现代商业》2010 年第 8 期。

络开发理论强调加强增长极与整个区域之间生产要素交流的广度和密度，促进地区经济一体化；同时，通过网络的外延，加强与区外其他区域经济网络的联系，在更大的空间范围内，将更多的生产要素进行合理配置和优化组合，促进更大区域内经济的发展。①

（六）中心—外围理论模式。以弗里德曼、藤田等学者为代表的新经济地理学派将经济学的收益递增、不完全竞争、运输成本三大命题引入区域经济的分析中，认为：任何国家的区域系统，都是由中心和外围两个子空间组成的。资源、市场、技术和环境等的区域分布差异是客观存在的。当某些区域的空间聚集形成累积发展之势时，就会形成区域经济体系中的中心，获得比其外围地区强大的经济竞争优势；外围相对于中心处于依附地位而缺乏经济自主，并随时间推移而不断强化。不过，政府的作用和区际人口的迁移将影响要素的流向，并且随着市场的扩大、交通条件的改善和城市化的加快，中心与外围的界限会逐步消失，推动空间经济逐渐向一体化方向发展。②

（七）城市圈域经济理论模式。该理论揭示，城市在区域经济发展中起核心作用。区域经济的发展应以城市为中心，以圈域状的空间分布为特点，逐步向外发展。该理论把城市圈域分为三个部分，一是有一个首位度高的城市经济中心；二是有若干腹地或周边城镇；三是中心城市与腹地或周边城镇之间所形成的"极化—扩散"效应的内在经济联系网络。城市圈域经济理论把城市化与工业化有机结合起来，意在推动经济发展在空间上的协调。③

四　区域发展阶段的重要理论：从不平衡发展到平衡发展

（一）不平衡发展理论，是以赫希曼为代表提出来的。该理论强调经济部门或产业的不平衡发展，并强调关联效应和资源优化配置效应。主张发展中国家应集中有限的资源和资本，优先发展少数"主导部门"，尤其是"直接生产性活动"部门。即确定关联效应最大的产业，通过该产业

---

① 卢子玉：《区域经济一体化国内外研究综述》，载《学校党建与思想教育》2010年第8期。

② 区域经济理论，引自百度百科，http://baike.baidu.com/view。

③ 区域经济理论，引自MBA智库百科，http://wiki.mbalib.com/wiki。

的扩张和优先增长，逐步扩大对其他相关产业的投资，带动后向联系部门、前向联系部门和整个产业部门的发展，从而在总体上实现经济增长。①

　　（二）平衡发展理论。平衡发展理论认为，落后国家存在两种恶性循环，一是供给不足的恶性循环：低生产率—低收入—低储蓄—资本供给不足—低生产率；二是需求不足的恶性循环：低生产率—低收入—消费需求不足—投资需求不足—低生产率。而解决这两种恶性循环的关键是，同时在各产业、各地区进行投资，既促进各产业、各部门协调发展，改善供给状况，又在各产业、各地区之间形成相互支持性投资的格局，不断扩大需求。② 因此，平衡发展理论强调产业间和地区间的关联互补性，主张在各产业、各地区之间均衡部署生产力，实现产业和区域经济的协调发展。

　　多数地区是因为相对落后才寻求快速发展的途径，所以多数区域发展模型也是主张由资源集中的重点发展形成不平衡发展态势，再以点带面，向外扩散，实现平衡以及和谐的发展局面。所以，由不平衡发展到平衡发展是比较符合中国国情所决定的发展阶段的指导理论的。

第二节　区域经济学理论在区域体育发展战略研究中应用综述

　　自 20 世纪 80 年代兴起区域研究的高潮，区域理论和模式的相关研究逐步进入体育领域，近几年来区域体育发展战略的理论和模式的研究也初见成果，但由于起步较晚，仍然有很大的研究空间。目前我国有关于区域体育发展理论和模式的研究主要集中在以下几个方面：

一　国内体育界对非均衡发展理论的认识

　　有关于非均衡发展现象和运用的研究占所有区域体育发展战略研究的很大份额。通过对相关文献的整理，目前研究者的成果主要分以下四类进

---

① 　经济理论，引自百度互动百科，http://www.baike.com/wiki.
② 　同上。

行探讨。

第一类，对体育中的非均衡现象及成因进行社会学分析，总结出我国体育的非均衡发展现象。邹月辉、于文谦在大量体育现象中分析了我国存在项目布局、成绩表现、运动队伍建设等方面的不平衡现象，并提出应选择适合我国国情的非均衡发展模式，以促进竞技体育的快速发展。金育强等从区域体育发展存在的不平衡、城乡体育发展不平衡、竞技体育与群众体育发展不平衡、竞技体育内部发展不平衡四个方面描述了中国体育非均衡发展现状，并指出中国体育实施非均衡发展战略，必须警惕发展失衡，应以科学发展观为指导，对体育非均衡发展战略进行调控。高鸿辉通过分析全运会经济实力，认为各项群竞技实力的区域分布呈现明显的非均衡性，因东部地带具有较为旺盛的竞技实力，与中部和西部的差异有扩大化趋势，使竞技实力的非均衡分布日益明显。中部地带竞技实力日益低迷，与西部竞技实力时空变化轨迹日益融合，逐步走向均衡。区域之间，经济发展与竞技体育发展规模上的差异，可能是我国竞技体育非均衡发展的主要原因。这类研究占非均衡研究的很大部分，学者是从各类体育现象中总结和归纳体育存在非均衡发展的现象，大都是从社会学的角度进行分析，并未涉及区域发展的非均衡理论分析。

第二类，对非均衡理论进行初步探讨，开始引入经济学的非均衡理论。研究者认为，非均衡是社会存在的一个普遍性现象，区域发展是由均衡到非均衡到相对均衡的过程，其中非均衡是绝对的，均衡是相对的。非均衡发展是从资源有效配置角度，考虑经济发展的初始状态，如何把有限的资源分配于最有生产潜力的地方。研究者认为，由于地区经济、社会、文化发展的不平衡，体育事业区域之间也呈非均衡性的发展状态，如竞技体育与群众体育的不平衡、学校体育发展的不平衡，等等。并把这种初步的认识与体育现象较好地结合进行探讨。以韩佐生等学者为代表，对我国的体育发展不平衡的现状进行分析，发现东中西部体育经费投入、竞技体育水平都呈现地域发展的不平衡现象，并对其成因进行了分析，认为地缘因素、经济发展和市场经济面临的不同起点、非均衡发展的经济战略等是我国地区间体育发展不平衡的成因。周俊对非均衡进行了一定的解释，认为非均衡发展理论是指我国在社会运行和经济发展的过程中，根据地区发展不平衡的具体国情，所提出的在一定发展阶段实行非均衡发展的战略理论。并通过分析，总结出湖南省体育人口年龄结构上存在非均衡发展，社会体育指导员的年龄和学历结构上存在非均衡发展，群众体育经费来源单一，群众体育活动场地设施的人均水平不如全国水平。这类研究开始对区域学中的非均衡理论进行探讨，但都是直接套用区域理论中的非均衡概念，对体育的非均衡理论并没有探讨。在解释体育的不平衡现象时，多是从经济社会的非均衡进行解释的，对体育自身是否存在非均衡并未进行探讨。

第三类，对区域经济学中的非均衡理论进行了较为系统的分析，并对增长极、中心—外围、梯度推进、中心地等理论进行了重点的探讨，开始运用非均衡理论对体育项目布局、竞技体育人才布局、体育产业等方面的发展进行指导。运用较早的是李卫。他利用非均衡的倒 U 型理论，形象地表述出社会、经济、竞技体育在发展过程中的先后以及区域差距的内在规律性，提出竞技体育区域发展过程的倒 U 型假说，即在发展的初期区域差异比较小，随着发展阶段的提升，这种差距逐渐增大，发展到一定程度，这种差距又将逐渐缩小。于文谦、王乐在研究中认为，非均衡发展是一种理论体系，主要包括缪尔达尔的循环累积因果论、艾尔伯特·赫希曼的不平衡增长论、佩鲁的增长极理论、弗农的梯度推进理论、弗里德曼的中心—外围理论等，并提出打造优势项目品牌、建设高校特色运动、形成"城市圈竞技项目"等适合我国竞技体育的非均衡发展模式。文章很好地对中国竞技体育的非均衡发展态势进行了分析，同时运用非均衡理论中的城市圈、中心地等理论，提出了我国竞技体育非均衡发展的实施途径。这是一次比较全面和系统地分析和运用非均衡发展理论，不足之处是并未对其模式进行探析，在战略应用上还有待突破。

第四类，对区域经济学中的非均衡理论在体育产业发展中的应用进行了研究。丛湖平等人认为，非均衡发展是指在体育产业的区域发展过程中，不同地区、不同体育产业部门以非等速的推进形式实现体育产业增长的方式，并运用了集化理论、中心—外围理论和主导产业理论，提出了体育城市圈、区域发展时序选择、体育产业主导产业选择等发展建议。他认为东部地区可以同时形成三个体育产业资源的"集化区"，即以北京为中心的"京—津"区带；以上海为中心的"沪—苏—浙"三角区；以广州为中心的"穗—深—珠"三角区。他较为深入地研究了均衡、非均衡、协调发展理论，提出了非均衡协调发展的方式，并绞好地运用了集化理论、中心—外围理论和主导产业理论，提出了体育城市圈、区域发展时序选择、体育产业主导产业选择等建议。文章把经济学相关理论运用到体育产业的发展上，分析较为细致全面。个案实例研究代表有周琥、宋常玉，文章主要运用了增长极、中心—外围、梯度推进、中心地等理论对体育旅游产业区域发展模式进行了构建，提出郴州市区以观光型体育旅游产业为主导市场，资兴市以娱乐休闲型体育旅游产业为主导市场，宜章县以锻炼型体育旅游产业为主导市场，汝城县以康复医疗型体育旅游产业为主导市场，永兴县以康复医疗型兼娱乐休闲型体育旅游产业为主导市场。分析细致，能较好地与理论相结合，但提出模式如出一辙，理论运用较为单一。该层次的研究者对经济学的非均衡理论已有一定的认识，分析较为系统全面，并能够运用非均衡理论去解决体育发展中的实际问题，但是在研究中对于整个理论的探讨都较为宽泛，实例研究中对体育自身的元素考虑还较为欠缺。

综上所述，体育界对于非均衡发展理论的研究，从想象的总结到理论的应用，已有了很大的突破，成果也层出不穷。但是区域非均衡发展理论作为一个体系，对它的研究还是相对不成熟的。首先，体育界对于非均衡理论概念探讨较少，体育自身的非均衡并未被挖掘，多是社会、经济等方面的非均衡导致体育的非均衡；其次，理论研究多停留在非均衡发展理论的一个或几个点上，运用和研究最多的是增长极理论、中心—外围理论，而对于其他理论都仅是一笔带过，对其整个理论体系在体育界的探讨甚少，容易让人误认为非均衡发展等于不平衡发展或者等同于其中的一个理论；最后，纯理论的探讨几乎没有，多是与实践相结合进行论述，这在一定程度上能让体育与区域理论更好结合，但是具有一定的局限性，不能对非均衡理论的整个体系进行了解。

二 体育界对均衡发展理论的认识

在目前的区域体育相关研究中，对于均衡发展理论的研究表现在两个方面。

第一，均衡发展与非均衡发展相结合，较好地反映了协调发展的初级阶段。部分学者提出非均衡—均衡发展理论，认为非均衡协调发展是指，各地区体育产业的总体发展保持相对的平衡和协调，同时承认客观存在的发展差异，将有限的资金、技术、资源比较集中地投入体育的经济中心区，以支持和带动各地区总体水平的快速、持续的发展方式。非均衡性协调发展方式的最大优点是，在充分利用不同区域各自的特点和优势，最大限度地发挥区域之间互补的整体优势和综合比较优势的情况下，形成竞争的合力，促进体育产业的健康发展，逐步缩小地区间的差异。以童莹娟为代表的部分学者，认为应该采用非均衡性协调发展的发展模式，即充分利用不同区域各自的特点和优势，最大限度地发挥区域之间互补的整体优势和综合比较优势，形成竞争的合力，促进体育产业的健康发展，逐步缩小地区间的差异。构建了京津区域、长江三角洲区域（沪、浙、苏）和珠江三角洲区域（粤）为三个"极化区"非均衡协调发展，制定相应的政策，以核心地区为始发区域，优先重点发展以体育健身娱乐业为主的产业部门。文章虽然对于发展方式的选择进行了较为详细的分析，但对于其模式的运用仅作为介绍并未做具体的分析。

第二，协调发展理论与可持续发展的结合，这一观点认为区域体育均衡与共同发展是指区域体育应适应区域社会、经济可持续发展的要求，适度超前发展，形成区域体育自我调节机制和创新机制，使区域内体育资源得到合理分配，体育社会效益和经济效益、竞技体育水平与群众体育活动、体育教育质量、区域内人口素质保持持续稳定提高，实现区域人口体育发展机会的平等，使每一个社会成员都享有平等的健康权利，促进以人为本的社会全面发展与进步。林向阳对区域体育均衡与共同发展理念进行了初步解释，在分析了影响区域体育协调与共同发展的内外部因素的基础上，提出了区域体育协调与共同发展的社会机制与动力学基础，指出建立以区域体育评价和体育科研为先导的体育决策体制，是区域体育均衡与共同发展的关键所在。文章并未提出体育均衡发展的具体理论，并未对模式进行研究，也未对具体实例进行分析。仅为一个初步的探讨。刘玉认为辽宁省竞技体育的发展必须在14个城市与地区之间进行合理的资源互补，优势协调利用，注重地区间发展的超前性和落后性，而不是实现各地区之间的共同发展或同步发展。因此，实现辽宁省竞技体育可持续的良性发展，是一个漫长的过程，肯定也会遇到很多的困难。文章体现了均衡发展的阶段性，但是大都是从社会的角度进行，较少从经济学角度进行完整的探讨。

综上所述，目前对于均衡发展多是社会学方面的协调，与经济学中的均衡发展相连接的较少。均衡发展并不是忽视非均衡，它是非均衡和可持续发展的一个中间环节。国内体育学者目前对于协调理论认识得并不全面、系统，导致认识上存在一定的误区，认为均衡就是协调。均衡发展理论的研究在区域体育中还处于起步阶段，虽然有学者已对区域体育均衡发展进行了初步分析，但未成为一套理论体系，仍需要后来的研究者进行进一步的探索。

三　体育界对梯度推进发展理论的研究

梯度推进理论在体育中的研究大都散在非均衡理论等研究中，单独的梯度推进理论的研究很少，但是对于梯度推进的体育现象研究并不缺乏。

研究较为透彻的主要代表有刘志杰，他在《我国竞技体育水平区域性差异梯度分析与研究》中，通过对各区域在全运会各类别项目上获取金牌和奖牌数量的分析，构建了优势超优地区、传统优势地区、新优势地区、中优势地区、一般发展地区、弱势地区由高到低的 6 个梯度，并认为，梯度结构是动态的、变化的，下方梯度区域内的省、市、区通过努力有可能向上方过渡，而上方梯度区域内的省、市、区也可能由于种种原因，致使运动成绩下降，而向下方滑落。因此，在竞技体育发展的不同阶段，要选择影响全局的重点地区、重点项目，国家的投资也只能有选择地在若干条件优越的地区进行，其他地区的发展则通过竞技体育区域发展的辐射效应逐步扩大。文章运用大量事实分析了体育中的梯度现象，这是值得我们学习的地方，但在解决方案上利用的是非均衡发展的理论。利用梯度推进理论的代表还有刘青等，他们在四川竞技体育发展对策中提出梯度发展原则，认为在四川这样一个经济相对还不发达的地区，从强调优势积累的角度说，现有竞技体育资源非常有限，只有集中有限的人力、物力、财力，优先使条件较好有可能在奥运会或全运会上摘金夺银的项目率先发展。从项目发展的角度，四川省政府体育行政部门应根据地域特点、人才资源、梯队建设、已有项目、运动成绩、经费投入等因素，按照国家优势项目—地区（区域）优势项目—省（市、区）优势项目的思路，对四川省竞技体育项目进行合理布局。文章仅为笼统的介绍，并未进行具体论述。

　　在体育产业中梯度推进发展战略运用得也较多，王平认为，我国体育产业地区发展极为不平均，产业结构不合理，主体产业不够突出，还没有长期稳定的产业发展政策。并提出三个层次的梯度推进发展：第一是核心地区，即以上海为核心的长江三角洲地区，以香港、深圳、广州为核心的珠江三角洲地区，以北京、天津为核心的京津地区；第二是重点地区，即以沈阳、大连为中心的辽东半岛，以济南、青岛为中心的胶东半岛城市带，福建的福厦漳地区，四川的成渝地区，湖南的长株潭地区，湖北的江汉平原地区以及河南中部地区；第三是辐射地区，即全国其他中小城市和部分富裕农村地区。卢金逑认为，当前我国体育产业竞争力可以划分为三个层次，即体育产业竞争力强劲地区（北京、上海、广东），体育产业竞争力中等地区（辽宁），体育产业竞争力落后地区（江西、内蒙古、安徽、云南）。在体育产业发展战略中的梯度推进运用也都限于粗略的探讨，提出该这样运用，而为什么这样运用，具体怎么运用并没有介绍。

　　芦平生认为，西北少数民族地区学校体育发展的区域性战略选择，应确立西北民族地区学校体育可持续发展的战略，多梯度推进"全民健身计划"的实施，从中心城市开始，逐步扩散到边远城镇乡村，加大全民健身活动在学校体育的空间、领地、范围，为更多的青少年儿童提供不同层次、不同类型的全民健身活动项目，使课内与课外、现代体育与民族体育相结合，为西北地区高水平、高层次人才的培养奠定良好的基础。李卫在 T 型发展格局中提出我国竞技体育的发展，从整体上可以把沿海地区和沿长江地区作为优先发展极。以 T 字型优先发展，梯度推进。同时也提出"梯度"是一种广义的非均衡，梯度就是差异（包括空间差异、时间差异、数量差异、质量差异等），它的存在成为产生一切运动和一切过程的基础。但是文章仅为介绍，没有具体分析竞技体育是如何呈 T 型发展的格局。

　　从上述研究可以看出，目前体育中的梯度推进理论与区域战略学中的理论结合的研究还是比较多的，不论是现象的研究，还是在体育问题的解决办法上，研究者大都达成一种共识，认为梯度推进理论是非均衡理论中的一种，但是在目前的研究中对于梯度理论的介绍很少，研究也都是泛泛之谈。

与上述研究相关的还有反梯度推进理论的应用。认为随着经济的发展，推移速度的加快，就可以逐步缩小区域间的差距，实现经济分布的相对均衡。这个论点提出后，立即引起了学术界的普遍争论，从而引申了反梯度推进理论。

反梯度推进理论认为，现有生产力水平的梯度顺序，不一定等于引进技术和经济发展的顺序，这种顺序只能由经济发展的需要和可能决定。只要经济发展需要，而又具备条件，就可以引进技术，进行大规模发展，而不管区域处于哪个梯度。落后的低梯度区，可以直接引进世界最新技术，发展自己的高技术，实行超越发展，然后向上一级梯度区进行反推移。

刘志杰文章中就提到，通过努力，下方梯度区域内的省、市、区有可能向上方过渡，只要条件具备，落后地区也可能实现反推移。但从体育界的研究中来看，反梯度研究较少。[①]

体育中的反梯度现象是空间推移的一种特例，其作用的范围和程度，不能与正常的梯度推进相提并论，时代不同，地区文化、风情等情况的不同，局部的反梯度推进方式是可能存在的。这种反梯度在一定情况下对正常的梯度有一定的启示和借鉴，故对体育中的反梯度理论的研究也有待研究者探讨。

四　体育界对点轴渐进发展模式与城市圈模式的研究

近年来，国家陆续启动了体育旅游经济圈的建设，国家体育总局拟在全国建设 16 个 "体育圈"。学者也对 "长三角体育圈"、"环青海湖体育旅游"、"环太湖体育旅游"、"环京津体育旅游"、"济南省会城市群旅游圈" 等体育旅游城市圈的构建进行了研究。

在体育界目前的研究中，大都将点轴渐进模式与城市圈模式结合。体育研究中城市群的研究，多是在经济、旅游城市群的大背景下提出来的，运用的多是经济学原有理论，对于城市群理论的研究大都是在体育圈中进行，在体育圈的研究中多采用点轴圈模式进行研究，理论主要应用增长极、核心腹地扩散理论进行研究。主要有以下三个方面。

---

① 刘志杰：《我国竞技体育水平区域性差异梯度分析与研究》，载《南京师范大学学报》2008 年第 1 期。

（一）基于社会发展背景提出的城市圈下对体育现状的研究

钟华等人在长三角市场一体化、信息一体化、制度一体化、人才一体化、产业一体化、环境一体化以及形态一体化战略的逐步实施，旅游一体化也将出台的背景下，提出体育旅游一体化。并经过调查研究得出区域体育旅游资源开发的一体化，能拉动长三角地区经济实力的整体增长，提高体育旅游的整体竞争力，凸显区域竞争优势。文章在对策研究中仅从社会角度，泛泛地对长三角体育旅游一体化进行了探讨，并未从城市圈的角度进行解释、规划研究。

刘佳等人也在长株潭地区一体化的背景下，对长沙、株洲、湘潭的体育旅游资源的现状及优劣势进行了分析，文章意识到城市圈对体育旅游的重要性，但是未从城市圈的角度分析长沙、株洲、湘潭地区的互补优势等。

袁潇菁在中原城市群背景下，对中原城市群城市社区体育活动点的形成、规模、成员、时间、地点、内容、目的、经费、管理以及面临的主要困难进行了现状调查与分析。① 这类研究在原有的城市圈的背景下对城市圈中的体育资源进行调查，文章中并未涉及城市圈的概念，及体育城市圈的运用。

（二）对体育城市圈模式进行了初步的探讨

张文桥在构建"环磁湖体育圈"的研究中，认为"体育圈"是从国外很多"经济圈"和"共同体"概念中得到启示的。它打破地域界限，实现了体育与旅游、文化一体化发展战略，充分发挥各地的经济社会优势和人文、旅游的自然资源优势，加速体育事业与经济和社会的快速、健康、持续发展。"环磁湖体育圈"应以磁湖为中心向四周辐射，应"以山水冶矿文化为特色、以旅游度假为主要形式、以休闲健身为最终目的"，充分发挥黄石山水资源的优势，将体育和旅游业紧密结合起来，以统一规划、严格保护、合理开发、可持续发展四项原则为指导。王苗永等认为，长三角全民健身大联动是加强长三角地区合作的具体体现，苏、浙、沪三省市体育部门应以此为起点，紧紧抓住北京奥运会和上海世博会、杭州休

① 袁潇菁：《中原城市群城市社区体育活动点现状调查与分析》，河南大学硕士学位论文，http：//www. docin. com/p—716226207. html。

闲博览会的契机，做到资源共享、优势互补、错位发展、合作多赢，开创区域体育发展的新局面。这类研究在社会发展背景下，提出了体育自身的城市圈，也提到了城市圈对体育发展的作用，但是对体育自身的传播特色似乎有点遗漏。

（三）运用点轴渐进和城市圈理论进行规划设计

这类研究在体育旅游、体育产业中形成了较为成熟的一套体系。杨德云等在《广西北部湾经济区休闲体育产业区域整合》研究中，以区位理论、中心地理论、增长极理论、核心—边缘理论、"点—轴系统"理论和区域经济理论为依据，分析了广西北部湾的休闲体育产业空间分布，从南宁市中心向外围是密度衰减的，休闲体育产业系统各要素集中分布在主要的交通轴线上，并形成以南宁市中心为产业核心区，向各个不同的方向扩散延伸的态势和特征。并提出以城市群（城市圈、城市带）为载体，推动国内旅游合作发展，首先要加快与"泛珠江三角洲地区"的休闲体育产业合作，其次要加强与大西南六省区及周边省市区的联动发展，发展南宁休闲体育产业，以带动区内其他地区联动发展。以李建明为代表的湖北体育旅游研究已较为成熟，提出湖北体育旅游经济圈主要由重点体育景点（景区）、中心城市和交通体系构成。构建湖北体育旅游经济圈，必须依托具有发展条件的线状基础设施轴线（公路、铁路、水运、航空等主要通道），由轴线地带动区域中心城市，向发展条件稍弱的次级城市扩散，逐步辐射到整个区域范围，从而形成"点—轴—圈"三级区域体育旅游经济体。同时，通过大力发展具有超前拉动特征的体育旅游业，形成区域经济发展的增长极，充分发挥其扩散和连带效应，从而促进体育旅游经济圈的发展。康志辉指出体育竞赛表演业作为现代区域经济发展和体育事业发展的一种重要产业，也基本遵循区域发展的"点—轴"渐进扩散规律。并对浙江省体育竞赛表演业进行了研究，提出了浙江区域体育竞赛表演业"点—轴系统"机制的形成主要靠政府支持、便利的交通、基础体育设施建设、各种体育赛事等方面，同时根据浙江现状制定出以宁波、杭州为中心的八条轴线。

从上述研究来看，城市圈已在经济、旅游开发中有很多成功的案例，在体育领域的城市群研究也不缺乏，但还不成熟。首先从理论基础来看，城市圈理论是一个复杂的系统，并不是简单的一个增长极理论就能说明的，所以在城市圈模式下建立城市圈考虑的问题应更加全面。其次，在体育界对于城市群空间结构的认识还有不足之处，理论还欠完善。一个学科嫁接到另一学科中应当有本学科的特点，而在目前的研究中，看到的多是经济学的原理论，却没见体育的影子，体育领域中城市圈研究有待进一步探讨。

五　小结

（一）研究成果的优点分析

通过对上述文献的分析，区域发展战略理论在体育领域中的运用存在以下优点：

第一，意识到了借鉴区域发展理论对发展体育事业的作用，并运用事实验证了体育中存在区域发展的特点。在目前的研究中，学者大都列举大量事实说明体育中存在着非均衡、梯度发展、协调发展、城市圈现象，并认为运用这些理论能够更好地指导体育的发展。这些研究成果给我们接下来的研究开阔了思路，说明了这些理论对体育发展的重要性。

第二，在区域发展理论与体育的结合中已经产生了一些体育的元素。在目前的研究中，研究者越来越重视对原有理论的探讨，挖掘出区域理论与体育的共性，例如李建明等人就尝试对体育中的"点—轴—圈"进行解释。无论探讨的结果是否与现实接近，但这些成果对今后的研究都有一定的启发。

第三，区域发展理论与体育实践很好地结合分析，对体育规划产生了一定的借鉴意义。在目前的研究中，有很多研究者运用非均衡、梯度推进、城市圈等理论，对具体地区的体育旅游、体育产业、竞技体育、群众体育等方面的发展问题进行具体规划，这是一个比较大的突破，为今后体育发展战略的制定提供了很好的借鉴。

（二）研究成果存在的问题分析

通过对上述文献的分析，区域发展战略理论在体育领域中的运用存在以下问题：

第一，对区域发展理论的认识还不够充分。在前面进行的探讨中，体育中的理论分析与区域中发展理论还有很大的差距。区域发展理论进入体育领域的研究还处于初步阶段，两门学科的结合需要一定的磨合。体育研究者对其的认识也还处于初步阶段，区域领域中非均衡发展、协调发展、城市群发展理论都是一个理论体系，由多个理论组成，而在目前的体育研究中，很多学者并未对区域理论进行系统的分析，认识还不够全面。

第二，与体育相结合的体育区域理论体系并未形成。体育界对于纯体育发展战略理论探讨很少，多是对于现象的总结和一个理论体系中的几种理论的应用研究。目前的研究对于现象的总结占研究成果的很大比例，涉及原理论的探讨很少；在应用研究方面，多为理论的直接介绍，深入探讨的较少，几乎没有形成体育自身的理论。

第三，在理论应用方面，并未找出区域理论的连接点。目前的运用多有些牵强，缺少区域理论运用到体育中的过渡阶段。在目前的研究中，理论的应用仅是照搬区域中的原有理论，并未对其进行探讨，区域发展中的理论为什么适应体育事业，该如何进入体育事业的发展，具体该如何应用去合理地规划，这些在目前的体育研究中都还比较缺乏。并且在应用时，体育自身的发展特点很少在理论中体现。

第三节　发展战略的基本构成

最本质地理解战略的组成部分至少有三个要素必须明确，即主体、目标与途径。战略目标直接服务于主体，战略途径则通过实现战略目标而间接服务于主体，因此说，战略目标代表着主体的根本，战略途径的选择必定要以战略目标为重要导向。

一　战略主体

战略主体的最高代表即决策层，战略主体可以是单个的人，但更多的是一种组织、一种团体，比如企业、国家。他们通常是被视为战略主体的直接负责者，他们必须为战略的实施而肩负主要责任。什么是合理的战略呢？即有明确战略主体，确定清晰的战略目标，选择达成这种目标的最佳途径，并努力使战略目标与战略途径之间保持一致性。一个战略方案在主体的实施过程中不能做到目标与途径之间的一致性，那就是一个失败的战略。

二　战略目标

战略必定要具备明确的目标，目标是对于主体利益的表述。目标性正是战略的指南针，因为主体只有在目标对象的激励或引导中才能有愿望与决心去完成这一目标。有了明确的目标，那么就可以驱使主体投入全部精力去奋进，避免走弯路，避免迷茫和随波逐流。一种明晰的战略目标将会使主体拥有方向感而不至于半途而废。战略所要达成的目标，必定是要优于主体现状或者说至少是不同于主体现状，也就是说战略主体所要做的，就是要通过它所实施的战略来改变现状使其达到战略目标所设定的状态。对于现状的改变，往往需要创造新条件，为战略目标的实现作必要的准备，即创造什么样的条件要最终服从于战略目标。

目标是有层级的：小目标服从于大目标，分目标归属于总目标。目标并非总是单一的，而如果目标是由一系列彼此相连的目标所构成，那么，就必定会有直接目标与间接目标或者最终目标的区分。战略的每一层级都有其相对应的直接目标，然而相比较而言，上一级目标常常会成为下层战略所追求的间接目标，而下一级目标则相应地又成为高层目标的间接手段。而最高目标则成为所有层级战略所追求的终极目标，最低目标相应地是最基本的战略手段。

三　战略途径

战略途径即为达成战略目标的方式及手段。成功的关键在于找到一条最适合的方式而使主体全力以赴地为达成目标而创造出一切适宜的条件。战略不是谋略，因为谋略只不过是最高层次的战术，是从属于战略途径的，是主体达成目标过程中所直接采用的方式。

四　战略的特性

战略的特性：总体性，连续性与一致性。总体性，涉及战略主体的方方面面，并将这些所涉及的一切方面统一纳入到一个整体框架之中。连续性，是说战略实施需要量化为不同的阶段，当然也可以理解为在时间上的延续。一致性，即战略目标与主体的行动方针之间保持一致，前者为后者的根本指向。由于战略目标通常都是比较稳定的，属于一种相对静态的部分，而行动方针则相应地属于动态事务，因此，战略的实施大都集中于行动方针之中。

五　战略的要义

战略过程中必定充满着诸多不确定因素，然而，战略的选择之一就是要规避、消除和改造那些不确定因素以便为我所用，而非一味地顺从和适应。战略的要义：首先在于，手段服从于目的，为达成目的而能够灵活运用各种手段；其次在于，手段的选择又是以不损害目的的根本实现为准则的；最后在于，目的直接服务于主体，主体是手段与目的及其相互间一切关系行为的终极归宿。这三位一体的交集正是战略的意义所在。

战略是解决主体、目标与途径三者之间整体关系的根本框架。很明显，途径的方向性是由目标所赋予的。战略的重点可能集中于一或几个方面，但是，战略却绝非是由这三个方面所简单构成的。战略不仅仅关注如何进展，更关注向何处进展。

战略本身即是一个三位一体的框架整体：战略主体、战略目标以及战略主体为达成战略目标而采用的战略途径。其中，战略主体要占据主导地位，整个战略的根本目的即是为主体服务，而主体则是亲自率领队伍执行战略；战略目标是为主体所设定的理想境地，这种理想境地必定要优于现实的处境，同时这种理想的战略目标境地又激发战略主体为之而奋进；而战略途径则是一种纯粹的实践过程，这种实践过程带有明确的方向性，那就是直接通达于战略目标，而战略主体则正是这种途径的实践者。

第四节　区域体育发展战略构建

一　区域体育发展战略制定依据的原则

（一）客观性

客观性即在区域体育发展战略制定时应立足于各区域的实际情况，准确掌握东、中、西、东北四大区域体育事业发展的现状，现有的体育资源以及可开发资源、社会环境、经济状况等，并对其进行客观的分析，夸大或是贬低都将不利于各个区域体育事业的发展。夸大，所制定的战略依据现实情况不可能达到，容易让人们对体育事业的发展失去信心；贬低，会使区域体育资源的潜力得不到充分的挖掘，造成资源的浪费。

（二）可行性

可行性即所制定的各个区域体育事业发展战略能够得到很好的执行。一个再完美的战略，如果不可执行，也只等于废纸，没有任何意义。区域体育事业发展战略制定的可行性是建立在客观性基础上的，客观实际的分析是制定出可行战略的基础，与此同时在战略制定的其他环节也应考虑到所需条件的方方面面是否在实际上实力与潜力相符，以确保所制定出的战略为切实可行的。

（三）可验证性

区域体育发展战略作为一项有具体目标的实施项目，其结果应是可验证的。一方面是为了检验实施的效果，另一方面更是作为一种战略反馈，为未来战略的制定打好基础。例如，我国每五年制定的体育事业发展规划，在前期都有对前一个五年计划的反思，在制定规划时均有具体的标准能够验证是否与战略相违背，完成了规划中的哪些任务，达到了具体的哪种程度。本文制定的区域体育事业发展战略也应落实战略的可验证性，即在各个区域体育事业发展战略制定时要制定出其相对指标与绝对指标，以便后期对所制定的战略进行验证反馈。

二　区域体育发展战略的主体

根据中国国情，区域体育战略的主体是区域内的各级政府，因为任何个体和单一部门都不可能驾驭一个地区的体育规划，也不可能带领大家执行区域战略的完成。区域体育发展战略规划是协调区域体育发展各个方面具体行动的总体谋划。发展思路要服从于国家建设体育强国的总体规划。

国家体育发展战略的目标在 2008 年北京奥运会、残奥会的成功举办时就已形成。胡锦涛总书记在北京奥运会、残奥会总结表彰大会上的讲话中明确提出了"推动我国由体育大国向体育强国迈进"的奋斗目标①，这一目标的提出为新时期体育工作指明了前进的方向。随着这一目标的提出，争议也随之而来，对体育强国定义、何为之"强"、怎么"强"成为

---

① 胡锦涛：《在北京奥运会、残奥会总结表彰大会上的讲话》，新华网，2008 年 9 月 29 日电，http：//news. xinhuanet. com/newscenter/2008—09/29/content_ 10133226. htm。

争论的热点。本书中认为体育强国是一个相对的概念，是一个比较的概念，是对一个国家体育发展总体规模与实力的定性化评价。"体育强国目标"作为我国区域体育发展战略的总体发展思路，具体为通过区域之间群众体育的均衡发展、竞技体育项目实力的协调发展、体育产业的稳步发展来共同实现区域体育的可持续发展。

三　区域体育发展战略的目标

建设体育强国要求我们应当具有更广阔的视野，区域体育的研究更应当在对体育强国内涵深刻、全面理解的基础上，制定其发展战略目标。

战略目标是战略制定者希望在战略的期限内通过对区域内部体育资源的优化和合理利用，促使体育事业发展达到预期的目标和状态。国家和各地区制定战略方针，确定战略部署和战略措施，都是为了实现这个预设的目标，战略目标是区域体育发展战略的核心，而且需要通过一定的指标来体现。竞技体育指标包括奥运会、亚运会、全运会的成绩，后备人才情况，承办国内大型综合性比赛的条件和能力。群众体育指标包括先进区镇的数量，特色项目和各类运动会成绩，体育人口，人均场地，体质水平。体育产业指标包括竞赛市场盈利、体育彩票销售总额、国内外体育产业品牌、场馆利用率、体育产业占 GDP 的份额。这些都构成了区域体育发展战略目标所必须实现的指标体系。由上述可知，在进行区域体育发展战略总体轮廓设计之前，必须首先决定区域体育发展的总体目标，要与体育强国的目标保持一致。如果战略目标不明确，区域体育发展将失去激励的方向而变得漫无目的。

区域目标要符合战略原则，就要有一个明确的区域体育发展的战略定位。区域体育发展战略定位是根据区域经济发展的现实水平和基础，通过分析区域体育发展所具备的条件，所处的环境，分析区域在全国或地域分工中的作用和地位，是对区域体育发展在国家、大区，甚至国际发展中所占据的地位、所起的作用、所承担的功能的准确判断和勾画。准确的战略定位可以使指导战略顺利制定，提高战略实施的效率；如果战略定位不准确，其制定的发展战略就会走形。例如，竞技体育发展在全国始终保持领先态势的东北老工业基地，根据地区人文、地理等环境特点，将积极培养精英体育人才，构建奥运体育人才输送的生产线作为其战略定位，清晰的战略定位加快了东北三省体育事业发展的步伐。

四　区域体育发展战略的措施

战略措施是实现战略目标的步骤和途径，是实施战略的手段，是战略目标得以一步一步落实的前提。体育战略措施包括实施战略的体育决策机构、体育资源分配、专项资金的投放、先进技术的利用、政治经济政策的运用以及对体育发展的控制、激励协调等手段和途径。因此，战略措施的制定一定要全面、到位，缺少一个环节，整个战略的实施就可能受阻，战略目标就不能顺利实现。在经济比较发达的东部地区，其体育战略更加关注竞技体育、群众体育、体育产业这几方面的协调均衡发展，在紧抓竞技体育优势项目的同时，积极进行全民健身运动的开展和体育市场的培育。而在经济相对落后的西部地区，如何利用有限的资源促进当地体育事业的腾飞，缩小东西部地区体育发展的差距成为了战略措施的重要内容之一。

战略措施的制定要是能配合以一定的战略方针就更好。战略方针也就是战略指导思想，它是指制定体育发展战略时必须遵循的各项宏观方针政策，是编制区域体育发展战略的行动指南，在区域体育发展战略中起着高层次的"导航"作用。战略方针是实现体育发展战略而采取的发展方式的理论概括，它既要体现战略意图和战略思路，又要在分析和判断区域体育发展所面临的各种现实问题的基础上，反映区情的客观要求，它在战略目标和区域现实之间架起了一条可以通达的桥梁。以全民健身为主要内容的群众体育和以奥运会为最高层次、以训练竞赛为主要手段的竞技体育相互促进，协调发展，是体育强国的战略要求。在这一要求的指引下，结合各地区实际情况形成了区域体育发展战略的指导思想。如上海市围绕经济建设这个中心，确定了"五个服务"的体育发展指导思想。第一，开展全民健身活动，为增强市民身体素质服务；第二，提高运动技术水平，为振奋民族精神服务；第三，丰富市民的健身娱乐生活，为精神文明建设服务；第四，举办和参加国内外大赛，为改革开放服务；第五，发展体育经济，为再就业工程服务。① 这些宏观的指导思想都为区域体育战略的具体

---

① 《上海市体育局关于印发上海市体育发展十一五规划》，http://www.docin.com/p—242643954.html。

落实指明了方向。

　　战略措施中确定区域体育发展的战略重点会更加有利于执行战略。战略重点是根据区域体育各项条件和发展方向而确定的重点培育和扶持的地区群众体育形式，主导项目及体育市场等，是为了实现战略目标而寻找的战略突破口，是关系到区域体育发展战略成败的关键性工作。选择战略重点，可以集中投入、集中建设，以带动全区域体育的发展。其中，以举国体制下的区域竞技体育发展最具代表性。奥运争光计划指出："要发挥大区优势，实行重点项目区域联合，各展所长，使各大区在自己的优势项目上形成有力的拳头。"[①] 北京奥运会后我国提出，继续保持优势项目水平，培育潜优势项目，努力形成符合各自区域体育发展优势。建立与当地经济、资源优势相契合的主导项目，以主导项目来带动各区域竞技体育的全面、持续、快速发展。上述作为区域竞技体育战略重点的选择，既有利于加快实现总体战略目标，又体现了战略方针的要求，从而形成竞技体育的强势，实现了为奥运争光的愿望。

　　战略措施包括做好区域体育发展的战略部署。战略部署是根据对区域自然条件因素、地理环境因素及社会经济因素等在较长时间内互相作用所形成的区域体育发展结构和空间结构的分析，是根据对未来区内外体育发展形势的分析而进行的空间布局，是为了实现战略目标而进行的资源配置。战略部署是区域体育发展战略的空间体现和地域依托，它关系到区域体育空间的历史布局和未来布局，也关系到区域内部体育部门和地方的局部利益。以东北地区为例，竞技体育作为东北区域体育发展的龙头，在整个东北地区战略制定中起着带动作用，因此东北地区的体育发展将立足点放在了体育内部结构的调整上。在进行战略部署时，一定要根据区域体育发展的现状部署格局，结合非均衡发展理论和扩散理论，选出能够带动区域体育全面进步的具有代表性的发展模式，形成区域竞技体育、群众体育、体育产业有机结合的空间结构体系。

---

　　① 《奥运争光计划》，百度百科，http：//baike. baidu. com/view/6014185. htm。

第五节　区域体育战略

一　我国区域对比分析

我国地域辽阔，各地区的区位、资源、人口等方面都有其各自的特色，从而也导致区域经济社会发展不均衡的现象长期存在，为了更好地整合各地区资源，全面推进全国经济社会的稳定协调发展，我国政府出台了一系列重大区域规划和区域性政策文件，目前已形成了西部大开发、东北振兴、中部崛起、东部加快发展为主体的"四大板块"。体育作为上层建筑的一种，它的发展战略需要建立在经济社会发展的基础之上。故伴随着经济社会板块的固定，体育发展板块也随之稳定，亦分为东部、西部、中部、东北四大区域。在课题前部分的分析中，已对四大区域进行了分析，本节将从四大区域的区域特色对比分析入手，寻找出它们各自应承担的角色，为制定体育强国目标下的区域体育总战略做出铺垫。

表6—1是我国四大区域的自然禀赋、区位条件、人文资源、经济投入、人力资源（社会指导员、运动员、教练员）、社会环境（政府支持力、群众参与程度）的对比表。这六个方面均为体育事业发展的重要影响因素，其中自然禀赋、区位条件、人文资源是区域自身所固有的特色，是一个区域体育事业发展外部环境基础，经济投入、人力资源、社会环境是后期所施加的，是体育事业发展内部发展影响因素。通过表6—1可以看出，我国四大区域在外部环境上都有着各自的特色，互助互补，在内部发展因素上，四个区域却呈现着极不均衡的现状。

首先，对东部区域内外环境的对比分析。东部区域的外部环境较之其他区域，总体来说是最好的，有着良好的气候、自然环境，与世界连接紧密，经济、人文条件亦是四大区域之首。不足之处为，东部沿海地区人群密集，人流量大，仅有的资源并不能保证每个人均受益，故资源的缺乏是其不得不面临的问题。在内部发展影响因素中，不论从经济投入、人力资源、社会环境三个指标分析，还是从群众体育、竞技体育、体育产业现状来看，东部区域体育事业均表现出它明显的优势。表6—2的数据进一步显示了东部地区的优势现状，2009年东部地区体育财政拨款额度为110636.4万元，是东北区域的2倍、西部区域的3倍，政府援建场地投资额为 34136.4 万元，稳居各区域首位，可见其政府对体育事业以及群众体育的重视，在人力资源上，东部地区公益指导员为 63278 个，远高于其他区域，运动员和教练员数量基本在其他区域的前面。

表 6—1   四大区域体育对比表

	自然禀赋	区位条件	人文资源	体育类别	经济投入	人力资源	社会环境
东部区域	地形以平原、丘陵为主，海岸线长，水热条件配合良好，气候适宜，名山汇聚	位于亚洲大陆东沿，汇集了我国主要对外贸易的 10 个省市，占据了我国水、陆、空密集的交通网	经济发达，科技、信息等人文资源丰富，文化氛围与国际接轨，文化产业繁荣	群众体育	高	多	支持力大
				竞技体育	高	多	支持力大
				体育产业	高	多	支持力大
中部区域	地形以丘陵为主，山川、河流、湖泊星罗密布，交织纵横，气候湿润、光能充足、雨水充沛、无霜期长	位于我国中部，是连接东西部地区文化、科技、信息、产业等方面的桥梁	文化底蕴深厚，少数民族、民俗资源丰富	群众体育	中	中	支持偏弱
				竞技体育	中	中	支持力大
				体育产业	低	中	支持力大
西部区域	地形以高原、盆地、丘陵为主，水、矿产资源丰富，生态环境较为恶劣	远离海洋，深居内陆，交通较为不便	经济落后，文化形态多样，少数民族资源丰富，较之社会大环境，文化也略有落后	群众体育	中	少	支持较大
				竞技体育	低	少	支持偏弱
				体育产业	低	少	支持力大
东北区域	地形以丘陵、平原为主，森林、湿地覆盖率高，气候雨热同期，冬长夏短，气温较为寒冷	东北地区西、北、东三面环山，南邻大海，中为平原，与韩国、日本、朝鲜、俄罗斯接壤	经济、文化、教育、科研发展有一定的基础，民族文化鲜明	群众体育	低	中	支持偏弱
				竞技体育	较高	多	支持
				体育产业	低	中	支持

表6—2　　　　　　　　　区域体育事业部分指标平均数据表

区域	财政拨款额度（万元）	体育事业支出（万元）	政府援建场地投资额（万元）	政府援建场地数量（个）	公益社会指导员（个）	一二三线运动员数量（个）	一二三线教练员数量（个）
东部	110636.4	152728.2	34136.4	27226.2	63278	19222	910
中部	37697	66329	18207	8053	30257	15069	751
西部	31302	40627.5	13525.8	4257	20495	12081	385
东北	55543	73739	11005	6095	25143	14386	1002

数据来源：国家体育总局经济司，《体育事业统计年鉴》（2009）。

　　其次，中部地区的对比分析。中部区域外部环境最大特色就是地处我国中心，承接东、西部两个地区。在内部发展上，中部地区在群众体育、竞技体育、体育产业上都远低于东部地区，但受到东部地区的影响，其发展势头较之西部、东北地区更加均衡，体育事业的发展基本处于一个中等位置，没有像东北区域有特别拔尖的特色，也没有像西部地区均处于落后的位置。表6—2的数据也能更进一步说明，中部区域所处的位置注定了它的一个使命——承接东部发达地区和西部不发达地区。但从目前现状看，中部与东部地区发展差距太大，实力还远不能完成这种承接任务。

　　再次，西部地区的对比分析。西部区域地貌广阔，地形多变，气候也多样，少数民族风情浓厚，这对运动员进行特殊训练，以及体育产业的开发都有一定的优势。但西部区域身居内陆，交通欠发达，科技以及最新信息传达较慢，成为它的制约因素。从其内部发展因素来说，西部区域较之其他区域经济较为落后，体育经济投入低，但从它对群众体育设施建设的数据来看，其投入较之东部地区、东北地区都要高，可见对群众体育的重视程度。

　　最后，东北区域的对比分析。东北区域是我国最北端，冬季长，利于滑雪运动的开展，另外与多国接壤，科技信息也比较发达，东北人体质好更是体育事业发展的重要基础。在内部发展影响因素中，东北地区在竞技体育方面的经济投入、人才资源和社会环境方面都表现着较高的优势，几乎与东部区域持平，在教练员数量上，东北区域更是高过了东部区域。由此可见东北区域在这方面的优势。相比较群众体育和体育产业的发展现状两个方面，东北区域就要逊色很多，群众体育援建场地额度为全国最低，公益指导员全国倒数第 2，体育产业的开展在全国也处于落后水平，可见在战略制定时，政府对这两个方面应有所重视。

综上所述，四大区域在体育事业发展中都有各自的特色和发展现状，东部区域的整体发展最强，在各个方面都有值得其他区域借鉴的经验；中部地区自身发展平平，承接东西的使命还需在自身发展强大的基础上，逐步完成；西部地区资源丰富，适合体育产业的开展、群众体育也颇受重视；东北地区竞技体育发展的优势是值得各区域借鉴的，但其群众体育、体育产业的不足应引起重视。

从整体分析来看，我国四大区域体育事业的发展呈现着不均衡，协调不够密切的现状。不均衡体现在，四个区域体育事业发展，东部地区独占鳌头，仅有东北的竞技体育与东部区域相差不远，其他方面中、西、东北区域都与之相差甚远，在这其中，西部差距最大。不协调体现在，四个区域交流不够密切，东部地区发展迅速并未拉动其他区域的发展，四大区域之间差距更大。此外四个资源流动小，西部地区丰富的资源并未得到很好的开发，各区域的特色没有充分地发挥。

二　区域体育发展战略

本课题研究在区域层面给出中观战略思想，即基于区域之间的区别和内部的共性确定区域体育发展战略的框架，以求对各区域内省政府对体育战略的制定和修正给予一定的理论指导。通过上述分析，我国区域体育发展仍然存在着诸多的问题，如何从现有的发展水平、差异化的现实基础出发，在各区域体育发展的战略选择上立足差异、各有侧重，相互补充，弥补和解决区域体育发展问题，成为研究者亟待解决的问题。本文重点围绕"区域发展的不平衡与区域之间发展不协调"的区域体育发展问题，结合区域发展战略理论，提出以下战略模式。

（一）我国区域体育发展战略的主体

我国区域战略发展需要立足于省级区划之中，体育事业的发展必须纳入全省经济社会发展规划之中，而且，要作为省级行政工作不容忽视的一个方面来确定目标和措施，省级政府有责任和义务保证体育战略的有效实施以完成其战略目标。省级战略主体制定战略要充分认识国家体育战略的本质和内容。

根据我国体育事业发展的现状态势，未来 5 年我国体育事业发展的总目标是：根据国家"十二五"总体部署和建设体育强国的任务要求，进一步夯实体育发展的社会基础，深化改革，加快发展，提升中国体育发展的水平和效益，改善发展结构和质量，促进体育事业又好又快发展，为体育强国建设奠定坚实基础。加快完善公共体育服务体系，提高公共体育服务水平，切实提高全民族的身体素质和健康水平，促进我国群众体育发展迈上新台阶。继续保持在奥运会等国际大赛中排名前列，改善项目发展结构和布局，巩固和提高我国竞技体育的整体水平和国际竞争力，推进竞赛体制改革，完善后备人才培养体系，增强竞技体育可持续发展能力。扩大规模，优化结构，提高质量和效益，增强体育产业创新能力，推动建立和完善具有中国特色的体育产业体系，促进体育产业快速发展。不断深化改革，完善运行机制，努力提升体育科技、体育教育、体育法制、人才培养、行业作风、体育外事、体育宣传等工作水平，促进中国体育管理的科学化、法治化、现代化。

（二）我国区域体育发展战略的目标

1. 东部体育强国目标

基于东部社会经济总体发展水平和速度，东部体育事业要以年均 7%左右的增长速度实现区域内部由非均衡到均衡发展的过渡；在区域之间率先发挥体育资源优势，向中西部释放扩散效应。在竞技体育上，通过对东部地区竞技体育项群优势的培育，使项目优势得以扩大化，提升部分落后省市的竞技体育夺金实力，在保证原有夺金项目的基础上，增加竞技体育的夺金点。充分展示东部体育在综合实力上的优势；在群众体育上，通过城市群的影响，借助区位环境优势大力开展健身活动，以群众体育精品活动效应带动省域城市之间的居民健身水平，加强健身设施投入，加强群众体育活动的组织与管理，加快提升东部区域的群众体育发展；在体育产业上，以体育用品制造业为基础，大力发展体育旅游业、体育竞赛表演业，发挥地区经济、科技、人才优势生产具有自主品牌的体育制造业，逐步实现东部区域体育产业全面稳定的发展。

2. 东北地区体育强国目标

东北地区较东部地区发展相对落后，无论经济发展还是体育事业，都要以相应高的发展速度来迅速提升，以 10% 的年均增长速度，争取在几年内接近东部地区体育发展水平，使区域内部自身性发展向区域开放性发展，初步建立体育事业区域一体化平台。实现综合实力的快速提升。在竞技成绩上，保证原有夺金项目，增加竞技体育的夺金点；群众体育通过城市群的影响，改变居民的锻炼观念，加强设施投入，使群众体育整体得到提升；体育产业，以冰雪产业为基础，境外体育为突破，利用赛事，开展体育旅游，构建符合地方特色的完整体育产业运行体系与管理体系，逐步实现东北区域体育产业全面发展。

3. 中部地区体育强国目标

中部区域在经济政治社会各个方面都有着传承的纽带作用，以 8% 的年均增长速度，使整体区域体育水平逐渐跃上不同的台阶，凭借特有的区域中华文化特色项目的弘扬和扩散，让武术等体育活动同健康时尚的生活方式完美结合，使中部地区群众体育广泛开展，促进和带动体育产业的发展，从而使竞技体育实现新的突破，使体育综合实力显著提高，通过尝试建立区域合作化平台，加强中部 6 省省域、城市群、极核城市之间的相互协作，促使中部地区整体体育事业竞争力的逐步提高，通过这种区域整体的提高反作用于每个省域体育事业的发展，最终推动中部省域体育事业的全面发展。同时，肩负起对西部地区的带动和扩散使命。

4. 西部地区体育强国目标

西部地区虽然相对落后，但是已被国家列在西部大开发的蓝图之下，所以西部地区在现有基础上应该以更快的速度获得新的发展态势。在相对落后的基础上要以更快的速度发展，10% 的年均增长速度是有利于西部尽快迎头赶上的。西部在竞技体育上要突出亮点项目，在群众体育方面结合城市化进程跟进式发展，在体育产业上按体育项目的地区特色提供相应的体育设施和设备，使西部体育强市等多地体现地域特色和浓郁的民族文化风格，接纳东部中部传递的优势体育资源，在互惠互利中使得自身获得新生。

（三）我国区域体育发展战略的措施

1. 第一阶段：区域内部城市群发展模式

城市群是指以经济比较发达并具有较强城市功能的中心城市为核心，

同其有经济内在联系和地域相邻的若干周边城镇所覆盖的区域组成的，其经济吸引和经济辐射能力能够达到并能促进相应地区经济发展的最大地域范围。

区域体育城市群发展战略是指城市群中的城市与城市之间联系密切，大城市不论是在体育事业发展的观念上还是发展的现状上都影响着周围城市的发展，特别是在几个大城市连接的情况下，这种扩散机制将更加明显，这样将更快地带动城市群内一些不发达城市，当整个城市群在体育事业的发展上均优于周围其他城市时，所能辐射的范围将会进一步扩大，所具有的影响作用也将更为深入。如图6—1所示。

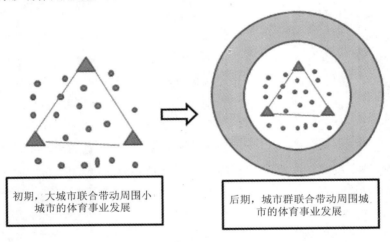

初期，大城市联合带动周围小城市的体育事业发展

后期，城市群联合带动周围城市的体育事业发展

图6—1   区域体育城市群模式

表6—3   我国城市群分布表

区域	城市群
东部区域	长三角、珠三角、首都、济南城市群
中部区域	长株潭城市圈、武汉城市圈、中原城市圈
西部区域	成渝城市群、关中城市群、呼包鄂城市群、南宁城市群、滇中城市群、兰州城市群、拉萨城市群、银川城市群
东北区域	辽中南城市群、哈大齐城市群、长吉城市群

2. 第二阶段：区域之间由东向西推进的梯度发展模式

我国整体经济发展的空间模式为梯度发展模式，从前面的分析中也可以看出，我国体育事业呈现东部发展迅速，东北独具特色，中部发展平平，西部落后的区域不均衡发展现状，整体实力是由东向西递减的状态。梯度发展模式认为每一个国家、每一个地区在某一时期总是处在一定的经济发展梯度上，每一种新技术、产品都会随着时间的推移由高梯度区向低梯度区传递。随着经济的发展，推移速度的加快，就可以逐步缩小区域间的差距。

我国体育事业梯度发展模式战略是在经济梯度发展模式的基础上形成的，但是由于我国东、西部差距大，而且中部地区体育事业整体实力还不够，造成"传递"的功能较弱，所以在区域体育梯度发展中，东部地区不仅仅要承担向中部、东北地区扩散，还应在体育事业发展的某一方面直接与西部对话，更加直接地影响西部，加速西部的发展速度。东北地区有其独特的特色，但其整个体育事业发展还有很多欠缺的地方，需要借鉴东部的发展理念和模式等，而且东北地区连接西部，所以在我国体育事业梯度发展模式中，它具有承接东西的使命。另外，西部地区有丰厚的体育自然文化资源，当西部地区在这一方面挖掘比较充分时，西部地区有可能对东、中、东北地区实现反梯度，影响其他三个区域体育事业的某项发展。

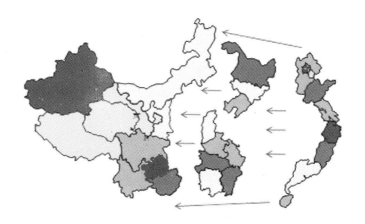

图6—2　区域体育发展战略——梯度推进图

3. 第三阶段：区域联合的均衡发展模式

区域均衡发展是区域内部的和谐及区域外部的共生。即区域均衡发展是内在性、整体性、综合性的发展聚合内部形成一个有机的整体，并相互促进、相互协同；与区域外部融洽关系，形成优势互补、整体联动可持续发展的格局，从而达到一种区域内外部高度和谐的协调发展高级阶段。根据相应的经济发展阶段可分为初级、中级、高级阶段。即区域经济发展早期和水平较低阶段，协调重在区域内部各要素的良性相互关系，主要目的是区域发展差异的缩小。经济发展具备一定的基础，区域协调强调相同或不同层次和规模经济行为主体之间的良好协作，注重区域与外部的联系、合作与协调。高级阶段，目的是达到区域内部的和谐及与外部区域的共生。我国区域体育协调发展模式如图6—3所示。

在区域体育协调发展初期，各区域应该充分巩固自身的优势，例如：西部发挥人文优势，东北发挥人才优势，东部发挥人文经济优势，同时充分认识自己已有的不足进行协调弥补，缩小区域间的体育事业差距。

区域体育协调发展中期，应以"协调"为主，各个区域之间相互交流、协作，利用其他区域的优势弥补自身所欠缺的，形成良性竞争环境。

区域体育协调发展高级阶段，应发展为不论是区域内部还是区域之间，都形成和谐共生的局面。

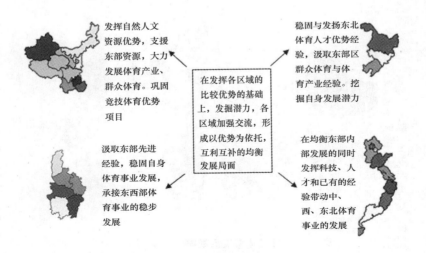

图6—3 区域体育均衡发展示意图

区域体育发展战略概括为：在未来十年里，根据区域自然禀赋和社会经济发展总体条件，在竞技体育、群众体育、体育产业几个方面合理配置资源，提升综合体育实力，通过区域内的城市群扩散效应、区域之间的梯度推进效应、区域联合的均衡发展模式等途径，改变和提升体育发展现状，积极促进体育强国目标的实现。

第六节　区域体育发展战略研究创新

首次以区域经济学资源优化配置的理论方法来规划区域体育战略。对不平衡理论在资源有限情况下区域体育强国建设中的作用给予充分肯定，并将其作为初级阶段的主导发展思想，将平衡理论运用于高级阶段的区域发展战略的主导思想。比较系统地结合区域自然资源禀赋和经济发展阶段提出区域经济发展多种模式的具体应用。这些创新之处是本课题具有独特的研究特色和特立独行的研究视角。但就区域经济学理论所设定的各种假设，本课题研究中只就一般实际条件而论，并未做出明确规定和严谨的逻辑限定，即本课题研究侧重在战略思维的创新，是对区域经济理论的应用，而不是理论方法的创新。

主要参考文献

［1］王素娟：《西方区域经济理论综述》，《赤峰学院学报》（自然科学版）2009 年第 9 期。

［2］王万鹏：《西方区域经济理论综述》，《合作经济与科技》2010 年第 4 期。

［3］赵欣：《西方区域经济理论综述》，《内蒙古民族大学学报》2010 年第 6 期。

［4］魏红立：《区域经济协调发展国内外研究综述》，《现代商业》2010 年第 8 期。

［5］卢子玉：《区域经济一体化国内外研究综述》，《学校党建与思想教育》2010 年第 30 期。

［6］聂华林：《区域发展战略学》，中国社会科学出版社 2006 年版。

［7］邹月辉、于文谦：《对我国竞技体育发展中非均衡现象的分析》，《武汉体育学院学报》2007 年第 5 期。

［8］金育强、黄玉珍、胡科：《非均衡发展理论与中国体育非均衡发展实践》，《北京体育大学学报》2007 年第 12 期。

［9］高鸿辉：《我国全运区域竞技实力发展的非均衡历程与对策》，《武汉体育学院学报》2008 年第 6 期。

［10］韩佐生、张鸽、李鹏、杨兰生：《社会主义初级阶段我国地区间体育发展不平衡成因剖析》，《哈尔滨体育学院学报》1999 年第 4 期。

［11］童莹娟：《我国东部各省市体育产业发展的社会经济外环境的比较研究》，《浙江大学学报》2001 年第 2 期。

［12］林向阳：《我国区域体育协调与共同发展的理论研究》，《首都体育学院学报》2004 年第 4 期。

［13］刘玉：《辽宁省区域竞技体育协调发展研究》，辽宁师范大学硕士学位论文，2009 年。

［14］刘志杰：《我国竞技体育水平区域性差异梯度分析与研究》，《南京师范大学学报》2008 年第 1 期。

［15］王平：《世界体育产业发展趋势及我国体育产业发展思路探讨》，中国社会科学院研究生院硕士学位论文，2003 年。

［16］卢金逵、倪刚、熊建萍：《区域体育产业竞争力评价与实证研究》，《体育科学》2009 年第 6 期。

［17］李卫：《中国竞技体育区域发展的理论与实证研究》，北京体育大学，2001 年。

［18］钟华、窦淑慧、路泽全：《长三角区域体育旅游资源开发一体化研究》，《体育成人教育学刊》2009 年第 2 期。

［19］刘佳、朱罗敬、胡玉华：《长株潭城市群的体育旅游资源开发研究》，《中南林业科技学院学报》2009 年第 5 期。

［20］张文桥：《构建"环磁湖体育圈"的基本思路和发展战略研究》，《产业探讨》2008 年第 2 期。

［21］王苗永、金开云：《全民健身大联动国内首创，江浙沪欲画"长三角体育圈"》，《中国体育报》2004 年第 1 期。

［22］杨德云：《广西北部湾经济区休闲体育产业区域整合研究》，广西师范大学硕士学位论文，2009 年。

［23］李建明：《湖北体育旅游经济圈的构建基础及战略选择》，《湖北体育科技》2008 年第 5 期。

［24］康志辉、陆亨伯：《"点—轴"理论及其在浙江省体育竞赛表演业空间结构中的应用》，第二届全国体育产业学术会议，2008 年。

第七章 我国区域体育发展战略构建

上一章已从区域经济理论的专业视角详尽论述了区域体育发展战略的构成要素（原则、主体、目标、措施），结合我国四大区域自然资源禀赋和经济发展阶段，基于区域之间的区别和内部的共性确定区域体育发展战略的框架，提出了多种发展模式在我国区域体育整体发展中的分阶段性应用。如果说上一章关注的是我国四大区域间体育发展战略的宏观层面，本部分将着力于中观层面研究，即基于我国四大区域体育发展的优势和潜力分析，结合区域体育发展战略理论的研究成果，从我国区域经济发展政策的历史演进出发，探讨经济发展政策对我国区域体育发展战略生成的影响，并分别从战略思想、战略依据、战略目标、战略措施四方面构建我国四大区域体育发展战略。

第一节 我国区域体育发展战略构建的中观理论视角

一 我国区域经济发展政策的历史导向及其对区域体育发展产生的影响

区域经济发展政策体现了政府对区域经济发展的差异性决策、干预和管理，是政府干预区域经济、规范区域经济主体的经济行为，诱导和保证区域经济按既定目标发展的重要手段。新中国成立以来，我国的区域经济发展格局和空间结构发生重大变化，区域经济发展政策也经历了从均衡发展到非均衡发展，再到协调发展的过程。新中国成立之初，我国地区经济发展水平极不平衡，各地区民众的生活水平也存在着极大差异。同时地区产业之间形不成有机联系，不利于全国经济的协调发展。中央政府做出了"重工业优先发展"的经济发展战略，并采取了中央集权的计划经济管理体制，对全国生产性要素和消费性要素进行宏观调控，这种经济举措和管理体制平衡了我国地区间的生产力，加速了内地的经济发展，缩小了长期以来存在的地区间差距。但是，由于中西部地区的自然环境和经济基础较差，投资回报率明显低于经济基础和人力资源都占优势的沿海地区。在公平和效率的选择上，当时的区域经济政策主要侧重于公平，而以牺牲效率为代价。在这一均衡发展的历史背景下，体育被视为国家的一项事业工作，与其他各项国家工作一样，由国家统一计划、实施和管理，并以"开展群众体育，提高国民身体素质"为基本工作，地区间的体育发展水平不存在较大的差异。以兴建体育设施为例，从我国五六十年代的体育年鉴中我们可以发现：当时为了"提倡国民体育"，建设经费由国家划拨，在公共娱乐场所，恢复与建设体育场所，并逐渐充实各种体育设备。鉴于当时的国力水平，国家在兴建体育场馆上遵循"因陋就简，土洋结合"的原则，以维护管理现有场地为主，在新建体育场馆上采取十分谨慎的态度。经济发展政策中公平优先的原则在体育领域得到了充分的体现，但这种公平只是基于当时国力现实的低水平地区体育发展的均等化。

党的十一届三中全会以来，中央制定并实施了新的区域经济政策，舍弃了牺牲效率的"平均主义"战略，采取了以效率为中心的非均衡发展战略，希望充分利用各地优势，让一部分地区先发展起来，迅速提高国家的整体经济实力。自此，我国的区域经济政策发生了重大转变，采取了以效率为中心，向东部地区倾斜的非均衡发展政策，即由东向西的梯度推进区域经济政策。这些政策的实施，极大地促进了东部沿海地区经济的快速增长，从整体上提高了我国的综合经济实力。然而，中、西部地带经济发展明显减慢，东西部地区的经济差距迅速拉大，在经济上造成了一定的不平衡。地区经济发展的不平衡对地区体育发展产生了直接的影响，主要表现在地区经济总量决定地区竞技体育的发展水平，而地区居民消费水平决定地区群众体育的发展水平，本课题已在第三章就这两对关系进行了统计上的检验。与西方以市民社会为基础所产生的市场经济体制不同，我国的社会主义市场经济经历了由上至下的构建路径，地方政府不断获得地区经济发展激励。因此，虽然可能存在地区专业化的客观事实阻碍区域合作的实现，但出于政府部门的地方保护主义则是区域经济发展分割严重的根源。囿于经济社会发展现实中的地区体育自然难脱地方保护主义的现实选择，且由于体育系统长期存在的封闭性和功利性而使得这一特征格外显著。以我国省域竞技体育发展为例：省域竞技体育对地方政府的依赖性依然较强，主要表现为地方政府在省域竞技体育的经费投入、人员编制、场地设施等资源的分配上依然占据着主导地位。特别是经济大省、经济强省，地方政府一直对省域竞技体育的发展保持着高度的热情和持续的关注。山东、广东、辽宁、上海、江苏 5 省市在十一届全运会上占据了46% 的奖牌。其十一运奖牌总数、2008 年地区生产总值、竞技体育经费投入、优秀运动队在队运动员数、体育系统体育场馆数及上述指标在全国的排名情况如表 7—1 所示。

表 7—1　　　　　　　　　五省市指标统计及排名情况

省市区	十一运奖牌 总数 （枚）	2008 年地区 生产总值 （亿元）	竞技体育 经费投入 （万元）	优秀运动队在 队运动员数 （人）	体育系统体育 场馆数 （个）
山东	153.0/1	31072.06/2	27476.40/5	1532/1	21/14
广东	130.0/2	35696.46/1	42261.10/2	1186/4	74/2
辽宁	127.0/3	13461.57/8	18813.20/7	1353/2	31/7
上海	121.5/4	13698.15/7	34230.20/4	1013/7	60/3
江苏	121.5/4	30312.61/3	66101.60/1	1307/3	75/1

由表 7—1 可知，处于竞技体育第一集团的 5 个省市，其地区生产总值均位列全国前十，省域经济总体实力较强。在体现地方政府对竞技体育财力支持的竞技体育经费投入指标上，除辽宁位于第七外，其余 4 个省市均位列前五；在体现地方政府对竞技体育人力支持的优秀运动队在队运动员数指标上，除上海位于第七外，其余 4 个省市均位列前五；在体现地方政府对竞技体育物力支持的体育系统体育场馆数指标上，辽宁、山东两省在全国处于中等偏上的位置，江苏、广东、上海 3 个省市则占据了国内三甲。上述 3 项指标均是政府占主导权的指标，分别体现了地方政府给予竞技体育发展的财力、人力和物力的支持，充分反映了地方政府对省域竞技体育发展的干预。5 省市在上述指标的表现则较充分说明了省域竞技体育的发展囿于省域经济的整体实力，地方政府是省域竞技体育发展的主要推

动者。与群众体育相较，竞技体育以其较强的外显性更易引起地方政府的关注，它以"体育搭台，经济唱戏"的形式，为地方政府通过行政手段对地方经济从整体上进行干预和控制提供了有利契机。因此，我们在看到经济大省、经济强省为我国输送了大量优秀的竞技体育人才的同时，还应思考造成我国竞技体育发展水平省域差距巨大的根源。而要实现区域体育的协调发展，就必须从此根源着手，使地方政府获得区域体育合作发展的激励。

二　基于兼顾效率与公平的协调发展战略下的我国区域体育发展战略的生成

20世纪90年代以后，我国东部地区的经济增长潜力开始出现边际效益递减，经济增长成本迅速上升的情况。同时，非均衡发展带来区域差异扩大，致使各种社会矛盾和问题日益突出，对国民经济的健康稳定发展产生了影响。我国的区域发展政策开始了新的调整，即兼顾效率与公平的协调发展战略。协调发展战略更加强调各区域公共服务的均等化和控制居民收入水平差距；更加强调经济社会发展与人口资源环境在空间上的协调；更加强调按照市场规律，促进人口和生产要素向优势地区集中，以城市群为主体形态推进城市化。区域协调发展政策的实施在我国区域经济发展领域已取得了明显的效果，同时也为我国区域体育发展战略的构建提供了新的理论视角和实施平台。

区域公共服务的均等化为我们构建区域体育发展战略提供了新的理论视角。公共体育服务均等化是政府公共服务均等化政策在体育领域的体现，它要求政府在体育发展的价值取向上做出新的选择，要求重新确立体育发展的市场主体，要求重新思考政府在体育发展中的定位和职能。可喜的是，我国已有部分学者对公共体育服务均等化问题开始了不同层面的研究工作，但对区域公共服务的均等化如何为化解我国体育发展省域行政性割裂提供理论支持尚缺乏深入的研究。本研究正是基于这一理论上的认识，为加快建立覆盖全社会的公共体育服务体系，构建我国四大区域体育发展战略，以在体育发展的公平与效率之间寻求新的平衡。在区域协调发展战略的指导下，中央确立了实施西部大开发、振兴东北老工业基地、促进中部地区崛起、鼓励东部地区发展，实现中西部地区相互促进、优势互补、共同发展的经济战略。区域经济协调发展战略为体育强国目标下区域体育发展战略的制定提供了赖以实施的经济社会平台和战略生成导向。为此，我们将从课题研究第四部分区域体育发展的优势与潜力出发，运用区域经济理论，结合区域经济发展战略背景，在战略层面构建我国区域体育发展路径。

第二节 东部地区体育发展战略的选择

一 东部区域体育事业发展的战略思想

东部地区战略思想：主要是要向深度和广度全面推进体育事业在优势资源配置下的均衡发展。改革开放以来，沿海地区经济飞速发展，经济特区、开放城市及经济技术开发区这些作为沿海地区的经济"增长极"，推动了沿海经济的外向化，提高了资金聚集程度，促进了产业结构高度化，加速了区域经济一体化。东部地区是我国改革、开放和经济发展水平最快的区域，东部区域公众的价值观念、生活方式等也发生了深刻变化。可以说，东部地区具备了体育事业快速发展的基本条件，同时，该地区的发展行为对其他地区体育事业的发展具有显著的"示范效应"。但是东部10省市之间在体育事业发展上也存在着差距和强弱之分，如何发挥东部地区优势，实现强强联合共同为体育强国目标做出更大贡献是东部区域体育事业发展的重要任务。

东部地区10省市中，京津冀地区、长江三角洲地区和珠江三角洲地区的社会经济综合发展水平较高，在体育事业发展的"外环境"方面有着显著的区位比较优势。东部区域应充分发挥现有的优势，加快区域间的协调发展，促进东部区域体育事业整体的大发展。

二 东部区域体育事业发展的战略依据、战略目标

（一）战略依据

进入21世纪，我国区域经济发展的重要特点是城市群的出现。国家"十一五"规划纲要明确指出："要把城市群作为推进城镇化的主体形态；已形成城市群发展格局的京津冀、长江三角洲、珠江三角洲等区域，要继续发挥带动和辐射作用，加强城市群内各城市的分工协作和优势互补，增

强城市群的整体竞争力；具备城市群发展条件的区域，要加强统筹规划，以特大城市和大城市为龙头，发挥中心城市作用，形成若干用地少、就业多、要素集聚能力强、人口分布合理的新城市群。"这是党和国家对促进城市化进程和区域发展的重要战略决策，对我国经济和社会发展必将产生重要而且深远的影响。

以"长三角体育圈"为例。长三角在自然地理中，是指江苏镇江以东、通扬运河以南、浙江杭州湾以北的区域，面积约 5 万平方公里，1985年辟为经济开发区。而现今我们说的"长三角经济带"，是指经济地理方面的概念，包括上海、浙江和江苏在内的 15 座中心城市、55 座中等城市、1446 个小城镇所组成的三小时都市圈。长三角体育圈，就是围绕长三角经济带 15 个城市所组成的地理范围为区域范畴，在这个区域内所发生的体育现象和体育活动，以及城市与城市间，跨行政区域的体育互动和体育合作。长三角体育圈的功能就是充分调动长三角范围内的体育资源：行政资源、自然资源、资本资源和人才资源等，把体育资源产生的社会效益和经济效益做大，形成三地良性互动的友好局面，凸显三地体育发展的特色，互相融合，共同进步，以取得体育与经济共同发展的良好局面。

（二）战略目标

竞技体育，通过对东部地区竞技体育项群优势的培育，使项目优势得以扩大化，提升部分落后省市的竞技体育夺金实力，在保证原有夺金项目的基础上，增加竞技体育的夺金点。

群众体育，通过城市群的影响，借助区位环境优势大力开展健身活动，以群众体育精品活动效应带动省域城市之间的居民健身水平，加强健身设施投入，加强群众体育活动的组织与管理，加快提升东部区域的群众体育发展。

体育产业，以体育用品制造业为基础，大力发展体育旅游业、体育竞赛表演业，发挥地区经济、科技、人才优势，生产具有自主品牌的体育用品，逐步实现东部区域体育产业全面快速发展。

三　东部区域体育事业发展的战略措施

（一）网状交织——共同提升竞技体育优势项目的核心竞争力

通过对东部地区竞技体育优势项目的研究，发现东部 10 省市竞技体育优势项目和夺金项目具有高度的趋同性。以水上项目为例，具有夺金优势的项目有赛艇、皮划艇、帆船、跳水、游泳等，其中在跳水项目上具有夺金优势的省市包括河北、北京、天津、山东、江苏、上海和广东，共 7 个省市。可以说跳水项目在东部地区具有广泛的发展基础，从影响竞技体育项目发展的诸多因素分析，东部地区在跳水项目的训练场地设施建设、运动员人才培养、教练员队伍等几个方面都具有发展优势。而这种优势正是形成区域网状交织协调发展战略的基础。

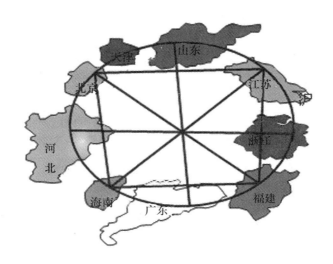

图 7—1　东部区域发展竞技体育核心竞争力网状交织理论图示

　　东部沿海地区具备能够形成网络交织状态的一切物质条件，如陆路、水运、航空等交通运输网，通信、计算机互联网等信息产业网，人力资源、科技服务等人才科技交流网，使东部地区各省市在竞技体育发展空间上形成多条发展轴，在竞技体育场馆资源、运动员培养、教练员队伍建设、竞赛组织与管理等，在空间上建立不同层次，不同项目的竞技体育网络网状交织发展模式。在此情况下，以广东、山东、福建、江苏等已形成竞技体育领先优势的省份作为核心区，通过该区域在夺金项目、人才、科技、管理等多种要素上的主导优势，提高区域间的关联度，促使资源、资金、技术和人才的合理流动，通过便利的网状扩展机制，加快东部地区竞技体育的人才培养、技术创新，提高夺金项目的核心竞争力，使具有高度趋同性的竞技体育项目在东部地区形成拉动各省市竞技体育均衡发展、整体优势更加突出的发展关系。

东部地区在部分竞技体育项目上不仅表现为多个省市具有同类项目的夺金优势，也同样具有优势项目趋同的特点。因而，东部地区在打造竞技体育项目核心竞争力方面具有很好的基础条件，易于形成区域网状战略发展模式，大力发展东部地区的夺金项目和优势项目，形成具有区域特点的项目优势，领先全国。

（二）点轴渐进——以中心带动外围，推动体育产业品牌战略发展目标

在体育产业的研究中，我国部分学者运用了经济学集化理论、中心—外围理论和主导产业理论，提出了体育城市圈、区域发展时序、体育产业主导产业选择等发展建议。认为东部省份可以同时形成三个体育产业资源的"集化区"，即以北京为中心的"京—津"区带；以上海为中心的"沪—苏—浙"三角区；以广州为中心的"穗—深—珠"三角区。本课题通过对东部地区体育产业发展现状、优势与潜力分析认为我国东部地区在体育产业发展上具有有利的区位优势。改革开放、东部先行使东部经济率先发展起来，招商引资也使东部地区成为我国经济、科技、人才资源的集聚地，这为东部地区体育产业的发展提供了基础条件，使东部地区在打造体育品牌，培育体育用品生产基地、销售等方面汇集了发展潜力。

东部地区体育用品企业占全国具有品牌优势的企业总数的80%以上，山东、浙江、江苏、福建、上海已经形成体育产业集群优势。东部地区体育产品制造业的高度聚集和自然资源优势，有利于加强体育用品的品牌战略，采用点轴渐进的区域发展理论形成区域体育产业战略模式。由轴线地带动区域中心城市向发展条件稍弱的次级城市扩散，逐步辐射到整个区域范围，从而形成"点—轴—圈"三级区域体育产业经济体。重点扶持一批体育事业单位和经济实体开展体育用品的生产和经营，充分调动和发挥各行业、各社会团体发展体育产业的积极性，形成体现体育自身经济功能和价值的主体产业。以区域内已有体育产品制造业密集城市为核心点，实施内联外延，从北至南形成发展轴，充分发挥区位条件优势，形成密集的城市群。利用自然资源丰富、人口密度大、商贸往来频繁、经济发展活跃、交通网络便捷等区位条件，打造东部地区体育产业的国内、国际的领

先地位和影响力。

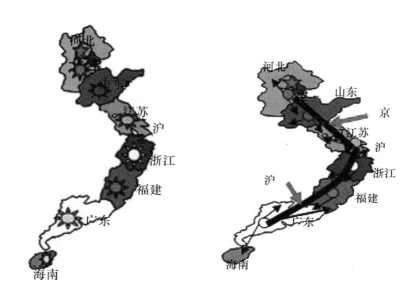

图7—2　点轴渐进理论示意图　　　图7—3　梯度推进理论示意图

（三）采用梯度推进理论，以沿海中心城市为核心，全面加快群众体育整体发展水平

通过对东部地区群众体育发展优势与潜力分析，认为东部10省市群众体育整体发展水平较高，由于选取的指标均以政府主导为主，因而东部10省市的群众体育发展与地区社会经济发展具有密切的关系。如人均地区生产总值与地区居民消费支出，群众体育健身设施条件，事业支出用于群众体育费用，彩票公益基金应用于体育场和群众体育的费用等均高出全国平均水平。

我国在群众体育发展方面普遍存在着城市优于农村的现状，东部地区也不例外。虽然东部地区中心城市密集，但是农村乡镇却散落在广袤的山地区域，因而也存在着农村落后城市的发展局面。采用梯度推进理论，以沿海中心城市为核心，全面加快农村地区群众体育发展水平，是全面发展各省市群众体育较为合理的战略模式。发挥东部地区中心城市群众体育事业具有的良好经济基础和基础设施保障优势，以城市到乡镇的发展路径，推动和辐射周边的农村地区群众体育事业的发展，从而达到协调发展的战略目标。

第三节　西部地区体育发展战略的选择

一　西部地区体育事业发展的战略思想

西部地区战略思想：主要是要在资源配置能力有限的前提下注重效率，由点带面，由局部到全部获得快速提升。我国西部地区体育事业发展战略是国家整体体育事业发展战略的一部分，也是实现体育强国目标的重要组成部分。构建体育强国需要西部地区各个省市区的大力支持，这就是"省强则区强，区强则国强"道理的最终体现。无论是国家体育事业的发展，还是建设体育强国，从根本上就是说"民强则国强"，一切出发点及根结点就是在"民"上。因此，西部地区群众体育事业的发展就是实现西部地区体育事业大省与强省的转变，以及实现体育强国目标的根本性事业基础与基石。

现阶段，在我国举国体制下，竞技体育得到了很好的发展，为国家在国际上被确定为体育大国地位做出了突出的贡献，体现了国家经济实力与国民的精神面貌。为保持体育大国地位，科学地、可持续地发展，我们可以把大量的物力与财力资源投入到群众体育发展中来，建立与群众体育发展相适应并协调发展的竞技体育发展战略和体育产业发展战略，构建强大而又坚实的群众体育发展基础，为竞技体育发展和体育产业发展服务；以优先发展群众体育为根本和基础，以竞技体育发展为平台带动群众体育发展、体育产业发展为手段展示国富民强；以体育产业发展为辅助，发展体育产业市场，满足人民群众日益增长的体育物质文化与精神生活发展需要，弥补群众体育事业和竞技体育事业发展经费的不足，从而实现构建和谐、共进的社会主义体育强国。

二　西部地区体育事业发展的战略依据、战略目标

（一）战略依据

伴随着国力的增强，中国体育事业的发展由于中国体育代表团在北京奥运会上取得历史性突破以及在伦敦奥运会上的突出优异表现而得到了世界各国的肯定，牢固确定了竞技体育大国的地位。在未来 10～20 年，乃

至相当长的一段时期内，是我国全面建设小康社会、加快推进社会主义现代化的关键时期，是推动我国由体育大国向体育强国迈进的重要阶段。为巩固改革开放 30 年所取得的体育事业成果，实现胡锦涛总书记在北京奥运会、残奥会总结表彰大会上重要讲话中提出的推动我国由体育大国向体育强国迈进的奋斗目标，国家有关部门先后发布了《2011—2020 年奥运争光计划纲要》、《全民健身计划（2011—2015 年）》、《国家体育产业发展"十二五"发展规划》等重要指导性文件。文件中就竞技体育发展中参加奥运会等国际重大赛事项目目标、提高竞技体育人才队伍综合素质、推进竞技体育体制改革、探索中国特色的职业体育发展道路；群众体育事业发展涉及的健身人群、体育场地与体育健身设施、健身中心、全民健身活动内容、全民健身组织网络、全民健身指导和志愿服务队伍；体育产业发展中的产业门类、产业结构、消费市场、区域体育产业协调发展等均设计了细化的量化目标及社会效益与经济效益要求。文件的制定与出台，既统筹设计了我国体育事业进一步向体育强国目标迈进的发展方向与框架，又兼顾了我国体育事业整体并进与区域协调发展的需要，是现实的、务实的、经过一段时期努力能够实现的、可操作执行的纲领性文件。

西部地区 12 个省市区作为我国体育事业发展的重要区域，鉴于其近中心区域的四川及整个西部地区的内蒙古、陕西、重庆、广西等一线省市区在整体体育事业发展优于其他西部地区 7 个省份以及除四川以外体育事业发展水平低于全国其他地区的客观事实，其体育事业发展现在已取得的成果，所具备的优势及潜在优势都为实现区域性体育事业大省乃至强省，并与我国其他地区体育事业协调发展提供了可挖掘基础、可协调相互提高的现实依据。西部大开发给西部地区带来了前所未有的机遇，西部大开发给西部地区体育事业发展注入了活力，也正是因为如此，西部地区体育事业的发展也步入快速发展的轨道。西部大开发战略的延续性以及《2011—2020 年奥运争光计划纲要》、《全民健身计划（2011—2015 年）》、《国家体育产业发展"十二五"发展规划》对于西部地区来说都是西部地区体育事业发展所要面对的机遇与挑战。西部地区落实上述规划并有机相互融合，围绕实现体育强国目标，制定战略，科学规划，尽一方之力，由小到大，由弱到强，发展地方体育事业，缩短差距，与其他地区及省份共同提高，共同推动我国由体育大国向体育强国迈进是全面、协调、可持续发展，充分满足我国经济、社会和文化发展的新要求。

（二）战略目标

西部地区体育事业发展经过 30 至 40 年努力，到 21 世纪中叶，把西部地区的群众体育发展到一个随社会经济发展政府经济投入成倍增长，组织管理网络健全，体育人口、体育指导站点、体育社团、体育场馆设施建设逐年成倍增加，四川、陕西、内蒙古、广西、云南、重庆、新疆 7 省市区成为国内的群众体育强省，贵州、甘肃、西藏、青海、宁夏 5 省区成为国内群众体育大省的重要群众体育区域。把西部地区竞技体育发展到一个随社会经济发展政府经济投入成倍增长，国内外重大比赛金牌数与奖牌数、优秀运动员与教练员储备、体育场馆设施建设成倍增加，四川、陕西、内蒙古、广西、云南 5 省区成为国内的竞技体育强省，贵州、重庆、新疆、甘肃 4 省区成为占据国内竞技体育水平中上游的竞技体育大省，西藏、青海、宁夏 3 省区竞技体育水平接近或达到国内竞技体育中游水平，并能够在国内外重大比赛中产生较大影响、占据一席之地，从根本上改变竞技体育水平相对落后的局面的重要竞技体育区域。西部地区各省市区在保持体育场馆建设高投入的基础上，依托社会经济发展与人民百姓生活水平的提高，提高体育彩票业销售额度，大力发展体育用品制造业和扩展体育用品批发与零售业规模；通过竞技体育的发展提高，繁荣竞技体育表演业市场和体育中介、餐饮、培训等体育服务业，带动体育旅游业进一步发展，保证西部地区各省市区体育产业 GDP 产值达到或超过全国体育产业平均 GDP 产值 1% 的水平，并以此形成西部地区体育产业市场博大，体育产业结构布局合理，体育产业文化特色鲜明，主导支柱性体育产业在全国范围内突出的体育产业发展新局面。

三　西部地区体育事业发展的战略措施

（一）"四横一纵"的"点轴开发"与"梯度推进"共同促进竞技体育快速提高

根据西部地区自实施西部大开发以来所参加的两届奥运会和三届全运会取得的成绩，通过所获奖牌的地域分布、优势项目的地域分布、水平集团的内部划分、全国中的地位、现有规划的实施结果、战略发展研究、后备人才的储备、地区经济发展及对竞技体育的资金投入、自然与地理位置的综合分析结果，以及目前西部地区竞技体育"中最强、东较强、西薄弱"的局面，面对西部地区内部竞技体育水平省与省之间的现实差距，采取以中心竞技体育强省四川，以及西部地区东部的竞技体育大省群自东向西梯度推进，形成依托各省会城市并建立重庆—四川—西藏为点和轴线的主轴线，内蒙古—甘肃—新疆、陕西—宁夏—青海和广西—云南—西藏为辅轴线的四个西部地区横轴，以陕西—重庆—贵州为纵轴的"四横一纵"战略开发与发展局面（见图7—4）。同时，在西部地区各省市区内部根据实际，坚持发展运动员、教练员、科研人员储备，保持现有的竞技体育优势，通过长期培育，强强、强弱联合，实施"雏鹰待孵"、"雏鹰展翅"、"金牌扶持"、"保金"、"金牌提升"等计划，从而全面快速提高西部地区竞技体育发展水平。

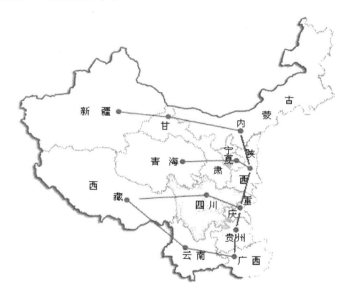

图7—4　西部地区竞技体育发展的点轴模式的设计

（二）"网络开发与地区间联动"全面提升群众体育事业发展整体水平

西部地区自改革开放以来，尤其是实施西部大开发战略以来，各省市区政府逐年加大资金投入用于发展群众体育事业，使群众体育事业也逐步走向正轨，人民群众受益面也正在拓宽并向更深的纵向发展。西部地区群众体育事业的发展应在目前的各省市区群众体育各级管理部门网络的基础上，强化网络建设，进一步拓宽职能，发挥资源优势，实行本省内部的市、区、乡镇自上而下，自下而上的人员、资金、信息、活动的全面交流与协调，同时建立相邻市、区、乡镇之间的横向交流体制，相互借鉴、相互学习、相互依靠，广泛创建以相邻城市间、城乡间为节点，节点相互联结的局部空间网络。在本省区内部，继续扩建各类体育社团组织来补充与完善市、区、乡镇开展群众体育的节点与网络，并要求在体育社团组织间进行各类、各层的横向交流。西部地区地域广博，省份众多，城镇间距远，群众体育工作开展各具特色，省份之间的群众体育相互交流，取长补短就显得十分必要。提高整个西部地区群众体育水平，应放眼于宏观的、大网络建设，坚持"城市包围农村"发展路线，即建立以省份，尤其是以省会城市为母节点，以各省市区内市、区、乡镇为子节点的西部地区群众体育纵向的，以相邻省份间、城市间、各层级管理部门间、各类体育社团与人员间等交流与合作的西部地区群众体育横向的交叉大网络来推动整个西部地区群众体育事业发展，实现多方受益、合作双赢、共同提高的群众体育新局面。如图7—5所示。

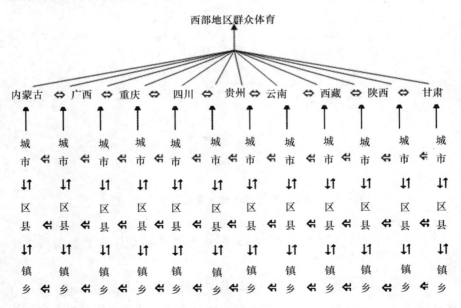

图7—5　西部地区群众体育发展的网络开发模式

（三）中心城市与周边城镇扩展与辐射的一体化保持体育产业快速发展势头

我国经济发展主要是建立在地区以城市为中心的产业发展模式基础上，在城市中又建有中心城市，形成通过中心城市的产业示范、输出，辐射其他邻近城市的城市点轴。从竞技体育事业与群众体育事业发展的布局与走向，以及通过政府对体育建筑业投入的布局、体育彩票发行的量变、体育制造与销售等产业的分析上看，都从不同的方面证明了我国整体体育事业的发展以及体育产业的发展是建立在城市基础之上的。现在，西部地区各省市区以省会城市为中心的中心城市在西部地区体育产业发展的过程中发挥的作用与影响越来越大，基本上能够决定和影响其周边地区体育产业发展的走向，因此，在一定区域内，在中心城市与周围城市联结为一体与相邻自愿的基础上，中心城市与中心城市的联结，不同省市联合运营的区域化、格局化局面已经出现，体育产业结构通过时间积累与空间的扩展而发生重大变化，就单一的某项体育产业而言如何避免垄断和条块化，突破地方贸易壁垒，逐步建立西部地区体育产业一体化的条件已具备，西部地区各省市区可以以体育旅游业为突破口，建立省省、省市、市市、市区、乡镇的相互并联、串联，实现利益共享、风险共担，从而联合共同推进西部地区体育产业经济向更深、更远的地区发展，进而实现更大的西部地区体育产业板块区域，创造更大的社会效益和经济效益。

第四节　东北地区体育发展战略的选择

一　东北区域体育事业发展的战略思想

东北地区战略思想：主要是基于地域特色在体育产业和体育项目以及体育人才上打造一体化东北特色体育。东北地区是中国自然、经济、交通联系紧密，各种空间要素配合较为完好，发育相对成熟的重要经济领域。2002 年 11 月党的十六大正式提出"支持东北地区等老工业基地加快调整和改造"的区域发展战略。2003 年 10 月党的十六届三中全会提出"五统筹"的方针，提出进一步加强对区域发展的协调和指导，并给予东北地区等老工业基地政策上的支持和扶持。东北体育事业的整体振兴，需要发挥东北地区人口身体素质好、气候条件优越、体育认可度高等优势，发挥竞技体育实力和持续发展能力较强的优势，在加强政府支持力度，优化外部发展环境的基础上，积极促进体育事业全面均衡协调发展。

在区域发展战略思想上，东北地区应坚持以科学发展观为统领，做好基础性工作，以改革创新为动力，加强运动项目的文化建设，实施文化兴体战略。文化能转变思维方式，能节约和放大体育资源的价值，是夯实各项体育工作基础的前提。改变体育发展方式为主线，建立区域体育事业各方面的合作机制，以努力提高东北地区广大人民群众健康素质、满足人们日益增长的体育需求、体育事业的可持续发展作为立足点。要在创新上下功夫，抓住筹备举办 2012 年全国运动会的历史机遇，加快体育事业的发展步伐，坚持"全运、奥运并举"。从单一竞技体育发展模式向内涵充实的全面发展模式转变。增加教育及培训的投入，推动竞技体育人才、竞技实力的可持续发展。广泛收集点子，加大体育产业开发力度，促进体育产业健康、稳步增长。加强管理，节约资金，降低成本，提高效益，完善内外环境的体制、机制，搞好结构调整和资源配置，提高发展质量。重视团队建设，增强合力，提高效益，这是转变发展方式的基础。围绕"文化兴体"战略，改进工作，做"大"群众体育、做"特"竞技体育、做"强"体育产业、做"优"体育科教，促进四者协调发展。打造"东北体育产业经济区和东北亚体育产业发展聚集区战略"，积极开创东北体育事业发展的新局面，为东北区域经济和社会发展做出积极贡献。

二　东北区域体育事业发展的战略依据、战略目标

（一）战略依据

东北地区作为中国重要的老工业基地，经济发展基础较好，基础设施较为完善，科技教育力量较强，在体育事业方面拥有身体素质好的优秀人群，优秀的夺金队伍，丰富的体育资源，体育事业发展潜力巨大。用文化促发展，是用以人为本的思想和方式，节约和放大资源，寻求提高工作效率，挖掘文化兴体的内涵。充分认识到加强体育文化软实力的建设，对于促进体育硬实力的提升具有重要价值。通过对东北三省体育事业的潜优势分析，结合目前东北的区域发展战略，认为东北区域体育事业的发展可以在利用"哑铃"型发展模式的基础上，结合东北目前的城市群建设，充分发挥城市群、优秀项目等"极点"的集聚和扩散效应，使东三省达到

资源共享，长短互补，合作共进，繁荣整个区域的体育，重振东北威风。

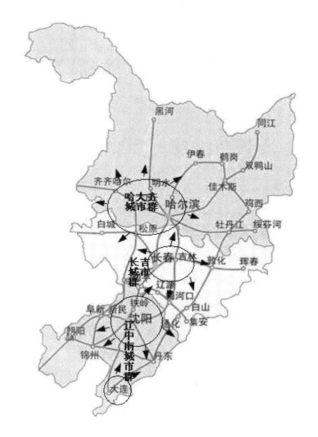

图7—6　东北地区发展战略图

　　"哑铃"型发展模式。"哑铃"型发展模式是一种双核型空间结构，以黑龙江、辽宁为两大极核，各项体育发展需求为人文轴，形成"哑铃"型的空间发展结构。东北三省在地理位置上，黑龙江省、辽宁省分居于吉林的两边；在体育事业发展上，辽宁省、黑龙江省不论是在竞技体育发展、群众体育发展还是在体育产业上都远超过吉林省。以黑龙江、辽宁体育事业发展为极点，从而影响吉林省加大对体育事业的重视及投入，同时给予吉林省一些在教练、资金、管理经验、健身指导员等方面的援助，从而促进区域的共同进步。

　　城市群的利用。"哑铃"型发展模式是整个区域大宏观规划，它的成功还需要城市极点的辅助支持。东北三省目前已经基本形成了三个城市密集区：辽宁省的辽中南城市群、吉林省的长吉城市群、黑龙江省的哈大齐城市群。目前来说以"沈阳—大连"为主的辽中南城市群发展得最好，其次是哈大齐城市群，最后为长吉城市群，从发展程度上看与"哑铃"型发展模式相呼应。从地理位置上看，三大城市群几乎处于一条直线上，且处于东北的中心位置，加强城市群之间的联系，发挥城市群对周围体育资源的集聚作用和扩散作用，不论对竞技体育还是群众体育都将会有很大的带动作用。

　　增长极点的统筹规划，这主要针对竞技体育项目的合作。东北地区在竞技体育项目上，均有自己的优势项目，但在冰上运动上三省都具有很强的优势，在这之中黑龙江的水平又更为出众，在其他项目中辽宁处于前列。东北地区人们的身体素质接近，如果能够统一竞技体育资源，进行项目的区域规划，依据项目选择最适合的训练地点、最优秀的教练资源，这不仅有利于东北竞技体育资源的节约、人力的整合，也将有利于东北竞技体育的长足发展。

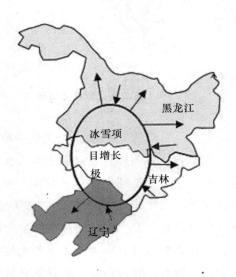

图7—7　冰雪项目增长极战略图

（二）战略目标

区域自身性发展向区域开放性发展，初步建立体育事业区域一体化平台。实现竞技体育在各方面的交流，提升吉林省的整体、综合实力。在竞技成绩上，保证原有夺金项目，增加竞技体育的夺金点。群众体育通过城市群的影响，改变居民的锻炼观念，加强设施投入，使群众体育整体得到提升。培育新的经济增长点——体育产业，以冰雪产业为基础，境外体育为突破，利用赛事，开展体育旅游。构建完整的地区体育产业运行体系与管理体系，逐步实现东北区域体育产业全面发展。

三 东北区域体育事业发展的战略措施

（一）竞技体育发展战略——建立东北区域协调发展机制

竞技体育要发挥"夏季奥运战略"、"冬季奥运战略"贡献率大的优势，实施"金牌增长战略"和"后备人才培养输送战略"。东北在特色项目培养方面占有天时地利，竞技体育人力资源丰富，要不断发现、培养和输送体育人才，要保证体育院校和训练基地的健康发展，须加强优秀运动员、教练员的交流，共同打造潜优势项目。每一个地区要素禀赋的差异和发展所处的阶段不同，决定了不同地区各自的比较优势，机构和特色各异的区域体育事业耦合而成的"奥运战略"，如果充分利用区级分工利益，就可兼收协调、高效之力。而且，每个地区越具有自己的体育特色，就越能向其他地区提供自己的特色技术，也就能在区域合作中得到更多的组合效益，东北地区竞技体育存在很强的互补性，区域体育合作发展前景广阔。

总体而言，区域协调发展，依靠项目的科学布局、政策支持、区域之间良性的互动机制，主要包括自身发展机制、合作机制、互助机制和扶持机制。

自身发展机制就是要充分发挥区域自身体育资源的基础作用。不同地区人口素质和体育环境资源配置不同，也就导致适合发展的项目有所差异。充分挖掘自身区域适合发展的竞技项目，突破主流项目发展的干扰，充分发挥科学选材和环境引导的作用，有利于竞技体育人才培养在培养资本、技术、人员、环境需求上减少投入，更有利于拳头特色项目的形成，项目今后发展的巩固。

合作机制是指基于互惠互利的区域技术协作和人才、技术交流等。

如：东北区域应该整合区域内现有的体育训练基地、优秀的教练、运动员和后备人才，进行统筹规划，根据所要发展的潜优势项目的特点，结合现有的资源，进行最优的分配，增加夺标以外的育人、健身、娱乐、休闲的附加值，让运动员既能"苦练"，也能"笑练"，从而分享竞技给人带来的愉悦和震撼，以此回归运动的本真。正如总局谢琼桓所说，要"正视金牌体育，欣赏魅力体育"。充分发挥各省市的优势，建立最合理的体育训练基地。

互助机制是在上级政府指导协调下，竞技体育发达地区、各优秀项目队、国家重点培养基地与竞技体育项目潜力发展地区结合的对口帮扶组合，本质上属于道义性援助，适用于竞技潜优势项目更好的发展，竞技综合实力的整体提升。

扶持机制是上级政府对竞技体育欠发达和承担重点项目发展区域的下级政府，通过财政、技术、人员转移等方式，使其竞技体育得以正常发展。而这项战略主要是针对吉林省目前的竞技体育发展，需要黑龙江、辽宁省在运动员和教练员上给予一定的扶持。

这四种机制概括起来，主要集中在竞技体育运动队之间的流动和政府之间的协调关系上。一般来说，我国体育实施的是"举国体制"，各省之间的竞争也是非常大的，故在合作初期政府之间的协调占主要位置，当合作取得了一定的成效，运动队之间的交流就更为重要。

（二）群众体育——城市群的带动战略

城市群是在特定的地区范围内具有相当数量的不同性质、类型和等级的城市，依托一定的自然条件，以一个或两个特大或大城市作为地区经济的核心，借助于现代化的交通工具和综合运输网的通达性以及高度发达的信息网络，发生与发展城市个体之间内在联系，共同构成一个相对完整的城市"集合体"（姚谋士等，2001）。从发展现状来看，东北地区群众体育发展较好的地方大都为经济发展较好的大城市，例如：据相关调查显示，沈阳、大连、长春、哈尔滨这四座城市不论是锻炼场地器材、居民的锻炼意识、居民的体育消费意识都是东北三省的前列。目前以这四个城市为中心已形成三大城市群，城市群中的城市与城市之间联系密切，大城市不论是在经济上还是观念上都影响着周围城市的发展，在这种扩散机制的影响下，整个城市群在群众体育的发展均优于周围其他城市。城市群内的群众体育得到一定发展后，所能辐射的范围将会进一步扩大，所具有的影响作用也将更为深入。

城市群内群众体育得以快速发展的优势影响首先需要完善城市群内部各地区群众体育的发展，积极推进地区内青少年学校体育的发展，支持社区体育活动，提供和完善必要的体育活动场所和设施；其次加强城市群内部地区群众体育的交流，例如群众运动会、组织学习等；再次发挥城市群的辐射功能，可通过派遣区域之间群众组织者进行交流，鼓励优秀指导员到其他区域进行指导等；最后实施"区域特色体育战略"，鼓励各地区依据自身的特色选择自身的体育项目、组织方式进行群众体育发展。同时组织各区域的文化特色交流，赋予城市、地区适合的体育文化，增加健身以外的育人、娱乐、交友、合群等文化附加值，让人们分享体育给人带来的快乐、奋进和激情，从而放大体育功能，最终达到区域群众体育整体的发展。用文化开发单项协会，以求通过社会融资，积极促进群体与竞体协调发展。

（三）体育产业——联动发展战略

体育产业实施"联动发展战略"，通过开发体育冰雪旅游市场，带动体育竞赛表演市场、体育器材交易市场、体育健身娱乐市场，最终促使体育产业快速发展。研究攻关或招标国内外、有群众基础的体育赛事，用文化包装和打造城市长期固定的品牌赛事，为提高承办城市的社会知名度，推动其竞体与群体的协调发展，促进其经济社会的进步创造条件。

第一，以冰雪旅游为主导。东北的冰雪旅游目前已被各省发现并充分利用。黑龙江省现已形成以"哈尔滨国际冰雪节"为龙头，亚布力国际滑雪场为基地，以现有 45 家滑雪场为基本依托，以"冰雪王国哈尔滨"为重点，已构成"一个主中心、一个次中心、两大冰雪旅游板块、两条冰雪生态旅游观光带"的基本框架，为建成世界冰雪旅游名城打下良好基础。在自然环境相差不远的辽宁、吉林在黑龙江的带动下，也可打出冰雪品牌，与黑龙江省相呼应，形成独特的东北冰雪特色。要保证体育冰雪旅游的可持续发展，应做到体育冰雪旅游的生态效益、文化效益、社会效益的协调发展。

第二，以境外体育为特色突破点。东北地区地处东北亚，与蒙古、俄罗斯和朝鲜接壤，由于其独特的地缘优势，在旅游产品开发建设上，可以优势互补，形成产品组合，提高竞争力。又由于有多个边疆口岸，具有发展边贸旅游和跨国旅游的优势，能适应不同阶段国家旅游产品更新换代的要求，对国内和国外游客具有很强的吸引力。

第三，以民族体育旅游为辅佐、体育赛事表演为吸引。民族体育旅游是东北独特文化的体现。东北三省都有丰富多彩的民族体育项目，其中"溜冰车"、"雪地走"等民族体育项目对于旅游者是一种极大的吸引，不仅让他们体验到体育的快乐，更加体验到当地的民俗文化。东北地区的体育文化内涵深厚，而充分挖掘民族体育内涵，形成丰富多彩、独具文化特色的体育旅游，将是民族体育文化旅游的关键，也是对国内外游客思想上最长远的影响。东北冰雪运动竞技水平高，且有全国最适宜的开展冰雪比赛的场地，冰雪赛事也将是体育旅游的一个潜力项目。此外辽宁即将举行第 12 届全国运动会以及各类的冰雪赛事，将为东北体育赛事表演业带来新的发展机遇。

第五节　中部地区体育发展战略的选择

一　中部区域体育事业发展的战略思想

中部地区战略思想：主要是在经济政治社会各个方面都有着传承的纽带作用下，努力推进传统中华体育文化达到新高度。"中部崛起"作为国家的区域发展战略，是在"东部先行"、"西部大开发"、"东北振兴"发展战略后，我国第四个区域发展战略。2004 年 3 月，温家宝总理在《政府工作报告》中首次提出促进中部地区崛起的重要战略构想，指出加快中部地区发展是区域协调发展的重要方面。2005 年、2006 年，温家宝总理两次在《政府工作报告》中提出：抓紧研究制定促进中部地区崛起的规划和措施。2006 年 3 月胡锦涛总书记在中共中央政治局会议上明确提出：促进中部地区崛起，是党中央、国务院从我国现代化建设出发做出的又一重大决策，是促进区域协调发展总体战略的重大任务。

中部地区地处我国内陆腹地，不论在政治、经济、交通、能源、文化、教育、军事等方面都是重要的战略要地，中部崛起可以在东西互动中发挥更大的带动作用。中部区域包括山西、江西、安徽、河南、湖北、湖南六个省份，在地理上具有承东启西、接南进北、承接南北、贯通东西、吸引四面、辐射八方的特殊地位。中部地区拥有土地面积 102 万平方公里，人口总数已达到 3.61 亿人，占全国总人口的 28.1%，创造全国 19.5% 的 GDP，平原广阔、气候适中、土地肥沃、水源充足、人口集中、民风淳朴、资源丰富、工业密集、基础雄厚、新技术产业发达、旅游业潜力巨大、文化底蕴深厚，古有"得中原者得天下"的美传。中部崛起给中部体育事业发展带来难得的发展机遇，同时中部六省体育也面临诸多挑战，在此契机下，中部地区通过整合优化体育资源，保持中部地区体育事业的优势，大力挖掘体育事业发展的潜力，制定切实可行的体育事业发展战略，把握机遇、打造特色，推动中部地区体育事业的崛起。

二　中部区域体育事业发展的战略依据、战略目标

（一）战略依据

在课题前期成果《我国四大板块省域体育发展水平的综合研究》中，中部六省在体育事业发展综合排名上大多处于中游位置，其中河南、湖北、湖南排名较为靠前，分列第 11、13、14 位，而山西、江西、安徽分列第 18、21、22 位（见表3—4），后三省相对河南、湖北、湖南较靠后，通过前期对中部地区体育事业发展的优势及潜优势的分析，结合中部地区体育事业发展所具备的条件，理性审度中部地区体育事业的发展态势，在科学定位的基础上，遵循体育事业发展的规律，把中部地区区域内体育事业发展战略定位为梯度推进发展战略。

（二）战略目标

区域整体竞争力替代单个地区竞争力，中部地区通过尝试建立区域合作化平台，加强中部六省省域、城市群、极核城市之间的相互协作，促使中部地区整体体育事业竞争力的逐步提高，通过这种区域整体的提高反作用于每个省域体育事业的发展，最终推动中部省域体育事业的全面发展。

三　中部地区体育事业发展战略实施的理论模式

（一）中部区域内的梯度推进理论战略模式

梯度推进理论认为，不同国家或不同地区间存在着产业梯度和经济梯度，存在梯度地区技术经济势差，就存在着技术经济推移的动力，就会形成生产力的空间推移。经济的发展趋势是由发达地区向次发达地区，再向落后地区推进，处于高梯度地区的产业会自发地向处于较低梯度上的地区

转移。

中部六省在体育事业发展综合排名，河南、湖北、湖南排名较山西、江西、安徽靠前，存在的差异较为明显。因此，可结合梯度推进理论来制定中部地区体育事业发展战略。即利用河南、湖北、湖南政府体育事业支持力、国民体质健康水平、竞技体育发展实力、竞技体育持续发展能力等四方面的优势辐射影响山西、江西、安徽体育事业的发展。如图7—8所示。

（二）承东启西的反梯度推进理论战略模式

在前期中部地区体育事业优势潜力分析中，可知中部地区体育事业的总体实力处于全国中游水平，本文目前认为中部地区体育事业的发展从整体上来说可以利用反梯度推进的发展模式。从区域内部来说，结合中部六大城市群的建设，充分发挥六大城市群的集聚作用和区域辐射功能以及六个极核城市的功能，促进中部地区体育事业的崛起。

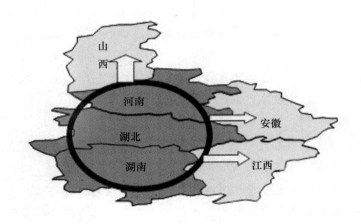

图7—8　中部区域内的梯度推进理论示意图

反梯度推进理论是与梯度理论相对的范畴，是在梯度推进理论的基础上提出和发展的。反梯度推进理论认为，尽管地区间存在着经济技术水平的梯度，但这种现有的生产力水平的梯度顺序，不一定就是先进技术和经济开发的顺序，是梯度推进还是反梯度推进，只能由经济发展的需要和可能来决定。如果梯度地区的经济发展有着比较好的外在经济效应，且又有市场需要，并具备必要的条件，就可通过引进先进技术，进行大规模开发，实施超越发展，达到一定程度后便可向高一级梯度地区进行反向推移。之所以实施反梯度推进，是因为梯度推进不仅不可能缩小地区间的差别，反而还会在一定时期内扩大这种差别。

目前，为了尽量避免与东部地区体育事业的差距，从整体来看，中部地区应实施反梯度推进。在"中部崛起"战略的实施下，中部的经济有了快速的发展，在此机遇下，中部地区体育事业的发展可以借助此优势，结合自身的体育条件，采用反梯度推进发展，实施"中间突破"超越发展，大力发展体育事业来满足本身的需要，从而追赶东部地区体育事业的发展。如图 7—9 所示。

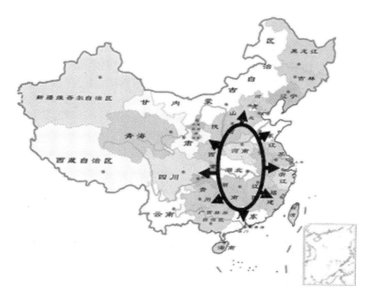

图 7—9　中部承东启西的反梯度推进理论战略示意图

（三）培育城市增长极

从中部地区内部来看，中部地区有六大城市群。中原城市群：以郑州为中心城市，带动与其有紧密社会、经济联系的城市，在地域上包括郑州、洛阳、开封、平顶山、新乡、焦作、许昌、漯河、济源 9 个地级市，34 个县城，374 个建制镇；环鄱阳湖城市群：构建以南昌市为中心，包括九江、景德镇、上饶、鹰潭等市在内的环鄱阳湖城市群；太原都市圈：形成以太原市为龙头，以晋中盆地及吕梁、忻县、阳泉 3 市部分县（市、区）为腹地的经济区域，具体范围包括太原市市域全部，阳泉市市区及其郊区，晋中市的榆次区、寿阳县、太谷县、平遥县、祁县、介休市，忻州市的忻府区、定襄县、原平县，吕梁市的交城县、文水县、孝义市和汾阳市；皖江城市带：构建包括马鞍山、芜湖、铜陵、安庆、巢湖、宣城、池州、滁州 8 市在内的沿江城市带；长株潭城市群：以长株潭为中心，1 个半小时通勤为半径，包括岳阳、常德、益阳、娄底、衡阳在内的城市群建设；武汉城市圈：构建以武汉为中心，周边100 公里内的鄂州、黄冈、黄石、咸宁、孝感、天门、仙桃、潜江 8 个城市组成的"武汉城市圈"。

中部地区体育事业的发展要以六大城市群的建设发展为依托，优化整合区域内各城市间的体育资源，构建都市体育生活圈的发展模式，充分发挥都市体育圈的规模效应、集聚效应、辐射效应和联动效应，另外，都市体育圈的发展在于核心城市的强大引领作用和区域辐射功能，在中部六省诸多具有一定规模优势的城市中，六座省会城市的承载功能、辐射功能都处在城市中的前列，加大核心城市的极化效应和扩散效应，推动体育事业的发展。

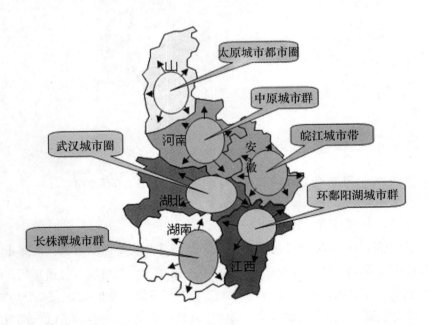

图 7—10 中部城市城市增长极示意图

四　中部地区体育事业发展的战略措施

（一）加快自身发展，实施"中间突破"

中部地区在体育事业发展过程中，不可避免地与东部沿海地区体育事业的发展存在梯度，由于梯度的存在，东部沿海地区先进的训练技术、体育管理经验等会向中部地区产生转移，虽然这些有利的经验，会促进中部地区体育事业的发展，但是为了避免差距逐渐地加大，中部地区在把握好承东启西、连接南北的外部有利条件的同时应加快自身体育事业的发展，来适应自己的需要。再加上，在中部崛起战略的背景下，中部经济快速发展为体育事业的发展提供了有利的机遇。中部地区体育事业的发展要充分把握好此机遇，加快发展，实施"中间突破"，从而缩小与东部沿海体育事业发展过程中的差距。

（二）城市增长极——都市体育圈建设

实现中部体育事业的发展，城市群是主要力量。城市群是一种区域城市聚集现象，其具有较大的集聚效应，随着集聚效应的日益显现，有利地推动了中部六省的发展。就体育事业来讲，随着城市群建设的加快，都市体育圈的建设成为了发展趋势，六大城市群都开始建设以不同城市为中心的都市体育圈来满足人们的体育需求。由于都市体育圈具有较强的集聚和扩散作用，能够吸引或吐纳居民参与到体育中来。在都市体育圈的发展过程中，为群众体育、体育产业的发展提供了有利的发展时机，通过都市体育圈圈层结构的建设，人们可以方便、快捷地参与到多种类型的体育锻炼中来，还可以整合优化体育旅游资源，加快了休闲体育、体育旅游等的发展。另外，通过都市体育圈的建设，发挥集聚和扩散作用，推动体育用品制造业、销售业、体育竞赛表演业的发展。

（三）都市体育圈——极核城市的崛起

"中部崛起"过程中，武汉市、郑州市等城市位于全国城市的前列，在中部都市体育圈建设发展进程中，在中部诸多城市中，作为极核城市的武汉市、长沙市、郑州市、合肥市、南昌市与太原市，承担着重要的发动机功能，极核城市无疑将是中部体育事业发展的领军者或引跑者，其组织力、带动力的大小攸关都市体育圈的发展。在都市体育圈内，由于极核城市具有较大的影响力，其辐射范围广，要激发以六大极核城市为中心的都市体育圈的集聚和扩散的效应，推动体育事业的发展。

（四）打造区域合作化平台

从以往体育事业发展来看，各省往往都是在各自的行政区内进行体育事业的建设，省域间的协作很少，这就有可能束缚体育事业的发展。在体育事业非均衡发展的现实情况下，东部地区相对中部地区发展较好，中部地区相对较弱，因此，中部地区要突破原有体育事业行政区划的束缚，加强对外开放，大跨度地整合中部区域内的体育资源，打造区域合作化平台，加强中部六省之间的协作，如加强体育人才、优秀教练员、先进训练技术、管理经验、体育文化的交流，等等。又如在保持原有竞技体育优势项目夺金点的基础上，充分借助其他省域体育资源的优势，对潜优势的运动项目进行大力开发，从而增加竞技体育的夺金点，等等，这样才有可能追赶东部体育大省。通过加强中部地区城市群、极核城市之间的合作，则可趋利避害地创造稳定性的更高竞争平台，促进中部地区体育事业的崛起。

第六节　体育强国目标下的我国区域体育发展战略研究的总结论

区域体育发展是实现体育强国目标的重要组成部分。体育强国战略的实施离不开区域体育战略作为子系统的支持，区域体育发展战略以实现体育强国为最终目标。本课题在认真分析和深入理解体育强国目标的基础上，把握体育强国目标下区域体育发展战略研究的结构与特色，在东部先行、西部开发、东北振兴、中部崛起的国家经济发展战略背景下，分析我国区域体育发展的优势与潜力，并运用区域经济学理论，分层次地构建我国区域体育发展战略。

一　体育强国目标强调协调均衡发展，提高综合实力，从体育大国向体育强国转变

体育强国应立足于与社会各系统相融合的视角，加强与经济、教育、文化、卫生等领域的联系和沟通，从人民群众的体育需求对体育资源的要

求、经济转型对竞技体育职业化的要求、公共服务均等化对体育公共服务职能的要求、国家经济社会发展对提升体育产业的要求、人的全面发展对体育教育的要求、以和平和发展为主题的国际交流对体育文化的要求等方面，将体育作为社会总系统的子系统，深入研究其与其他系统的相互关系，建设惠及全社会公民的体育强国。

体育强国目标，强调各领域的协调均衡发展，提高体育发展的综合实力，从体育大国向体育强国转变。竞技体育仍然是主体部分、标志性部分，但竞技体育与群众体育、体育产业、体育文化各领域协调均衡发展，才是提高国家体育整体水平的关键。

第一，挖掘潜力，优化结构，全面提升竞技体育的国际竞争力。借助奥运会的平台，我国的优势项目发挥出集合效应，迅速提高了我国体育的地位和影响力，成为奥运会的金牌大国。但奥运项目中最具基础地位的田径等项目总体上还很落后，职业体育项目也非常落后。所以要在保持我国竞技体育特点和优势的基础上，不断挖掘潜力，优化结构，推动竞技体育内部各门类均衡发展，增强中国体育的综合实力和国际竞争力。

第二，以人为本，加大投入，提高群众体育活动质量。中国是人口大国，体育人口就其数量上来说也足够庞大，但群众体育锻炼的质量令人担忧。体育锻炼项目单调，公共体育场地设施缺乏、科学有效健身指导缺乏、民间体育俱乐部的缺乏仍然是影响我国群众体育开展水平的主要问题。只有以民为本，让全社会相当多的成员都热爱体育、关注体育、积极参与体育，体育强国才能根本实现。

第三，抓住机遇，保持特色，打造具有国际竞争力的体育产业。体育产业既是体育事业发展的经济支柱，衡量体育强国的主要指标，也是拉动经济增长，促进社会就业的新兴产业。但与美、日、德、法这些国家相对比，我国的体育产业还很不成熟。伴随我国经济领域内产业结构的调整和升级，体育产业也面临着从劳动密集型向技术密集型的转变，打造门类齐全、结构合理、具有中国特色和国际竞争力的体育产业，成为体育强国目标实现的关键经济要素。

第四，加大开发、保护、宣传力度，促进体育文化的繁荣昌盛。我国体育文化源远流长，特点鲜明，是东方体育文化的突出代表。在挖掘和整合中华民族传统体育文化的同时，我们要重视传统体育文化的保护和利用。即充分运用现代科技手段和营销手段，传播民族民间体育文化资源，不断提升我国体育文化在全球的影响力。

二 体育强国目标与区域体育发展战略的关系

（一）体育强国与区域体育发展战略相互依存、相对独立、相互协调

体育强国战略以区域或地区战略做自己的基础，需要区域体育的发展来不断充实，同时，区域体育的发展战略也不能离开体育强国战略，它们需要体育强国目标作为指引，与体育强国目标相协调。因此，体育强国和区域体育发展战略之间是相互依存的。

由于体育强国战略和区域体育发展战略看问题的角度不同，宏观和微观层面上的侧重点不同，层次不同，所以它们的战略目标、战略重点、指导方针等一系列内容都不同。各区域应根据自身的实际情况选择体育发展方向和发展道路，制定自己的体育事业发展目标，采取自己的体育战略措施，进行自己的战略部署。

体育强国战略与区域体育发展战略应相互协调：一是必须保持衔接性和一致性；二是必须具有互补性；三是它们之间具有从属性，局部应该服从全局。

（二）必须强调体育强国与区域体育发展战略的整体性

区域或地区体育作为国家体育大系统中的子系统，在制定战略时，必须充分领会和体现国家体育总体发展的意图。在发展本区域体育时，每个区域都想有效地、长期地分享由国家经济快速发展为体育事业所带来的成果，积极进行跨区域的体育交流与合作才是长远之计。各区域或地区体育作为国家体育事业整体的组成单元，其在发展区域体育过程中存在与国家利益相冲突问题时，区域或地区利益必须服从国家利益，从而形成国家体育强国战略与区域体育发展战略相互支撑的完整的战略体系。

三 我国四大板块区域体育发展的优势与潜力

研究区域体育的发展战略，就是以空间区域作为发展的对象，以区域发展的特色和优势为出发点，充分发掘区域潜力。

东部地区在"改革开放、东部先行"政策指引下，在政策支持、资金投入、人力资源、科技创新等方面获得了国家有力的支持和保障，成为

中国经济发展的领跑者。社会经济发展优势对竞技体育发展起到了举足轻重的关键作用。其次，东部地区以沿海城市为主要地理特征，构成了壮观的海岸城市带，优越的区位优势使得东部 10 省市在体育产品制造业、体育旅游业、体育竞赛表演业等方面更具发展潜力和优势，合理应用经济发展模式，将会给东部地区体育产业带来巨大的发展动力。地区经济文化的发展也将有利于促进体育文化与环境的发展，带动群众体育快速发展。

在"中部崛起"的背景下，国家更加注重中部地区的发展，不断加大对中部地区的投入；中部地区不断吸引先进的企业及优秀的人才落户，不仅促进了中部地区经济的发展，也为中部地区体育事业的发展提供了难得的机遇。首先，中部地区在竞技体育综合实力方面具有一定的提升空间，应加大对后备人才的培养，从而加大竞技体育的可持续发展能力。其次，在体育产业方面具有一定的规模并呈多样化趋势。体育彩票销售、体育旅游等具有大力发展体育产业的优势，使中部六省体育事业具有进入一种全面、合理、高效的发展状态的基础条件，提升其在全国体育事业发展中的地位。

西部地区由于经济、人文以及自然禀赋等因素的影响，其体育事业的发展与我国另外三个地区有所不同。着重解决西部地区体育事业的定位、规划、发展战略等问题，对西部地区进行体育发展战略研究，也是配合西部大开发，提高人民群众生活质量，通过体育文化构建文化强国的现实需要。

东北三省体育事业发展表现出地域不均衡，在具体的竞技项目上也存在不均衡现象。一是加大投入，提高国民体质健康水平这是东北三省的体育发展的基础优势；二是加强合作，提高竞技体育发展实力，在稳固冰雪竞技实力的基础上，培育其他夺金点，使三省竞技体育实力保持上游；三是加强人才储备，提高竞技体育持续发展能力；四是开发体育旅游，带动体育产业的大发展。

四　构建我国区域体育发展战略

区域体育发展战略包括区域间的体育发展战略、四大区域的体育发展战略和区域体育发展战略的理论应用。

（一）区域间的体育发展战略

　　四大区域在体育事业发展中都有各自的特色和发展现状，呈现不均衡和协调不够密切的状态。西部地区丰富的资源并未得到很好的开发，各区域的特色没有得到充分的发挥。我国区域体育发展战略需要立足于省级区划，作为省级行政工作不容忽视的一个方面来确定目标和措施，省级政府有责任和义务保证体育战略的有效实施以完成其战略目标。

　　基于东部社会经济总体发展水平和速度，东部体育事业要以年均7%左右的增长速度实现区域内部由非均衡到均衡发展的过渡；在区域之间率先发挥体育资源优势，向中西部释放扩散效应。中部区域在经济政治社会各个方面都有着传承的纽带作用，可以以8%的年均增长速度，使整体区域体育水平逐渐跃上不同的台阶，凭借特有的区域中华文化特色项目的弘扬和扩散，使中部地区群众体育广泛开展，促进和带动体育产业的发展；同时，肩负起对西部地区的带动和扩散使命。西部地区应该以10%的年均增长速度尽快迎头赶上，在竞技体育上要突出亮点项目，在群众体育方面结合城市化进程跟进式发展，接纳东部中部传递的优势体育资源，在互惠互利中使自身获得新生。东北地区以相应高的发展速度来迅速提升，以10%的年均增长速度，争取在几年内接近东部地区体育发展水平，使区域内部自身性发展向区域开放性发展，初步建立体育事业区域一体化平台。

　　我国区域体育发展的战略措施可分三个阶段。第一阶段，运用区域内部城市群发展模式。以大城市带动城市群内一些不发达城市。第二阶段，运用区域之间由东向西推进的梯度发展模式。当西部地区在这一方面挖掘比较充分时，西部地区有可能对东、中、东北地区实现反梯度，影响其他三个区域体育事业的某项发展。第三阶段，运用区域联合的均衡发展模式，不论是区域内部还是区域之间，都形成和谐共生的局面。

　　（二）各区域的体育发展战略

　　东部地区体育发展战略目标和措施。竞技体育，通过对竞技体育项群优势的培育，使东部地区项目优势得以扩大化，提升部分落后省市的竞技体育夺金实力，在保证原有夺金项目的基础上，增加竞技体育的夺金点。群众体育，通过城市群的影响，借助区位环境优势大力开展健身活动，以群众体育精品活动效应带动省域城市之间的居民健身水平，加强健身设施投入，加强群众体育活动的组织与管理，加快提升东部区域的群众体育发展。体育产业，以体育用品制造业为基础，大力发展体育旅游业、体育竞赛表演业，发挥地区经济、科技、人才优势，生产具有自主品牌的体育用品，逐步实现东部区域体育产业全面快速发展。第一，结合网状交织理论促进竞技体育优势项目的核心竞争力。第二，结合点轴渐进理论推动体育产业品牌战略发展目标。第三，采用梯度推进理论以沿海中心城市为核心全面加快群众体育整体发展水平。

中部地区体育发展战略的选择和措施。其一，中部区域内的梯度推进理论战略模式。其二，承东启西的反梯度推进理论战略模式。结合中部六大城市群的建设，充分发挥六大城市群的集聚作用和区域辐射功能，以及六个极核城市的功能，促进中部地区体育事业的崛起。其三，培育城市增长极。以六大城市群的建设发展为依托，优化整合区域内各城市间的体育资源，构建都市体育生活圈的发展模式，充分发挥都市体育圈的规模效应、集聚效应、辐射效应和联动效应。其战略措施是：加快自身发展，实施"中间突破"；加强城市增长极——都市体育圈建设；实现都市体育圈——极核城市的崛起；打造区域合作化平台，促进中部地区体育事业的崛起。

西部地区体育发展战略的目标和措施。西部地区整体体育事业的发展与提高，应实施"强化基础、优化格局、以轴连点、层次带动、持续发展"的总体发展战略，采取区域分工、重点投入、联合协作的方式，构建充满活力和创造力的可持续发展轴带，推动整个西部地区体育事业的发展。实行"四横一纵"竞技体育发展战略模式，以中心竞技体育强省四川，以及东部的竞技体育大省群自东向西梯度推进；实行"网络开发与地区间联动"的群众体育事业发展模式，建立群众体育纵向和横向的交叉大网络，推动整个西部地区群众体育事业发展，实现多方受益、合作双赢、共同提高的群众体育新局面；运用中心城市与周边城镇扩展与辐射的一体化体育产业发展模式，通过时间积累与空间的扩展，逐步成为西部地区体育产业发展的主要模式。

东北地区体育发展战略的选择和措施。东北地区可以在利用"哑铃"型发展模式的基础上，结合东北目前的城市群建设，充分发挥城市群、优秀项目等"极点"的集聚和扩散效应，使东三省达到资源共享、长短互补合作共进。一是建立东北区域协调发展机制，带动竞技体育发展；二是以城市群带动群众体育的发展，完善城市群内部各地区群众体育的发展，发挥城市群的辐射功能，实施"区域特色体育战略"，鼓励各地区依据自身的特色，选择自身的体育项目和组织方式发展群众体育；三是以联动发展体育产业，实施"联动发展战略"，通过开发体育冰雪旅游市场，带动体育竞赛表演市场、体育器材交易市场、体育健身娱乐市场，最终促使体育产业快速发展。

五　研究存在的不足之处和深入研究的设想

本课题研究涉及的内容比较广泛，但调查研究略显不足，对各区域体育发展战略的构想还比较粗略，对有些省（如海南省）的发展战略研究不够细致，不能实现真正指导意义上的研究目的。研究共经历了两年半时间，在构建战略思想上注意了客观性的分析，强调了可行性论证，但由于没有将初步形成的意见向有关单位和部门反馈，征询意见，所以在可验证性上有欠缺。

由于参与课题研究的人员囿于经济理论知识的一般了解，对个别问题论证不够深刻，所以有些方面在运用经济学理论尚需深入，在探讨其内在的本质的联系上取得更好的研究成果。

主要参考文献

［1］体育事业统计年鉴 2005—2009。

［2］中国统计年鉴 2010 ［EB/OL］，http：//www. stats. gov. cn/tjsj/ndsj/2010/indexch. htm。

［3］关于表彰全国文教体育用品行业百强活力企业、科技进步优秀企业、标准化工作先进企业的决定，中文体协字（2011）第 41 号，［EB/OL］. ［2012-2-25］ht-tp：//www. cnfta. com。

［4］田世昌、饶远等：《我国东部地区体育产业发展分析》，《体育文化导刊》2009 年第 11 期。

［5］童莹娟、丛湖平：《我国东部地区体育产业发展的社会经济"外环境"区位比较优势及发展方式的选择》，《中国体育科技》2002 年第 11 期。

［6］中国体育：迈向"十一五"体育事业，"十一五"规划文件资料汇编［Z］. 国家体育总局政法司编，2007 年第 1 期。

［7］［8］丛湖平、张爱华、朱建清：《论我国东部省份体育产业区域发展模式的构建》，《体育科学》2004 年第 12 期。

［9］体育事业"十二五"规划（征求意见稿），2011 年体育局长工作会议讨论文件［Z］. 国家体育总局政法司，2011 年。

［10］国家体育总局，2005 年国民体质监测报告［R］. 2006 年第 1 期。

［11］国家体育总局，2010 年国民体质监测报告［R］. 2011 年第 3 期。

［12］国家体育总局，2004、2008 奥运会奖牌榜［EB］. 2008 年第 10 期。

［13］国家体育总局，第九、十、十一届全运会奖牌榜［EB/OL］. 2009 年第 10 期。

［14］杨书彬、张玉超：《第十一届全运会粤鲁苏辽奖牌分布特征及格局分布》，《北京体育大学学报》2011 年第 3 期，第 29 期。

［15］辽宁体育局，体育事业"十一五"规划［R］. 2006 年。

［16］吉林体育局，体育事业"十一五"规划［R］. 2006 年。

［17］黑龙江体育局，体育事业"十一五"规划［R］. 2006 年。

［18］辽宁体育局，体育事业"十二五"规划［R］. 2011 年。

［19］黑龙江体育局，体育事业"十二五"规划［R］. 2011 年。

［20］董新光：《"十二五"群众体育发展规划研究》，国家体育总局政法司编，2011 年。

［21］高雪峰：《"十二五"竞技体育发展规划研究》，国家体育总局政法司编，2011 年。

［22］邹师：《走向振兴老工业基地中的辽宁体育发展战略》，《北京体育大学学报》2004 年第 4 期。

［23］韩佐生、张鸽、李鹏、杨兰生：《社会主义初级阶段我国地区间体育发展不平衡成因剖析》，《哈尔滨体育学院学报》1999 年第 4 期。

［24］聂华林：《区域发展战略学》，中国社会科学出版社 2006 年版。

［25］李雪芹、谭伟东：《大冬会对扩大我国冰雪运动影响的综合效应》，《冰雪运动》2009 年第 4 期。

［26］陈林祥、梅跃长：《武汉城市圈体育旅游发展战略》，《武汉体育学院学报》2008 年第 6 期。

［27］王诚民：《体育冰雪旅游资源探析》，《商场现代化》2007 年第 8 期。

［28］闫育东、赵晶：《以冰雪体育产业带动东北老工业基地经济增长的战略研究》，《武汉体育学院学报》2006 年第 9 期。

［29］王士君、宋飏：《中国东北地区城市地理基本框架》，《地理学报》2006 年第 6 期。

［30］王学民：《我国各地区城镇居民消费性支出的分析研究》，《财经研究》2002 年第 1 期。

[31] 刘贤龙：《体育与经济关系的统计分析》，《体育科学》1989 年第 1 期。

[32] 姚士谋、陈爽、陈振光：《关于城市群基本概念的新认识》，《城市研究》1998 年第 6 期。

[33] 邹师、李安娜：《区域体育发展差异与其战略选择——基于政府职能转型的视角》，《成都体育学院学报》2012 年第 1 期。

[34] 陈文卿：《我国湘、鄂、川、黔、渝、桂地区梅山体育文化的研究》，《娄底师专学报》2001 年第 4 期。

[35] 厉以宁：《区域发展新思路》，经济日报出版社 2002 年版。

[36] 高洪深：《区域经济学》，中国人民大学出版社 2010 年版。

[37] 聂华林、高新才等：《区域发展战略学》，中国社会科学出版社 2006 年版。

[38] 李建平、李闽榕等：《中国省域经济综合竞争力发展报告（2008—2009）》，社会科学文献出版社 2010 年版。

[39] 杨必球：《长株潭城市社区居民体育消费特征的调查研究》，《体育世界》2006 年第 8 期。

[40] 麻智辉：《环鄱阳湖城市群发展战略构想》，《江西社会科学》2006 年第 3 期。

[41] 李淳、任永岗：《构建"大太原"经济区 加快太原都市圈发展》，《太原城市职业技术学院学报》2008 年第 5 期。

[42] 周广仁：《芜湖市发展体育旅游的 SWOT 分析》，《安徽师范大学学报》2010 年第 3 期。